今天的我们
如何做父亲

——梁启超 著

梁启超谈家庭教育

辽宁人民出版社

图书在版编目（ＣＩＰ）数据

今天的我们如何做父亲 ：梁启超谈家庭教育 ／ 梁启
超著 . — 沈阳 ：辽宁人民出版社，2023.9
ISBN 978-7-205-10788-8

Ⅰ . ①今… Ⅱ . ①梁… Ⅲ . ①梁启超（1873-1929）
—家庭教育—经验 Ⅳ . ① G78

中国国家版本馆 CIP 数据核字（2023）第 112642 号

出版发行：辽宁人民出版社
　　　地址：沈阳市和平区十一纬路25号　邮编：110003
　　　电话：024-23284191（发行部）　024-23284304（办公室）
　　　http://www.lnpph.com.cn
印　　刷：凯德印刷（天津）有限公司
幅面尺寸：165mm×225mm
印　　张：18.5
字　　数：251千字
出版时间：2023年9月第1版
印刷时间：2023年9月第1次印刷
责任编辑：赵维宁　段　琼
封面设计：胡椒书衣
版式设计：李梓祎
责任校对：郑　佳
书　　号：ISBN 978-7-205-10788-8
定　　价：78.00元

目录

1913 年

第一篇

致孩子们

第
一
篇

致
孩
子
们

第一篇

致孩子们

第一篇

致孩子们

第一篇　致孩子们

第一篇
致孩子们

第一篇 致孩子们

1928 年

第三篇 家世与亲人

第四篇 家教与讲学

第一篇

致 孩子们

1911 年

致 思顺 [1]

　　再阅二时，抵大连矣。尽日所思太多，欲征一诗拟杜老《北征》，竟不能成也。此二日不见报纸，不知复有何变象，但使此一旬中，北京秩序不破，则吾事大可为也。拟今夕即乘车往奉，小住半月，先到滦州一宿，可告南佛。乃入京，或挟百数十军士往，亦未可知，可将□（编者注：缺字）连住址即寄来，凡书皆寄琼生可也。

　　顷抵大连，住太和旅馆，本欲今晚八时半往奉，秉三已派李彬士来接，且云秉明晨即至，嘱在此小待，大约须与彼同行也。秉入都，昨夕始返奉。所发奉电，第一次不明，幸有第二次来。据言报纸所传都中事，大半谣言，不足信。惟冢骨始终观望，迄今未到。据云二十到。都中纯为无政府之状态，斯最可忧耳。今所希望者，都中能于旬日内维持秩序，待吾到后事必可定，若此数日间无端生变，则未如之何也已。

　　吾首涂后一日，大连、奉天报纸即已遍登，不知何人所泄，想中东报

---

[1]　梁思顺（1893—1966）：梁启超长女，字令娴，梁启超在家书中常称其为"娴儿"。诗词研究专家，编有《艺蘅馆词选》一书。

馆久已播扬，内地亦举国咸知矣。此间官吏相待极殷，民政长官派代理人到船迎接，且云沿路派警察护从，言辞甚恭。吾已谢却之。吾明日见秉丈后，当即行，惟不知京奉路有梗否？张敬如（绍曾）已入都，兹事不甚妙。蓝少豪（天蔚）在奉，闻吾来，额手相庆云。吾无论如何险难，必入都。都中若忽有他变，无论何国使馆皆可暂住，决无他虑，可极放心。入都后若冢骨尚有人心，当与共戡大难，否则取而代之，取否惟我所欲耳。若天子已下堂，则又别论也。此书呈太夫子一阅后，即寄家中可也。

饮冰 十一月九日

1911年11月11日

致 思顺

顷已抵奉天，秉丈尚未晤，秉丈昨日来大连，已乘汽车到营口矣，忽得奉天急电折回，以电相告，吾即于昨晚乘车来。须明、后乃能定所向，大约总先到滦州也。奉天情形极危急，恐此书到时，报中已报变象，吾故暂住日本租界内，未遽入城也。

为电报所误，与秉丈来往相左，彼今日又到大连，须明午乃能返此，本拟先见次帅，官界中已见数人。因奉城纷扰已极，今日正开保安会，在督署会议，谅不能深谈，不得已仍俟秉丈来，取进止，大约明日尚不能成行也。

数日以来，形势刻刻改变，在东时之理想及沿途所策划，大半不能行，只得临机以应耳。冢骨所以迟迟不入京之故，闻武胜关为革军所扼（王天游之兵）。彼不能退，不能进，亦殊可怜。都中虚无人焉，旧内阁已辞职，不管事，新内阁未成立，资政院议员遁逃过半，不能开会，亲贵互相阋，宫廷或尚有他变，日日预备蒙尘，天之所废，谁能兴之，真不知所届也。

吾此行终以见张、蓝二人为主。若早两日到，在此可以见蓝，彼日望吾至。二人现皆已入都矣。大约都中秩序，十日内恐必将破，冀破后，能用此二军恢复秩序，与外交团交涉，徐图进取耳。现时所思如此，到京后能否办到，又非所知也。张、蓝闻确是可人，但其部下如何，又不可知，安保其不为吴禄贞者。今一线希望，在求保全此二人，保全此二军耳。

此行日人非常巴结，今日到站，奉天领事派人来接，派两警察随护，今午已到彼领事馆中，饭顷实无一事，大可以写《张猛龙》，真闲的人难受也。

饮冰 十一月十一日

1911 年 11 月 12 日
致 思顺

此间大危。昨日以来，接见咨议局员及其他民党不少，厥后细查，乃知其中有著名革党及马贼头目。幸吾言极谨，令彼等悦服，然危机乃在此。今晚忽得密报，言军队已议定将图我，所谓图我者，殆欲拥我宣告独立也。秉丈在大连，发电报数次来，最后又发电话来催我，必立刻行，半日不许逗留。荷丈 [1] 云已出京，可告汤府。现到大连，与秉丈同居。罗瘿公与同行。我明晨即往大连。行止何如，当续告。

饮冰 十一月十二日

---

[1]　荷丈：即汤觉顿（1878—1916），广东番禺人。康有为弟子，与梁启超交往密切。丈，对老年男子的尊称。

1912 年

致 思顺

门司一电，想早达。登舟吸纳海风，宿疾痊愈，胃气逾壮。门司展轮之翌晨，风颇剧，第三日至平稳，第四日之夕，又遇大风，并我亦觉体中不适，荷丈则几于无心人世矣。惟尔二叔饮啖更健，真可人也。此次因船小无散步处，闷守小室中，殆无复海行之乐，幸同行有数人，得谐谈消遣耳。因风稍迟数时乃到大沽，初五晨十时到沽。遂不能趁早潮直至，今（初五）晚十时可进，明日破晓登岸也。船到埠后，尚须候一日，此真天下所无，此中国之所以为中国欤！此间已寒极，可以御裘。去年一冬不冰河，遂开未有之奇变，今年恐九月遂冰河，又不知生何变象也。在舟一来复，不知世事，不审登岸后有何惊心动魄之事也。天气渐寒，祖父寒衣宜早备，睡席恐冷，可劝支床。吾到津后，当甚忙，或不能多写信，告祖父不必悬念。拟到津后，即买奶子葡萄托船主带上，未审能有暇否耳。匆匆写。

示娴儿。

饮冰 初五夕大信丸

书呈祖父，不另禀。

1912 年 10 月 8 日

致 思顺 [1]

今日初八了，吾侪犹在大沽口也。十五年前，仓皇去国，在此地锢闭十一日，今兹得毋亦须作一应笔耶？望归国，望了十九年，商量归国，又商量了几个月，万不料到此后，盈盈一水，咫尺千里，又经三日矣。何时能进，尚如捕风，此种港湾，大约除我堂堂大国外，全球更无他地可拟。终日锢在此丈室中，世界上事百无闻见，亦不知京师曾否闹到天翻地覆，亦不知世界上已亡了几个国，惟觉日长如年，惟以叶子戏 [2] 度日。寒暑表下至五十摄氏度，搜尽衣箧，身臃肿如牛腰，寒犹彻骨，船上食品已尽了，西洋料理一变为日本料理，明日恐并日本料理亦备不起了。烟卷亦尽了，核桃、花生之类，则数日前早尽了（小轮船不能来，故食物不至）。

大约总待汝德猷 [3] 叔来，一同登岸也。我却心境泰然，绝无着急，所最念者，岸上来接诸君耳。昨日本拟一电相告，以小轮船不来，故不能发，想正悬念。今特琐琐相告，可并禀高堂 [4]。

示娴儿。

饮冰 初八午大信丸舟中

---

[1] 梁启超于 1912 年 9 月末自日本神户启程归国，结束了在日本流亡 15 年的生活。10 月 5 日到达大沽口，他在舟中滞留了 3 日。这是 8 日写给大女儿思顺的信，而其家人暂时仍留在日本。

[2] 叶子戏：叶子戏是一种古老的中国纸牌博戏，最早出现于汉代，被认为是扑克、字牌和麻将的鼻祖。

[3] 德猷：即梁德猷，梁启超从弟，曾任《庸言》杂志发行人。

[4] 高堂：指梁启超父亲；后文又称"重堂"，是从梁启超子女的角度称呼的。

1912 年 10 月 11 日

致 思顺 [1]

到津后情形，由汝叔报告，想先达。三日来无一刻断宾客（唐绍仪及前直督张锡銮皆已来谒，赵秉钧、段祺瑞皆派代表来）。门簿所登已逾二百人矣。各省欢迎电报，亦络绎不绝，此次声光之壮，真始愿不及也。张謇、黄兴皆候三日，因初十在湖北开国［庆］纪念，彼等候至初七不至，遂皆往鄂耳。汝所发电报，误初五为初三，故自初二日各人麇集，客邸俱满，诸熟人向荷丈戟手唾骂，谓误电害人，统计所损，将及十万，要荷丈赔偿损害云云。然正以此，故今日各人次第归京（人人盘费皆竭），此间又稍得清静也。明日礼拜六，又将纷纷来矣。

连日赴共和、民主两党欢迎宴及演说会，又地方官纷纷请宴，应酬苦极。寓中则分三处，客厅无时不满，大约总须十日后，乃能回复秩序也。共和、民主两党合并已定，举黎为总理，吾为协理，张、伍、那皆退居干事，大约一月内（现甚秘密）成立发表，国民党亦曾来交涉，欲请吾为理事，经婉谢之，彼必愤愤，然亦无如何也。入京期尚未定，项城颇盼速往，吾约以两旬后或竟俟新党成立后乃往，亦未可知。[2]

此间屋小不敷住，一月后或将迁居，然总住津，不住京也。

祖父大人近体何如？天气渐寒，总以不睡地为宜，可婉劝。吾虽终日劳劳（惟未得一好跟人，颇不便耳），而精神逾健，亦因诸事顺遂，故神

---

[1] 梁启超写给思顺的信。告知女儿自己到达天津后生活情况；因天气变寒，信末嘱咐思顺注意照顾祖父的生活，并问及思顺课业和思成之病。

[2] 此段所涉人名，"黎"为黎元洪，"张"为张謇，"伍"为伍庭芳，"那"为那彦图，"项城"为袁世凯。

气旺耶！汝功课如何？所听受能领悟否？随时告我。思成病痊愈否？本月家用尚充否？现尚未收报款，故不能寄来。北方今年大约无事，住此极可安适，勿念。

此示娴儿。

饮冰　十月十一日

1912 年 10 月 13 日

致 思顺 [1]

汝德叔已至，亦阻潮一日也。前电及函想俱达，连日应酬之繁如故，惟各事进行，一日千里，虽繁冗，亦不觉其苦也。现所难处者，惟国民党欢迎入党一事，彼已二次专人来劝驾，然此安可者，只有拒绝之而已。共和、民主两党大约两旬后联合成立，两党党员皆有"哀鸣思战斗，迥立向苍苍"之意，选举胜利可期，然自兹以往，当无日不与大敌相见于马上，吾则必须身先士卒也。项城约早入京（迟早本无不可，因莫礼逊 [2] 由英新归，欲就我决定借款问题。顷复有一事，北京大学堂学生正反对新校长，闻吾至则向政府要求任我就此职，今日各科各派代表四人来津，求我承认，已力辞之矣），同人意欲俟大党成立后乃往，顷荷丈方在京，待彼来乃能定也。

项城月馈三千，受之与否，亦尚未定，旅费、家费皆极繁，恐不能不受也。党成后，此间诸事稍定，尚须往鄂一行，寓所或须移至京（项城已为我备

---

[1] 梁启超写给思顺的信，谈及政事，其中谈及自己拒绝担任北京大学校长一职。另，其弟望梁启超妻子回国料理家事，但因考虑到女儿上学，仍以女儿学业为重，决定待女儿完成学业后再归国。

[2] 莫礼逊：又译为莫理循（1862—1920），澳大利亚人。曾任《泰晤士报》驻华首席记者（1897—1912），中华民国总统政治顾问（1912—1920）。

一宅，我若不往，即命鼎父[1]看屋也）。汝叔因言语不甚通，料理家务极苦，日言须汝母来，吾意无论如何，必须俟汝听讲毕业，然人事难知，或不及待，亦未可知，当念光阴难得，黾勉日进，诸事可禀祖父大人知之。

此示娴儿。

饮冰 十三日

1912 年 10 月 17 日

致 思 顺 [2]

连日两党议合并，大略就绪。吾准二十日入京，在京小住四五日，即须赴鄂。京中行馆，一切由总统府供张，即前此用以馆黄氏[3]者也。此次项城致敬尽礼，各界欢腾，万流辏集，前途气象至佳也。惟应酬苦极，夜不得睡，今日虚火涌上，牙痛大作。遥思须摩、箕面间[4]，菊花正肥，枫叶将赤，携酒跌宕，为乐何极！无端预人家国事，尘容俗状，良自怜也。

祖父大人比来心绪何似？宜常侍游以慰岑寂。汝学业何如？能听受领会否？吾于一身起居饮食，既不惯料理，加以此间食客日常十数，仆役亦十余人，汝叔言语不甚通，荷丈又无暇，在理非汝母归来不可（汝母归后家费月当省百数）。然吾欲汝学成，不思移家也。客散将睡，辄复作此。

娴儿读。

饮冰 十月十七日

项城书呈祖父一览。

---

[1] 鼎父：即杨维新（1883—1958），字鼎父（甫），广东新会人，长期追随、协助梁启超。

[2] 梁启超在天津写给思顺的信。谈及自己政事、应酬之苦，希望女儿学业完成后家人再归国。并且向女儿询问祖父情绪心境状况，希望女儿多陪伴祖父替自己尽孝。

[3] 黄氏：即黄兴。

[4] 须摩、箕面：为日本两个名胜风景区。须摩即须磨。

1912 年 11 月 1 日

致 思顺 [1]

今日居然返天津矣。在京十二日，可谓极人生之至快，亦可谓极人生之至苦，今拉杂为汝告，可据禀重堂。

大概情形，各报俱载，汝叔闻已按日寄返，想已见。一言蔽之，即日本报所谓"人气集于一身"者，诚不诬也。盖上自总统府、国务院诸人，趋跄惟恐不及；下则全社会，举国若狂。此十二日间，吾一身实为北京之中心，各人皆环绕吾旁，如众星之拱北辰。其尤为快意者，即旧日之立宪党也。旧立宪党皆以自己主张失败，嗒然气尽，吾在报界欢迎会演说一次，各人勇气百倍。旬日以来，反对党屏息，而共和、民主两党，人人有"哀鸣思战斗"之意矣。国民党经此刺激，手忙脚乱，其中大部分人皆欲来交欢，其小部分则仍肆攻击，党中全无统一，狼狈之态尽露。彼党不开欢迎会，则恐为人所笑，开会则有一部分暴乱分子，更恐闹笑话，卒至会议数日，决意欢迎，而相约不许有暴动。彼党欢迎之日，吾党人多忧虑，劝勿往，吾则决然往。实则彼之主席（孙毓筠主席，其人乃老同盟会，前任安徽都督者也）。述欢迎词，亦极诚恳，吾一场演说，更令彼人人感动。其后胡瑛继起演说，语亦极挚，此真出意外也。吾在京旬日，无一日不演说，吾素不善演说，然在中国内，人人几以为闻所未闻，咸推我为雄辩家，中国人程度亦太可怜矣。吾每演说一次，则增一次效力，吾党之热心，达于沸度矣。

---

[1] 梁启超写给思顺的信。10月他从日本回国，受到政府和各界的关注，并到处受邀发表演说，"一时成为北京舆论之中心"，并向女儿讲述其中的苦乐。

此次欢迎，视孙、黄来京时过之十倍，各界欢迎皆出于心悦诚服，夏穗卿[1]丈引《左传》言，谓"国人望君如望慈父母焉"。盖实情也。孙、黄来时，每演说皆被人嘲笑（此来最合时，孙、黄到后，极惹人厌，吾乃一扫其秽气）。吾则每演说令人感动，其欢迎会之多，亦远非孙、黄所及。在京十二日，而赴会至十九次之多，民主、共和党各两次（一次演说会，一次午餐会），统一党、国民党各一次，其他则同学会、同乡会、直隶公民会、八旗会、报界、大学校（国学会、政治研究会）、工商会，尤奇者则佛教会及山西票庄、北京商会等。吾既定本日出京，前日则各团争时刻，以至一日四度演说，若再淹留，则不知何日始了也。

昨日吾自开一茶会于湖广会馆，答谢各团，此会无以名之，只得名之曰"李鸿章杂碎"而已，政界在焉，报界在焉，各党在焉，军人在焉，警界在焉，商界各行代表在焉，蒙古王公在焉，乃至和尚亦到十余人（内中有一和尚，汝叔谓为酷似鲁智深，吾不知汝叔几时曾见智深也）。杂遝不可名状，可谓自有北京以来未有之奇观矣。

每夜非两点钟客不散，每晨七点钟客已麕集，在被窝中强拉起来，循例应酬，转瞬又不能记其名姓，不知得罪几许人矣。吾演说最长者，为民主党席上，凡历三时，其他亦一二时，每日谈话总在一万句以上，然以此之故，肺气大张，体乃愈健。又每日坐车总有数时，车中摇动，如习体操，故胃病若失。可惜者，每日不得饱食（治胃病甚好）。盖各团皆请食西菜，日日望得食一京菜而不可得也。

最舒服者，来往皆坐专车，吾国火车本优于日本，专车则有客室，有睡房，此后来往京、津间，皆坐专车，此亦各国所未有，而在共和国尤为笑话，亦只得安享之而已。

有一大问题极难解决者，则为洗澡，到京后未尝得一浴也（汝叔居然偷浴一次，然彼每日必浴，今十日仅得一浴耳）。至今返津，仍无从解决。

到京十日，稍添衣服买器物，已费去五六百金，各种食用车马费在外，

---

[1] 夏穗卿：即夏曾佑（1863—1924），浙江杭州人。梁启超好友。

盖皆由别人供应也。

各省都督纷纷电迎，黎宋卿[1]派人来迎，不日将到，然吾必稍安息乃行也。

吾逛琉璃厂已两次矣，买得许多文玩（一二日内托船主带返），赏诸孩并赏家中诸叔及诸姑，惟无一物赏汝者，赏汝一部《苏集》[2]，然仍拟留在此间，汝若气不忿，则迟日寄汝亦得。

项城月馈三千元，已受之，一则以安反侧，免彼猜忌；二则费用亦实浩繁，非此不给也。

东中尚存款几何？暂足支家用否？吾当按月寄五六百来，祖父大人若欲归粤，则当别寄千金来，粤中家事大约非祖父一归整顿不可，汝四叔不知闹到若何田地矣。

汝母可暂勿来，吾行踪无定，大约到鄂后，尚须历游东南各省，盖各省人士，皆望我如望岁也。此间家事已可渐就整理，汝叔已渐惯矣（家中壮士及仆役几二十人，日间当稍裁汰）。

吾极喜欢北京房子，汝叔始终攻击，谓一返天津，如登天堂，吾不谓然。然吾实不能居京，居京则卖身于宾客而已。

吾从今日起，拟谢客十日，未知能否。然所欠文字债，已如山积，亦非能安逸也。

吾相片即印一百张寄来，《商报》旧码、美洲密电码即寄来。

两党合并必成，各报言难成者，消敌党之忌耳。党成后项城许助我二十万，然吾计非五十万不办，他日再与交涉也。欲言甚多，今已倦极，不复书。

示娴儿。

饮冰 十一月初一晚

---

[1] 黎宋卿：黎元洪（1864—1928），湖北黄陂人。曾任中华民国副总统、总统。

[2] 苏集：即《苏东坡集》。

1912 年 11 月 9 日、10 日

致 思顺 [1]

昨日文卿带去各物，有象箸、银匙、银碟及绒帽、棉鞋，皆呈重堂者也。不知适老人意否？可以告我。

《苏集》吾实欲留读，吾此间竟无一本国书，欲购则价太重也。以汝太向隅故，以畀 [2] 汝耳。吾尚得仿宋本"四书"一部（王文敏公 [3] 旧藏本）。吾留以自养矣。思成学课归汝监督试验，若至明年二月，汝出报告谓其有进益者，吾则于其生日时以此赉之。文玩中有未刻字者，可分些与思静 [4]，不然彼太向隅矣。

九日午

今日武昌复有电来询行期，然吾现时乃断不能行，吾报中文十未及一也，究竟不知能否有作文之时日？奈何！奈何！

津村 [5] 已归否？汝学课有无间断，观汝来书，似各教授未能按日来，何耶？

祖父思南归否？若需款可电告筹寄，留债尚负几何耶？

示娴儿。

饮冰 十日晚

吾照此体例每日有暇，辄写数行，汝亦可用此法。

---

[1] 梁启超写给女儿思顺的信，主要与子女学业有关。其中特别交代思顺要监督思成学业，如其有进步，则做出奖励——仿宋本"四书"一部。

[2] 畀：音 bì，给，给以。

[3] 王文敏公：王懿荣（1845—1900），清末名臣。近代金石学家、鉴藏家、书法家，对殷墟甲骨文的发现和保护有重要贡献。

[4] 思静：梁思静（1909—1918），梁启超第三个女儿，王桂荃生，因病夭折未成年。

[5] 津村：梁启超为思顺所请的日本家庭教师之一。

1912 年 11 月 12 日

致 思顺 [1]

可托书林向黄幼达购《人境庐诗》二十部（寄四十元往）。即托大信丸船主带来最妙，若赶不及，付邮亦可。

日来颇有意欲令思成往青岛留学 [2]，汝叔主持尤力，其实吾十二岁即离父母独学于省城，明年思成十四矣，有何不可？可与汝母一商，若彼体质平复后，即可作此预备也。住家在青岛亦甚好，但终觉不甚便耳。彼处离此间只一日车路，思成在彼，吾及汝母与汝亦可常往视之也。

汝学课究能受益否？教习有缺课否？暂不移家专为汝耳。苟非尔者，诚不如移归之为便也。

荷丈及汝叔辈常有行乐之地，我则私权尽被剥夺，可愤之至。荷丈谓我为三个字所累，实则仅一个字耳。汝叔与我同了两个字，不为累也。荷丈又谓有坐专车之权者，即无任意游乐之权矣。一笑。

现在家务已大整顿，吾得二书童颇好，已无甚不便。

示娴儿。

十二日 饮冰

---

[1]　梁启超写给思顺的信，主要谈及思成读书之事，想让思成回国后到青岛读书，望其在年少时即能独立。并告知自己在 12 岁时便离开父母读书，如今思成年纪也可行。此外，又因考虑思顺学业，才推迟家人归国相见。

[2]　这里所说的"留学"是指外出就读。

致 思顺 [1]

　　七日书悉，汝学居然有味，吾甚慰也（吾书房陈设极美丽，恨不得汝来一观也）。法学一面教授何如？来禀可言及。吾演说稿已汇印，数日后便印成，盖共和党印以送人也。报定名《庸言》，十二月初一出版，顷正预备文字耳。

　　暗杀队无妨，此间守卫亦极严密，王同、郑福未觅得，然此间所用人皆有来历，可信也（在都时，上海同人四电催出京，吾尚赴国民党欢迎会也，所派来暗杀之人之姓名皆知矣，警道日使人尾其后）。厨房今由发[2]记管之，鄂行当俟来月。希哲[3]国文，汝叔已教之，顷柳隅复为任此也。鼎父觅事甚难，今仍使当校对，日内须入京（印刷所在京），住藻孙[4]处也。

　　示娴儿。

饮冰 十三日

---

[1] 梁启超写给思顺的信，对于思顺求学时能进入"居然有味"之境，十分欣慰。并提及生活中的诸事，同时梁启超对于思顺未婚夫周希哲的教育也颇为上心，请专人教导。

[2] 发：即任发，生卒年不详，广东人。长期随侍梁启超，有武功。

[3] 希哲：即周希哲，思顺未婚夫，祖籍广东，马来西亚华侨，哥伦比亚大学国际法博士，外交官。1911 年与思顺订婚，1914 年成婚。

[4] 藻孙：李葆忠，字藻孙，梁启超妻李蕙仙的侄子。

1912年11月20日

致 思顺 [1]

数日来为俄蒙问题，吾直忙杀。又加以报须出版，每夜率皆两点钟后乃赶作文字，而鄂行又不容缓，故赶文更急，数日不作家书为此也。近日连接书至第七号，甚慰，甚慰。汝所学日入实际，可喜，问题答案大略无误，吾尚未暇细阅也。思成字极有笔意，再经一年数月，可以为我代笔矣。

祖父归心可少缓否？约月底乃能汇款来也。游存[2]处不可太伤感情，吾所以自处者，不欲受人指摘也。吾本月必须赴鄂，或不到沪而径返都亦未可知。

示娴儿。

饮冰 二十日

1912年11月24日

致 思顺 [3]

黎宋卿已派人来接，吾将报中第三号文字作就即往（去时须入京住两三日），欲小住即返津，暂不往宁、沪，不知能否？今为报所困，出游殊不自由，大约将来总须时时南下，时时北归，好在交通机关尚便也（若得吾往鄂电报后，有信可寄武昌共和党支部转交，吾在鄂最多不过十日，信

---

[1] 梁启超写给思顺的信。思顺将自己的作业寄给父亲后，他检查思顺的学业，并嘉奖思成书法有长进一事。

[2] 游存：即康有为，游存为其别号之一。

[3] 写给思顺的信。此信仍谈及思成赴青岛就学之事，他告知思顺，思成去青岛上学不必过多做准备，但叮嘱思成要利用时间多学习国文。

可勿多寄也）。

思成往青岛，彼自愿否？吾观汝如此长大，尚像吃奶孩子一般离不开爹妈，彼乃能耶？若往不必多预备，但利用此时日多用力于国文可耳，他日有便，当更调查详细也。

饮冰 二十四日

1912 年 12 月 1 日

致 思顺 [1]

顷《庸言》第二号文已全部脱稿，宾客亦皆散，故作此书商量家事，可呈祖父及汝母商之（方写至此，忽又有一帮政客来，以下乃隔三点钟后所写也）。

观现在情形，吾在京、津间当常住，十年以内，未必归粤，即归亦暂住数日即行耳。此并非因粤中治乱何如也，吾之一身渐为全国政治之中心点，故不能不常居于政治中心点之地。而祖父年高，非迎养在此，则一日不能即安，惟必须细婆 [2] 及家中诸幼姑、幼叔随侍而来，另宅而居，始有办法。

今详言其故。吾之欲迎养，为承欢也。必祖父常能欢愉，然后兹愿始遂。然若使祖父独来，一则常悬念乡中诸幼，心常不适，然此犹小焉者也；二则在此间极寂寞，必至生闷，何以故？吾今极忙，情形不必多言，汝当可

---

[1] 梁启超写给思顺的信，在梁启超归国后，整日忙于政事。因父亲目前在日本与儿媳、孙辈们住在一起，如何让父亲养老，很难解决，于是他决定迎父入津。梁父最终选择了乡居。后来梁启超还曾力请父亲入津，未果。

[2] 细婆：梁启超父梁宝瑛之妾，梁启超庶母。

想而知，即以现在在津而每日见客、写信、作文无一刻暇，每夜非至三四点钟，诸事不能办了。现在尚未入党，尚未当国，犹且如是，转瞬旬日后，则党事遂加吾肩。明年正式国会成立时，苟吾党占多数，欲不组织内阁而不可得，试思其时之忙，视今日更加几倍者（吾现时最忧者此事，若能免此，则如释重负矣，然安可能者）。故吾决无能日日陪侍祖父闲谈之余暇。此外，各人皆有常职，如汝二叔现在为我身边刻不可离之人，每日代我会客、办事、出纳金钱、管理寓中诸务，亦无一刻暇（然现时或有事须命彼往沪，果尔，则吾目前已大不得了）。汝德猷叔在发行所（旭街十七号，离此不远），一身兼数人之役，其忙碌亦正相类。汝姑丈来时大抵须住京中印刷局，不能朝夕过从，诸人各干各事。祖父到来终日少人陪侍，必生恼怒，祖父一恼怒，则吾踧踖[1]无所容，必至百事俱废。即当未恼怒时，而吾时时刻刻惧恼怒之发生，精神无片刻能安，亦必至一事不能办而已。然吾今日之地位非同旧时，欲不办事，天下人安能许？我既已投身办事，以今日中国事之难办，处处若衣败絮行荆棘，身入其中即无日不与苦恼为缘。即归国以来仅一月耳，所遇可忧可恼之事已不知凡几，他日什伯[2]于此，又可想而知。就令家庭中一无拂戾，而精神已苦不支，若家事更益以困难，则人非木石，岂能堪此？而祖父独来居此，不能不生恼怒，此吾所敢断言也。又祖父独来就我而居，有种种不便处。吾此间宾客杂遝，出入无时，吾待之皆有分寸。然吾深知祖父之意，常欲吾所交之友皆一一晋见，一修子弟礼，而于有名有位之人为尤甚。然吾所处地位万不能凡一客来，皆告之曰："吾有老亲在此，汝其一见也。"

又此间日日几皆有客共饭，饭时常常纵谈无数事，若有老人在座，则客皆拘束不便，且饭时若吾专应酬客耶，偶一为之，固无所不可，日日如此（实则几于日日宴客），老人又安得不怒？且客又岂能安者？不应酬客耶，吾地位又安能？若日日使老人独饭，更成何事体！故我必欲侍祖父同居于

---

[1]　踧踖：音 cù jí，恭敬而局促不安的样子。

[2]　什伯：十倍百倍。

一地，而又必须异室而居。吾惟间日或数日往朝见而已。若此地有大屋分数院落可住多人，尚容易商量，然此间洋式房屋实无此类。以现所住荣街之屋，月租百三十元，仅有可住之房四间耳，将来汝母挈汝等归，已万不能与我同居（吾他日终须住京，然家眷必住津。吾若能躲避不组织内阁，则吾终东居津也），若汝等侍祖父住一屋，汝等又非能十分承欢。且祖父老矣，身边无人伺候，终觉不便，偶有小恙，则不便益加。吾既不能常侍，必易招恼怒，一恼怒，吾亦卒无以自容耳。

且诸姑、诸叔年已长大，更安能听其在乡废学，使之出外受教育，又吾之责也。故吾欲请细婆挈汝华姑、雄叔以下来津，另赁一屋而居，祖父即住其间。如此则共计此间所赁屋三处：吾常住办事处，荷丈及汝二叔同居焉；汝母所住处，吾留一室，设一书案、一卧榻，以备偶归；祖父所住处，则细婆率诸姑叔侍焉。吾惟常往朝，若无客时则往侍饭。该处用一厨子、两三仆役，家务若有为细婆所不能料理者，则汝两叔常往检点，不患不便也。祖父每日在寓时，则随意教汝诸姑叔，高兴出门，则或来我处，或到汝母所住处抚弄诸孙，或到汝德叔处闲坐（报馆发行所也）。食饭则随便，任在何处皆可。似此则祖父不至因闷而生恼，而吾亦惟享家庭之乐，更无家庭之苦，可以专用精神以办事矣。如此，并可请任儒先生来教汝诸姑叔，既令此老得以自赡，亦可陪祖父清燕也。

三姑婆孑然一身，亦并可迎来。惟有一事当订明者，则汝诸婶及汝叔不能来也（汝二叔欲接汝二婶来，则又当别论）。五叔来五婶不来则可。未婚娶之诸姑叔，他日各事吾当全负责任。其已授室而居者，则应在乡常居。汝五叔既成废疾，则汝五婶更宜使之独立料理家事，庶他日尚能自教其儿女。若出来则全然倚赖，他日更不了耳。至于汝四叔，则吾真不敢与之亲近，彼一来必使我身败名裂而已。此吾所拟大略办法也。要之，吾既不能返乡居，若祖父不来，则祖父既日念我，我亦日念祖父，此何可久者？若祖父独来与我同居，则祖父既不安，我亦不安（即汝等随侍祖父而来，仍不免此病），此又两失之道也。故非细婆及诸姑叔侍来不可。为祖父计，无甚难处。来此后虽不免悬挂乡间诸叔婶，然既有数子各居异地，例如昔时有数子分途服官于数省，亦只能就养其一，而暂置其他，此无如何也。惟细婆舍不得五叔、五婶，且安土重迁亦情之常然，祖父无论住何处，细婆固应有追随服侍之义务。此则吾能以大义相责者也。且人生一世，安可不游他方，一开眼界。今若侍祖父来，则养尊处优，真如别有天地，为细婆计，亦何乐而不为此？若祖父以此谕细婆，当必从命也。且诸幼辈不来就学，他日又成废人，如何是了耶？

若祖父决意如此办法，则请年内或开春回粤，一部署家事，将诸婶析爨^[1]，毋使受汝四叔鱼肉，其诸婶若有不给，吾仍可接济之。祖父及细婆行后，家事益散漫，自无待言，然亦只得暂时不顾，充其量则公产为汝四叔盗卖尽耳。谅彼亦未必敢、未必能，即令如此，吾亦能照数赔出。吾此间现时一月所用，殆已买得起家中全产矣（连报馆一切开销，每月约四千五百也，然汝二叔除寄神户家用外，尚欲为我每月储留二千，大约尚能办到）。祖父何必断断^[2]顾虑焉？祖父老矣，惟当就养此间，屏除杂念，含饴弄幼。若诸子已有室家者，听其自养，不宜复以此劳慈虑也。至若细婆不侍而祖父独来，吾虽不敢必谓不可，然以理论之，细婆必宜来分我之劳（奉侍承欢，本我全责，然我所处地位，非细婆分劳不可）；以势论之，恐必有不便之处，致祖父不欢，而我尤万分狼狈，甚则着急生病，轻亦废时堕誉。故吾再四思维，惟有出于此一法也。此事可详禀重堂，婉劝决定。吾一切揭开，直言毫无所隐，谅祖父必不嗔责，如有嗔责，则汝为我引愆求恕可也（吾百忙中作此长函，实不易）。

汝所学精进，吾甚喜慰。货币问题答案十条，条条无误（汝师谓何如）。从此加勉，他日必能传吾学，且能助吾，不让汝叔矣。吾实欲汝毕此一年之业，但汝不能离汝母，而汝母久不归，吾甚不便。万一汝叔有事他往，则吾更不得了，吾今已甚忧此矣。故欲将汝学科缩为半年，至明年三月杪（阳历），则全眷归国。缩之之法：其一则请津村将经济学讲义稍加省略或添

[1] 析爨：分家。爨，音 cuàn，指炉灶。
[2] 断断：争辩的样子。断，音 yí。

时间；其二则讲法学通论时将民、刑、商等法删去，而惟讲宪法、行政法大意，此两法吾必欲汝稍得门径也，得门径则可以自修矣。可以此意商津村，吾日间亦当专函与彼商也。且思成若往青岛，亦当在七月前往，终不能待汝一年也（彼或迟一年往亦无不可，顷尚未查确）。此着若定，则加纳町之屋，不妨与中村预商，或可通融办理，此事可禀汝母商行。

鄂行或稍缓，顷屡接多处警报，群小日谋相害，派暗杀队无算，彼辈所忌者惟我与项城。此亦无怪其然，吾向不信彼辈之能奈我何，然多人苦劝（项城其一也），亦只得勉徇众意，大抵终须一行，惟时日未定耳。

汝劬学宜得赏，吾有极精美之文房品赏汝，但恐未必有便人耳。思成学进，亦更有赏也。

示娴儿。

饮冰 十二月初一

1912 年 12 月 5 日

致 思 顺 [1]

十二、十三号禀皆收。

祖父南归一行，自非得已。然乡居如何可久，且亦令吾常悬悬。望仍以吾前书之意，力请明春北来为要。前托刘子楷带各物，本有虾油、辣椒两篓（津中尤物也，北京无之）。后子楷言放在车中恐有气味，为人所不喜，故已抽出矣（又小说两部，呈祖父消闲）。其中有摹本缎两段，乃赏汝两妹者，人各一套（问思庄何故写信与二叔而不与我，岂至今尚未得闲耶），

---

[1] 梁启超写给思顺的信。主要谈及儿女学业问题。要求思成熟读"四书"，直至能背诵；同时希望思顺学宪法、行政法、经济学等课程。

其外国缎一段则赏汝者也（汝三人将所赏衣服穿起，照一相寄我）。金器两件赏汝，汝两妹亦各一件。此次汝姊妹所得独多，汝诸弟想气不忿矣。然思成所得"四书"乃最贵之品也。可令其熟诵，明年侍我时，必须能背诵，始不辜此大赉也。吾游曲阜可令山东都督办差（周督旬日前方来谒），张勋派兵护卫，吾亦极思挈汝行（若国内一年内无乱事，吾又一年内可以不组织内阁，则极思挈汝遍游各省），俾汝一瞻圣迹，但又不欲汝辍学耳。

津村先生肯别诲汝中央银行制度，大善，大善。惟吾必欲汝稍学宪法、行政法，知其大意（宪法能讲比较尤妙），经济学亦必须毕业，而各课皆须于三月前完了。试以商津村何如（诸师乞书，日内当寄）？经济学吾曾为汝讲生产论，故此可稍略，交通论中之银行货币既有专课，尤可略，然则亦易了也。荷丈月入已八百，尚有数部力邀彼往（其职约当前清之三品京堂）。若皆应之，则千余金可得（但今者报馆缺彼不可，印刷局在京，非彼莫办也）。而鼎父至今无著落，汝诸表兄日日来嬲我求差事（小四、小八皆不自量，小八指缺硬索已四五次矣），吾亦无能为助。甚矣，人贵自立也。

示娴儿。

饮冰 十二月五日

《韩集》本欲留读，因濒行曾许汝，故复以赉汝。吾又得一明刻本《李杜全集》，字大寸许，极可爱，姑以告汝，却不许撒娇来索。思成若解文学，则吾他日赏之。

致 思顺 [1]

　　顷电汇四千，想先此书达。书言二千者，恐祖父见家费多或生恼怒也。当告汝母切切不可再投机，若更失败，吾力亦实不逮也。本年不再寄家费可否？老吴 [2] 手法实不高妙，汝叔辈不放心用外人，牵率吾夫仍食初九下等之馆子菜，可谓冤极。然权在彼手，吾无如何也（我若反对，将并下等菜亦不给吃矣）。我依然不名一钱，财权在汝叔手，吾独奈何？一笑。局面稍定，风波稍平，吾必易名厨，以偿口腹耳。

　　昨书言今日电四千，因荷丈终日会客，款未取得，明日当电，惟电二千，其二千则票寄也。北江 [3] 处吾前月曾寄与二百，彼入东京或适得此款时亦未可知，不必深怪彼。故者无失其为故，凡事须为我留地步也（切嘱，切嘱！岂可令人说我凉旧者）。吾若稍自贬损，月入万金不难，然吾不欲尔尔。今汝叔主意除两处家用外，欲为我每月储蓄二千，不知究能办到否？听汝叔为之可也。此间自费有限，一切房租、食用、工钱等皆报馆数，吾所用惟添置衣物及车马、请客等费耳。可以此告慰汝母。但宜力谏汝母，勿再投机，倘再失败，汝叔不允救济，吾亦无法也。藻孙陕款已交。

　　（此纸不必呈祖父。）

　　来禀称汝母为投机失败，忧心如焚，殊可怪。汝母何至不达如是（吾前书所言，凡以戒再举耳）。凭吾之力必可令家中无忧饥寒，汝母但专用力教诲汝辈足矣，何必更驰念及此耶？但此后必当戒断（切勿再贪此区区者），不可更为冯妇耳。此数日内先后电汇、票汇共四千，可敷本年用否？

---

[1]　梁启超写给思顺的信。当时其家人仍留在日本。夫人李蕙仙因经济困难，做了投机生意，造成家庭日用更为紧张，甚至血本无归。梁启超寄钱给家里，他要思顺劝谏其母千万不可再投机，另要女儿瞒过祖父。

[2]　老吴：梁启超归国初居天津时请的厨师。

[3]　北江：即康有为，南海人，又称康南海或南海，此处"北江"为"南海"之反说。

来禀可详言之（究竟现在未偿之债尚几何，所需总数可详禀汝叔），此间尚随时可寄。顷汝叔以思成名义存万金于正金（定期预金防我滥用，汝叔专制极矣）。汝叔之意，总欲稍积储以备不虞也，可持此慰汝母（汝母生日吾本欲买些物奉寄，前日亲自出门一次即为此，乃徒为汝买金器、衣料等，竟不得一物与汝母，汝却借此荫得许多物矣。汝母所要之物必为不值钱者，如火锅也，棉烟也，我却无法带来。王姑娘[1]亦未得一物，汝可问彼所欲，吾明年开河时赏之）。

致 思顺 [2]

十四、十五号禀均收。吾前为汝计学科，竟忘却财政学，可笑之至。且法学一面亦诚不欲太简略（国际法实须一学），似此非再延数月不可，每来复[3]十四小时大不可（来复日必须休息，且须多游戏运动）。吾决不许汝如此（可与诸师商，每来复最多勿过十时。因自修尚费多时也，可述吾意告之，必须听言，切勿着急）。从前在大同学校以功课多致病，吾至今犹以为戚，万不容再蹈覆辙。吾在此已习安，绝无不便。汝叔沪行亦未定（此事须俟荷丈一到沪乃定），即行后吾亦能自了。得汝成学，吾愿大慰，诸师既如此相厚，尤不可负。且归后决无从得此良师。

（第一纸可出示诸师。）

---

[1]　王姑娘：即梁启超的偏房王桂荃，在梁启超家书通信中，又称"王姨""王姬""你娘娘"。

[2]　梁启超写给思顺的信，对于儿女学有所成，梁启超大为宽慰。但思顺之前学习过于刻苦而生病，梁启超十分担心，告诫其不可"重蹈覆辙"，谓女儿为其命根，不许她生病。

[3]　来复：星期。古时以 7 天为一个周期，故旧称一周为一来复，星期日称来复日。

今但当以汝卒业为度，不必计此。间请商诸师，若能缩短数月固佳，否则径如前议，至明年九月亦无不可（一言蔽之，则归期以诸师之意定之）。汝必须顺承我意，若因欲速以致病，是大不孝也。汝须知汝乃吾之命根。吾断不许汝病也。前已合寄四千，谓凤逋[1]可了，何尚需尔许耶？此间已无存（有万金存定期，不能取出），本月收入须月杪乃到手，明日只得设法向人挪借，若得当电汇以救急耳。子楷带去各物已收否？祖父想已旋南耶？

示娴儿。

饮冰 十二月十六夕

1912 年 12 月 18 日

致 思顺 [2]

第十六号禀悉，款三千顷往银行借取（此间亦有一凑西[3]），明后日当电汇，想先此书达矣。顷见报知米复大落，不知汝母稍有所获否？此后波澜必仍甚多，然切勿见猎心喜，吾家殆终不能享无汗之金钱也。《庸言》报第一号印一万份，顷已罄，而续定者尚数千，大约明年二三月间，可望至二万份，果尔，则家计粗足自给矣（火车站零卖每册卖五六角，熊秉丈即出六角购一本，到家中硬向我索回三角，谓要赔偿损害，吾将与之兴讼。若至二万份，年亦仅余五六万金耳，一万份则仅不亏本，盖开销总在五万

---

[1] 凤逋：拖欠的旧账。

[2] 梁启超写给思顺的信。谈及自己生活中的情况以及孩子们的学习，其中是仍然叮嘱思顺不可急于求成，以免影响自己的身体；其次父亲勉励思成书法的进步。

[3] 凑西：凑西银行。

金内外也。惟此五万金中，我与汝叔薪水居四分之一有奇耳）。吾初到时殆一无费用，近则已作地主，酒食之费颇繁，吴厨之菜太不能出台，有客来率皆往外叫菜，其他借贷亦不少，大约每月自费亦数百也。自正月起月寄家八百便是，告汝母勿忧。

日来频见魏铁丈[1]，大快。彼言将用册页写《圣教序》一本赠汝也（彼近年专写《张猛龙》《圣教序》《郑文公》，欲合三者自成一家，正与我同。吾爱女之名举国皆知，故交相见者，无不问汝，却无人问思成以下）。铁丈见思成之字大激赏，谓再一二年可以跨灶[2]，思成勉之。崇雨铃之《圣教序》原本（即擎一[3]携来之玻璃影印本之原本也），吾已见之，爱不忍释，使非为米所累，此物必归吾家矣。祖父生日合家所照相，即寄一份来，吾久欲见此，屡次书皆忘写及耳。

汝求学总不必太急，每来复十四小时总嫌太多，多留两三月，绝不关紧要。吾今甚安习，全眷来，反嫌吵闹也。

汝母所索物，吾尚能供（本月却真不能），但不识有此物否耳，且今亦无从寄，告汝母待归来自置何如？王姑娘之镯开河第一次船便可得，可先告彼（实则并未冰河，一月来甚暖，不如初至时之寒也）。

祖父归乡后，汝与思成每十日必须寄一安禀往，吾书亦当择寄去（吾题汝日记书共有若干字，可检来当为汝再写一通，又吾诗副本可检寄）。连日为客所困，惫甚。第三号文尚未脱稿也。

示娴儿。

饮冰 十二月十八

---

[1] 魏铁丈：即魏铁栅，浙江绍兴人，著名书法家、音韵学家。

[2] 跨灶：比喻儿子胜过父亲。

[3] 擎一：即何擎一，梁启超门生，梁启超文集的最早编辑者。

1912 年 12 月 20 日

致 思顺 [1]

得书知添一幼弟 [2]，甚喜慰，想母子平安耶！祖父命以何名，想有书在途矣。大版《通鉴》不须汝索，已嘱擎一购寄，非久或将寄至矣。王姑娘赏品必给之，但无便人，恐难寄耳。汝母耳珰，则俟归来自置何如？读报见米价落，疑必小有所获，但兹事总极险，终以戒断为是，可仍常谏汝母也。

吾昨夕因得须磨书，烦躁异常，又见国事不可收拾，种种可愤可恨之事，日接于耳目，肠如滔汤，不能自制（昨夕大雪，荷丈与汝叔皆外出游乐，吾独处不适，狂饮自遣，今宿醒未解，得汝书极慰耳）。因思若吾爱女在侧，当能令我忘他事，故念汝不能去怀（昨夕酒后作一短简，今晨视之乃连呼汝名耳，可笑之至。今不复寄，以乱汝意，吾虽欲汝侍我，然欲汝成学之心尤切也）。几欲东渡月余，谢绝一切，以自苏息也。

大抵居此五浊恶世，惟有雍乐之家庭，庶少得退步耳。吾实厌此社会，吾常念居东之乐也。汝求学不可太急，勿贻吾忧。

示娴儿。

饮冰 二十日

前书索全家相片，想已寄在，汝近顷照相否？吾极欲见汝近影。

乡书仍寄艺新否？一禀可加封寄。

---

[1] 梁启超写给思顺的信。他得知"思达"出生十分开心，但他归国后，见国事不可收拾，难免心生烦闷，常常想念在日本时爱女伴其旁的家居之乐。

[2] 幼弟：即梁思达（1912—2001）后文称其为"达达"，梁启超第五子，为王桂荃所生。

1912 年 12 月 22 日

致 思 顺 [1]

擎一寄去正续《资治通鉴》已收否？闻版本颇佳，然耶？近日购书真不易，吾以无《义山集》，姑购一部，已费十四两（二十元余，欲买一《荆公集》，索价百两，今尚未买也）。吾家所有书今乃知其值钱，大约纳海、寄庐[2]所藏已不下数千金矣。汝病已愈否，何故久无书来？吾以得汝书为惟一乐事也。连日秉三、君劢、刚甫[3]在此，马先生[4]亦至，尚有杂客，终日扰扰无隙暇，文章则一字作不出，焦灼万状。项城日运动我入京住，彼亦急极，欲与我相依为命（敌党阴谋至多，数月后有极热闹戏看），我则不甚欲与彼共命也。吾十日来胃病复发，顷正服药。宅前即公园，而吾归数月，至今足迹未履园阈，不生胃病无天理矣。汇款九百已收否？

二十二夕 饮冰

---

[1] 梁启超写给思顺的信，提及购书事宜，当时社会书价十分昂贵。同时向思顺表达在繁忙的政事中，以得爱女来信为乐事。

[2] 纳海、寄庐：梁启超在日本神户租赁的房屋，全套房称"双涛园"，临海的楼房命名"纳海楼"，书斋称"寄庐"。

[3] 秉三、君劢、刚甫：分别指熊希龄（字秉三）、张君劢、曾习经（字刚甫，梁启超的同窗好友）。

[4] 马先生：马相伯（1840—1939），神学博士，著名教育家，震旦大学、复旦大学、辅仁大学的创始者。

1912 年 12 月 23 日

致 思顺 [1]

　　吾一昨因心中偶尔焦烦，念汝不置，故作书告汝，其后甚悔之，想累汝数日不宁贴矣（吾体至壮，安得有病）。吾顷甚适，前日小病，不过受煤而已，散步公园，即已无事（对门即园，此次散步乃第一次也）。汝不许常常念我太过，以纷向学之心。求学亦不许太急，每来复不可过十时。汝叔行无期，或且作罢。吾此间绝不须人照料，全眷来反嫌聒噪。汝但依原定功课从容学去，则吾欢喜无量矣。共和、民主合并终成，复选举后即可发表，此亦足令吾大慰者。

　　示娴儿。

饮冰 二十三日

1912 年 12 月 27 日

致 思顺 [2]

　　十九号禀收。重堂既归，汝辈当勤寄安禀，以慰慈怀。吾所寄书亦当随时转去，因吾作禀不能甚多也。简甫先生处可以吾意挽留，并言明年月馈修金五十，将来移眷来尚可稍兼他事，更当别报也。

　　顷查青岛专为我国人所立之校，学风极坏，其德童[3]专用校，入之不易。

---

[1] 梁启超写给女儿思顺的信，仍主要嘱咐思顺求学不可过于用功，一定要从容就学。

[2] 梁启超写给女儿思顺的信。他原意让思成去青岛读书，但发现当地为国人所立的学校，其学风极差，另有德国人专属的学校，但不易进。鉴于国内教育的现状，梁启超为儿女求学之事忧心。

[3] 德童：德国儿童，指青岛德租界德国人的儿童。

思成明年能往与否，尚未决耳。归国后为汝诸弟妹求学真一大问题也。

此间连日大雪，十年来未睹此瑰观矣。

示娴儿。

饮冰 二十七夕

1913年

致 思 顺 [1]

汝前书所言事，吾复书已尽言近情，吾岂不知自爱？岂劳劝谏？汝可勿焦念以致废学也。惟汝诸表兄小题大做，既招汝惊忧，又招汝叔愤怒，真无谓耳。

思成留学事，有门生在青岛者来书述情形，今寄阅。惟所谓特别高等学堂者，闻学风极不佳，思成独往，实不放心，或再俟一二年后彼稍长大，再作商量亦可耳。此事可禀汝母知之。本初 [2] 月馈之项十二月份者，至今未交到，不知何故，现颇窘也。

示娴儿。

饮冰 十二夕

---

[1] 梁启超写给思顺的信，因青岛中国人的学校学风不好，梁启超担心思成独自前往，准备之后再做打算。

[2] 本初：东汉末袁绍的字，此借指袁世凯。

1913 年 1 月 15 日

致 思顺 [1]

第三号禀悉。何故忽患不能睡之证，由忧我思我耶？抑由功课太迫，用脑太劳耶？我何劳汝忧，汝忧我是杞人之类耳。功课迫则不妨减少，多停数日亦无伤。要之，吾儿万不可病，汝再病则吾之焦灼不可状矣，吾得汝痊愈之报告，吾心乃释也。

今嘱汝叔寄上九百元，内八百元充家费，其一百充压岁钱。汝兄弟七人，人十元，廷献 [2] 及诸外戚，人五元。若有余则归汝，仍由汝请群仲吃一顿，若不足则在汝所得之份垫出，吾将来别以他物酬汝。汝母之份吾却不认赔偿，吾知汝母尚有金钱数枚，汝等何不再开一次国会直往要索耶？吾数日来心境大舒，勿远念（汝言达达可爱，如此吾亦念之矣，可告彼）。

示娴儿。

饮冰 十五夕

粤中家信须常写。

1913 年 1 月 17 日

致 思顺 [3]

汝病何如？已痊愈耶？小小年纪何故患不寐之病，得毋用脑太过耶？

---

[1] 梁启超写给思顺的信。思顺因学习功课太多并忧虑父亲导致患失眠症，梁启超担心她身体，劝她要减少功课，且不必忧虑自己，不可因此生病。

[2] 廷献：梁启超的侄子。

[3] 梁启超写给女儿思顺的信。思顺为让家人早日回国能与父亲团圆，在几个月内学习了两三年的课程，以至于生病。为此，梁启超十分担心女儿的身体，曾经多次叮嘱她不要太过努力。

日本教育识者诋为诘迃主义[1]，最足亏体气而昏神志，谅诸师所以诲汝者或不至如是。然以区区数月间，受他人两三年之学科，为道实至险，故吾每以为忧也。以后受学只求理解，无须强记，非徒摄生之道，即求学亦应尔尔也。

此次选举，吾党大概总要失败，敌党纯用乱暴贿赂，此固一最大原因，而吾党少数人反对合并者，亦不能辞其责也。似此吾仍可以不接近政界，优游养望自为计良得。然大乱之起，恐亦在半年内耳。日来耳闻目见皆陆沉之象，吾生平乐观主义竟不能自持，几欲委而去之矣。

日来因喜食腊味饭之故，胃病似又复发，然终未能戒食也。每夜就榻仍极迟，大率三四点为常。连日观剧，聊以解忧，自今日起亦停止矣。闻乡居欲迁香港。重堂已有书告汝否？

饮冰 十七日

1913 年 1 月 23 日

致 思顺 [2]

汝病何如？若患神经衰弱，则功课必须减少，或更停课调养亦可，即受业时亦不宜务强记，至要，至要。

吾党选举可望转败为胜，直隶已大胜矣。大抵将来（或稍后），即共和已可敌国民，加以民主则成大多数。第两党恐终不能合，此吾所最痛耳。连四日中，座客皆夜三时乃散，报中文字竟不能作，奈何，奈何。

---

[1] 诘迃主义：指"填鸭式"教学，即强调学生死记硬背式的教学方法。

[2] 梁启超写给思顺的信。延续上一封信内容，再三叮嘱不可因学业损害身体。同时告知女儿自己所遇政治上和生活中的无奈。

今日有一人假冒汝表兄来打抽丰[1]，可谓无奇不有，将彼帖寄上，博汝母一粲。蜕丈[2]东游曾至我家否？汝等照相何尚未寄至？粤中常有安稟往否？过年作何热闹耶？

示娴儿。

二十三夕 饮冰

致 思顺 [3]

病已愈，不至悬悬。连日曾刚丈在此谈燕甚乐，熊秉丈继来，政界俗谈又刺耳刿心矣。

有石星巢先生，吾少年受业师，贫不能自存，哀属我为觅事，不得已请作书记。然亦不过拟移家归后乞其授思成辈学，分简叔之劳。此老旧学尚好，吾十五六时之知识，大率得自彼也。

吾近日写字之兴复大发，得好宣纸，日以自娱，洋纸则厌极矣（土佐纸仍爱）。思成写《郑文公》，宜摹原碑，勿裨贩吾所写者，可告之。魏铁丈为汝写《圣教》已成，顷往付装潢，归时给汝。《资治通鉴》已到不？本尚佳耶？闻徐雪丈[4]为华侨代表来赴选举，若到东[5]可促其即来，二月

---

[1] 打抽丰：又称打秋风，指利用各种关系或借口向人索取财物。

[2] 蜕丈：即麦孟华（1875—1915），字孺博，号蜕庵，广东顺德人，梁启超同门、好友。

[3] 梁启超写给思顺的信，告知思顺待家人回国后拟请石星巢先生为思成等授业。石星巢为梁启超少年时之业师。1887 年，15 岁的梁启超拜石星巢为师。20 多年后，石星巢被延请教授梁家儿女国学。

[4] 徐雪丈：徐勤（1873—1945），字君勉，号雪庵，广东三水人。梁启超同门、好友。

[5] 东：指东瀛，即日本。

初六为选期，今仅余十日耳，彼来吾可助之当选也。

示娴儿。

饮冰 一月二十五

1913 年 1 月 31 日

致 思顺 [1]

连得七、八、九号禀，至慰。汝真纯孝，能与我精神感通，计汝作第九次禀时，吾心颇有所刺激不宁也。然吾亦尝学道自得，岂外界所得牵移。吾十日来半掷日力于字课，此吾频年所用养心之良法，汝若侍侧，当能窥其微矣。汝学日进，吾闻此则百忧解。阿庄、阿达之态皆足令我悬想开颜。改岁后，吾或微行，一入京，第恐不能密，又惹无味之酬应耳。造像明日可成，成当遂寄。

壬子腊不尽六日 饮冰

---

[1] 梁启超写给思顺的信。他回国进入政界，面对各派势力复杂的政治纠纷与斗争，他感到自己的政治理想难以实现，疲于应付。思顺写信安慰父亲。他回信告诉女儿自己正在通过习字来养心能不为外界所左右。

1913年2月3日

致 思顺 [1]

　　吾半月来书兴大发，每日客散后即学书，使汝在此，又将猜我有何心事矣。此纸即吾制以作书者也。汝叔索我为写玉溪生 [2] 诗，已写十余页，汝闻之得毋羡耶？

　　汝病何如？亟宜善摄，以慰远怀。吾室中群卉竞放，蜡梅、海棠最佳，三日前已造一像，成当寄汝，汝姊妹所照何久未寄耶？

　　此间党人报捷，合并复有望，差可慰。然于大局所裨实涓涓耳。今日所写已尽十纸，研有余沈 [3]，聊复书此。

　　　　　　　　　　　　　　　　　　　　　　饮冰 小除夕 [4]

　　穷冬沍闭，公私蹙蹙。斗室俯仰，言悲已叹。况乃明月白露，文通赋其销魂；落叶凋年，东阳哀其生意。沈沈洛浦之梦，草草河梁之泪。以此思伤，伤可知矣。玉溪遗句，凄婉在抱。重吟细把，用赠所思。

　　此吾顷所作小骈文也，喜其文采，写以示汝，不必求甚解也。

---

[1]　梁启超写给思顺的信。承接前一信与思顺谈论习字之事，并及自己室内花卉等，末附新作小骈文。

[2]　玉溪生：唐代诗人李商隐之别号。

[3]　研有余沈：所研磨的墨汁还有剩余。

[4]　小除夕：除夕前一日，即农历腊月二十九。据后一封书信，此信实作于农历腊月二十八，即公历2月3日，此处梁启超误写了日期。

1913年2月4日

致 思 顺 [1]

得第七号禀，知已痊愈，甚慰。参考书亦不必太多读，专受一先生之言而领会之，所得已多矣。

吾今精神上所感苦痛，全由徘徊于出与处之间，若决定一途，则虽苦亦有兴耳。吾顷请伍连德[2]为我配胃病药，今日始服，观后效何如。腊尽家中有何娱乐耶？

示娴儿。

饮冰 小除夕

昨用宣纸所作书，误写日子耳。

汝似久未作禀与汝叔，何耶？汝叔前得汝书颇怒，谓不应以闺秀作此等语，其复书云何？吾未之见，大约必大申饬矣。然此自出于爱汝之意，今气亦久平，汝宜作禀请安，只著一二句谢过，不必再提前事也。

又示。

1913年2月4日

致 思 顺 [3]

今日连得第十、十一、十二号禀，极慰悦。汝病新愈，宜加慎摄。吾

---

[1] 梁启超写给思顺的信。主要告知思顺参考书不宜多读，专于老师的教导即可。

[2] 伍连德：英国剑桥医学博士，公共卫生学家，我国检疫、防疫事业先驱。曾多次为梁启超看病。

[3] 梁启超写给思顺的信。主要谈自己在政治上失意，受到种种刺激，然而面对政治事务上的刺激，他常能平定情绪，并且近日习字极勤，以此练心、养心。

胃病尚未痊愈（顷尚服药无间），然亦差减矣。不好运动，性习难改，户外即公园，吾居此四月，惟半月前踏雪造像到一次耳。吾心绪无甚不宁，惟所受刺激颇多，然吾常自镇，每有刺激，最多不过数小时即平复矣。选举结果未全发表，计议员五百九十人，国民党得二百六七十，共和党得二百四十余，民主党得三十余，统一党得六十余，若共、民、统三党能合并，则决占优胜，否则未可知矣。然共、民感情极恶，恐难合。统一则全为本初机关，虽欲与我合，我则须提出条件也。吾若能不入党，则可以翛然自乐，然恐事势终不许尔尔耳。

　　吾日来字课极勤，岁暮结账，文美斋南纸店之债务乃至七十余金，可见我用纸之多矣。诗久不作，报中所登寿几道（严又陵也）诗，亦倩人捉刀耳。

　　此间即以书房为卧房，房中供花颇多（花皆租者，而母爱蜡梅，归时可大租供耳），以后当减之。新造像两轴与此函同寄，计迟二三日当到，在室中所造者佳也。后日岁除，此间亦有娱乐之法，第断不能似去岁之热闹耳。

　　示娴儿。

饮冰 腊不尽二日

1913 年 2 月 7 日

致 思顺 [1]

　　得泷谷 [2] 书，大誉汝。谓试验之结果，为彼邦男学生所不逮。试思我

---

[1]　梁启超写给思顺的信，所涉事甚多，其中最重要的是表达爱女之情。梁启超在政治上每遇不如意之事，都十分思念爱女；且每次与思顺通信，均能使梁启超忘却政事上的苦恼。

[2]　泷谷：泷谷及下文提及的长泽、武田均为思顺在日本的老师。

闻此喜慰何如耶？恨遣汝就学太迟，时日太促，不能得大成耳。吾因汝前此曾因学致病，至今谈虎色变，故累信戒勿欲速，实则吾岂愿一日离汝哉？吾每遇有拂意事，辄思汝耳（日来拂意事颇多，顷念汝切也）。

张将军（勋）昨专人来迎我，谓我若肯往，彼将率全军郊迎。吾今安能往（为人所忌）？只能以游孔林、游泰山为名，乃得一往耳。顾此游吾已许与汝偕矣。国中大乱，非久且至，久恐终无此从容游燕之时也。实则四月以后，无论局面如何，我身必卷入旋涡中，当天下极险艰之冲，断无复余暇以享家庭之乐，其时宜移家与否，尚在不可知之数耳。言念及此，辄思东渡度旧腊，省视汝母及汝曹，作十日闲散，但此愿亦岂易偿者，姑妄言之而已。与人家国事，无往而非困心衡虑之地，但终已不能忘天下，则茹荼啮蘗亦固其所耳。我十年来实太自佚乐，今固宜受苦辛也。

顷熊秉丈、潘若丈在此夜谈方散（若丈自吾归后，往来南北已三次，其坚苦卓绝真可敬也），已将拂晓矣。有所枨触，作书告汝，每得汝书或寄汝书，皆能减我苦痛也。

祖父书及姑丈书、汝书皆极言达达之可爱，究竟其特别可爱者何在？能一言耶？泷谷字写就另寄，写得颇用心，可以报彼矣（长泽、武田各一幅）。

思成字大进，今尚写《郑文公》耶？写五十本后可改写《张猛龙》。

孙慕韩日使之说，此间无所闻，亦已两旬不晤彼矣，若果有此事，与言当易易耶。

顷为汝四表兄觅一官，想可成。此子真不才，顾不能坐视其冻馁，冒耻为之请托耳。

蜕丈至今不至，令吾无以对冯华甫，亦吾拂意之一事也。

示娴儿。

正月二日 饮冰

1913 年 2 月 20 日

致 思 顺 [1]

得禀，知已受比较宪法及财政学，甚慰。可以吾命请于诸师，乞其于纯理方面稍从简略，于应用方面稍加详，能随处针对我国现象立论尤妙，即如比较宪法，当多从立法论方面教授，其解释法理则简单已足。又宪法毕业后能一授政治学大略最妙。盖政治学本以宪法论占一大部，再讲舆论及政党之作用与现在各国政治之趋势足矣。所费时间可不甚多，但不识能有此教师否耳。惟功课虽增，每周受业时间万不许加增，宁可延归期一两月耳。吾极不欲过劳汝，惟念归后难得良师，故欲汝受此完全教育耳。可出此书与津村先生商之，刀祢馆先生复以余暑授思成，可感之至，为我深道谢。并告思成勉学，毋负盛意也。

示娴儿。

饮冰 上元

续寄赠诸师之书，想已收。

1913 年 3 月 5 日

致 思 顺 [2]

二十三、四号禀收，田崎字再寄横额一幅，计津村、武田、田崎 [3] 人

---

[1] 梁启超写给思顺的信，主要是与思顺讨论教学内容和课程问题。因考虑到回国后缺少政治、法律等方面良师，希望女儿在日本尽可能接受较为完整的现代教育。同时告知女儿学习时间不可过长，要爱惜自己的身体。

[2] 梁启超写给思顺的信。梁启超迫切希望家人早日回国，以享家庭团聚之乐，但仍希望思顺在日本学有所成，以便将来能做自己在学问和事业上的助手。

[3] 津村、武田、田崎：梁启超为思顺请的日本家庭教师。

各二幅也。此间纸墨皆便，吾又十余年不得好纸，今以便故嗜写特甚，故每求皆应也。津村有何计划，可详告我。为汝求学故，稍延数月亦吾所愿。吾每遇不得意事，辄思汝不置，然欲汝成学之心尤切，汝学大成，则将来助我无算，吾宁忍一时之不便也（实则无甚不便，但欲以家庭之乐解他种苦痛耳）。惟此间屋已租定，准新历三月十五日起租，若眷暂不归，则浪费此租钱耳（月百三十）。宪法有良师，吾亦舍不得，或多留一月亦可也。

吾待议员到京后，训练月余，尚思往南省一行，届时或在上海迎汝也。国内种种棼乱腐败情状，笔安能罄？公立所言，殆未能尽其万一。吾在此日与妖魔周旋，此何可耐！要之，无论何路，皆行不通，而又不能不行，此所以为苦也。吾生日各人为我庆祝，相约不谈时事，免致败兴，已在苦中寻乐两日，二十七日之夕又会谈起来，烦恼已接踵至矣。以吾之地位，处此时会，惟以忧患终其身而已。

示娴儿。

饮冰 三月五日

1913 年 3 月 16 日

致 思 顺 [1]

二十八号禀悉。再留月余以完所学，大善！大善！吾虽极盼汝曹早归，然为汝成学计（能于三月杪成行，最妙），无论如何我终乐待也。此间屋极难，然必极力觅适当者，不使我大事事事之令娘样 [2] 稍受委屈耳。吾南行大约

---

[1] 梁启超写给思顺的信。承接 3 月 5 日信的话题，既期望家人早归国，又希望思顺在日本多做停留，以便她学有所成。

[2] 娘样：日语，意为"女儿大人"。此为调侃语。

仍罢议（项城力劝勿行，谓太险也），入京则尚在四五日后也。

示娴儿。

饮冰 三月十六日

汝生日赏品为名画两轴（已备），玉笔洗、玉墨床各一（未备，入京求之），首饰太俗，不以赍汝也，但托带不便，俟归时再以畀汝耳。思成赏品为吾手写册页，当寄去（付裱未成）。

1913 年 3 月 18 日

致 思顺 [1]

二十九号禀悉。决定六月中旬行，可也。名师不易得，岂可交臂失之。吾顷有事可做，意兴勃发，更不劳若曹为我解闷也——吾字课废已兼旬 [2]，即此可知我意境，大约吾写字时，必极无聊时也。吾非轻视私法，数年前且极好之——初挈汝至须磨时，吾专治民法。特以时日不逮，不得已而省略耳（使早一年令汝就学，必可大成，然彼时又安有此力者）。且又审高商中，未必有良师也。今津村先生既谆谆不倦，悉遵其计划可也，惟不许每周增加时间，致再酿病，宁可更延长一半月耳。

书林事未与汝德叔详谈，大权偕来亦可，届时吾必命任发往迎也。相片尚未至，急欲见之，计明日或至耶（信未封，片已到，达达果有趣）。

建部著《世界列国大势》尚未到，可催宝文或购来自寄。樋口龙峡著《近代思想之解剖》可购寄一部。吾月来饮酒不多，勿念。

---

[1] 梁启超写给思顺的信，仍要求思顺在日本多待些时日学习，并珍惜难得遇到的良师。同时也叮嘱女儿不可过多增加学习时间，注意身体。

[2] 兼旬：二十日。兼，加倍的意思。

闻往观樱，颇复遥羡，惟春明花事亦渐盛，海棠、芍药次第开——行将饱赏，惜不与汝偕也。

三月十八日

吾去年复游存之骈文信尚有存稿否？可检寄来。

顷决后日（十九日）。入京，再无改移矣（顷电话来，复有改移或再延数日亦未定）。党中已派专员来迎，且预备一切也。

三党合并已定议，吾入京数日后即发表。此后当必日与手枪、炸弹为缘（黄兴、宋教仁皆到京，正好决斗），然亦痛快极矣。汝但安心读书，稍迟一二月归不妨。吾今不闷，无待汝解也。报中有一谐文，寄资大噱。

议员薪水大佳，大约国家岁给三千余，党中岁给千余，藻孙居然有五千岁入矣（真不知成何体制，然敌党如是，我亦不能不尔也，总便宜了这班国民代表）。

十八夕 又示

1913 年 3 月 20 日

致 思顺 [1]

吾入都又改期，因三党合并，项城加入之议，外间已稍有所闻，而内部尚须有他种设备，未能遽行发表。吾入都则风声必大，故须稍缓数日也。日来虽兴会稍增，然中国腐败社会之空气与吾性太不相入，接触稍密，辄增恶感。每当客散神疲时，未尝不想念双涛索居之乐也。

---

[1] 梁启超写给思顺的信。谈及自己想念当年在日本"双涛园"家中之乐。又言购得善本旧书，分别赠给年龄较长的三位儿女。

都中词流亦预备胜会相迎，颇思以刚日[1]接政客，柔日接名士，未审能否。十余年不睹春明花事，此番或可饱领略也。顷由若叔寄千金，想与此同达，不一一。

示娴儿。

饮冰 三月二十日

前函未发，得第三十号禀，悉一切。蜕丈所言，不知情实。共和党制须开大会，乃能改选理事，而大会须下月乃开也。党中尚议改组，统俟该时乃发表耳。但今有三党合并之议，此又不成问题矣，荷丈为众怨之府，亦其地位使然，实则吾亦岂偏听哉？

二十夕

书未发，适购得善本旧书十余种，有王氏仿宋本《史记》，有胡氏仿宋本《文选》，有仿宋本《白香山集》（有《欧阳文忠全集》，亦尚佳）。此三书，顺、成、永三人可各得其一（皆极难得之本也），长者先择取，所余以诒少者可也（吾为顺计，取《香山集》，余两种任两弟自择。但顺总应有优先权，所好何在，吾不强也）。各书皆存津宅，归来乃颁（别有《宋诗钞》最可宝，暂不以赉若曹）。

饮冰

汝曹造像置之案头，殊觉可爱，各人皆胖润许多，惟思忠则似再游印度一次归来，达达殆静听讲义耶。

---

[1] 刚日：单日。下文"柔日"指双日。《礼记·曲礼上》："外事以刚日，内事以柔日。"

致 思 顺 [1]

　　汝曹勿见此等消息而日为我忧。此间都督及巡警道已加派人来，吾入京时，车中一切已布置严密，入京后则派宪兵数人护从，必无他虞。宋氏之亡，促吾加慎。孔子曰："天生德于予，桓魋其如予何？"吾生平皆履险如夷，吾行无险诐[2]，决不召险，感应之理最可信也。汝但宽怀，勿缘忧我废学致病，则我大慰耳。

　　今日又瞎忙了一日，自早起至今，未尝一刻断客。顷已一时半矣，乃须埋头作文，精神惫倦已极，从何作起，而所立须作者，乃新党之宣言书也，真苦极矣。吾对于新党不欲积极负责任，今思得一颇妙之位置（原议袁为总理，黎与吾为协理，吾今决辞，仅设一总、一协，别设参事长，吾任之。参事乃咨询机关，网罗全国中有名望之人，如前清督抚及现任都督皆在焉，本不设长，吾今欲此，故设之），不审众人许我否，若不许我，则我将不复与闻也。现状实无可为，新党亦决办不好，吾既不能置身事外，又不值得与之俱毙，故处此职可以立于半积极、半消极之地位耳。吾性质与现社会实不相容，愈入之愈觉其苦，处此地位可以不常居京，计良得也。刺宋之人，胪列多人（真主使者，陈其美[3]也），我即其第二候补者，今将彼宣告文剪寄。应某谋北来刺我，二十日前蜕丈已电告矣。

　　示娴儿。

饮冰 二十七日

---

[1]　梁启超写给思顺的信。此年 3 月 20 日，宋教仁被刺杀，梁启超也在重大嫌疑之列。家人担心他的人身安全。他引孔子之言以自慰，梁启超借此典故，表明自己行为正当，望家人不必担心。

[2]　险诐：阴险邪僻。

[3]　陈其美（1878—1916）：字英士，浙江吴兴人。1906 年加入同盟会，1911 年任同盟会中部总会庶务部长。史界有一种说法，认为陈其美是杀害宋教仁的主谋。

1913 年 3 月 30 日

致 思 顺 [1]

盆栽海棠佳绝，吾室中今供四本[2]焉。汝曹归时，花事阑珊矣。

汝仲父偕荷丈入都，吾独居已两日，今夕亦无客至，读书尽数卷，心绪颇佳。赉汝之玉墨床已得，甚佳。惟笔洗未得耳。汝将归时，吾必为汝室中精心结撰陈设完备，令我宝贝一见大悦，在京寓亦为汝别设一室也。

告娴儿。

任

报纸剪寄，国中事无一不蜩唐沸羹[3]，吾更为小人所最疾忌，亦只得居易俟命耳（若宋案不破，吾或婴其难，今稍可即安也）。吾频日仍往嚣尘混杂之区，因家厨恶劣，每请客必须适市也。

两夕无客至，心乃大舒，读书数卷，似颇复知有生之乐矣。安得仍适东瀛，以二十四金赁双涛园，理其荒秽，供我啸咏。今日处骇机[4]束茧之下，何为者也？吾儿夙慧，当有味乎吾言矣。

示娴儿。

饮冰 三月三十日

---

[1] 梁启超写给思顺的信。此信依旧谈到宋教仁被刺案，自己被人陷害。梁启超以《中庸》"君子居易以俟命"以自安。

[2] 本：株、棵。

[3] 蜩唐沸羹：出自《诗经·大雅·荡》："如蜩如螗，如沸如羹。"意谓如蝉鸣和沸汤翻滚，常比喻纷扰不宁。

[4] 骇机：突然触发的弩机，比喻猝发的祸难。

致 思 顺 [1]

　　昨日蓝、徐嘉礼，蓝家无长亲在京，请吾主婚。吾代作了一日主人，受了人家道无数的喜，极可笑也。来客将及千人，可谓极一时之盛。瘿公发起演剧（在湖广馆）。致贺，共和宣布后，堂会戏此其第一次矣。诸伶以我作主人，故相约特别报效（诸名伶极知敬我，吾二十年前墨迹，彼辈保存极多，党禁极严时，彼辈常翘以示人，无所畏云）。昨日戏之佳妙，亦度越寻常。费六百余元，而其戏实值千四五百元云，然正以此故，吾不能不看完乃行。直闹至夜四点钟，惫极矣。今晨十点钟，共和党又开园游会于三贝子花园，吾演说三小时（五日前修禊即在此，桃花已盛开，柳眼 [2] 亦骤放，与五日前别是一番景象矣），直至傍晚乃散。

　　顷方在家晚饭，今夕当谢客早睡矣。吾每有游宴，辄念吾爱女，恨不与偕。盖吾深知国中大乱将起，汝归时不审尚能有清游之机会否，恐归后仍不得不蛰居天津，则真无趣矣。吾少年时居京师之日多，故甚习于京居。到京后，虽亦常遇烦恼之事，然随处可设法调剂缓和之，不似在津之枯寂。惟荷丈及汝仲父皆苦谏吾勿常居京，盖深察现在政界万不可多与为缘。然吾性好事，在京必日日为积极之行动，同人以为极危，故决欲逮捕我返津，吾亦决于十六日行矣。再来总须俟二十日后，此时海棠、丁香、牡丹皆作花（法源寺长老坚约花时往赏），吾实留恋不忍去也。汝归时若芍药未谢，则吾当于归后之次日即挈汝来赏也。

　　国会开预备会日即打架（极小事，不成问题者已如此），以后不知闹成何种局面，直是一动物园耳。荷丈避之若浼，且苦劝我远避（蜕丈一书

---

[1] 写给思顺的信。其中谈及有游宴，便思念爱女，并说等她归国之次日（此时思顺等家人即将归国）就带她于北京赏花。梁启超不论是在痛苦还是快乐时，总是思念女儿，希望她能陪伴在自己身旁。可见梁启超对于思顺的爱。

[2] 柳眼：春天初生的柳叶，如人睡醒时眼刚刚睁开。

两电，劝吾立出京，不可一日留），洵有见也。若在京能不与闻政事，专事清游，则乐真无极，然此何可得者。

款适无浮存，二千之数至月杪乃能汇。仲父留一纸寄阅。

示娴儿。

任 四月十四日

1913 年 4 月 18 日
致 思 顺 [1]

吾党败矣。吾心力俱瘁（敌人以暴力及金钱胜我耳），无如此社会何，吾甚悔吾归也（党人多丧气，吾虽为壮语解之，亦复不能自振）。吾复有他种刺心之事，不能为汝告者，吾心绪恶极，仍不能不作报中文字（报却可作乐观，已销万五千份矣，个人生计良得也），为苦乃不可状。执笔两小时乃不成一字（催稿急于星火），顷天将曙，兀兀枯坐而已（汝叔偕荷丈入京，吾独处斗室中）。

吾每不适，则呼汝名，聊以自慰。吾本不欲告汝，但写信亦略解吾烦忧也。汝何故数日无书来，何不述家中可喜之事一告我耶？惟汝断不许缘忧我之故而荒学或致病，果尔，是重吾忧也。

吾今拟与政治绝缘，欲专从事于社会教育，除用心办报外，更在津设一私立大学，汝毕业归，两事皆可助我矣。若能如此，真如释重负，特恐党人终不许我耳（所谓党人者，共和党也。民主鬼 [2] 吾恨之刺骨），当失

---

[1] 写给思顺的信。梁启超所在的共和党败于国民党，加上党事之纷争令他颇为痛苦，希望放弃政治而从事教育。但是又觉得国事、政事尽职，尽管因此受苦，是自己的责任。

[2] 民主鬼：即对民主党的厌称。

意时更不能相弃也。作今日之中国人安得不受苦，我之地位更无所逃避。诗云："夭夭沃沃，乐子之无知。"最可羡者，思庄、思达辈耳。

示娴儿。

饮冰 十八夕

希哲大约明年入大学为教授。

1913年4月29日

致 思顺

顷方发一书，旋得第四月十六七号禀，悉一切。德界屋早已定妥，绝非僻远（远则存之，僻则未也，然远亦对今寓言耳），无所杞忧。党事本欲脱卸，然势相迫不能休，真有风利不得泊之感也。顷复允受任，日间又须入都矣。荷丈佛丈前皆极沮吾与闻党事，今亦谓不能脱卸，此无如何也。要之，生为今日之中国人，安得有泰适之望，如我者则更无所逃避矣。佛、荷诸公愤世已极（信未发适得北京电话，今日众议院议长又举不成，大约局面破裂即在目前。汝归来欲入京一游，恐亦未必能也，可叹，可痛），终日相对惟作悲观语，悲不可解，则寄情于游乐，吾三日来未做一正事也。吾当有事可办时，不甚思家，稍闲闷则念汝曹不置，今越三来复即见汝，吾亦至欣想也。顷电三千五百元，想已收。行赀当无缺耶？可省仍宜稍省，大乱若至，衣食亦可虑也。示娴儿。

饮冰 二十九

仆妇须在此间先雇否，日婢带来后，木器等不必多带，临行时，汝必须挈诸弟往游存处辞行，至要至要。

1913年8月5日

致 思顺[1]

今日适北海，答访一客，循海周遭行，弥望荷花十顷，杂以菱芰芡之属，水佩风裳，冷香飞上。湖外老柳古槐，圆阴匝地，蝉声豪迈，如诉兴亡。胜赏既殚，继以幽感，惜吾爱女不相陪侍也。前日诸友约为什刹海高庙之游，闻彼地荷湖亦殊胜，为雨所阻，竟不克赴，今日之游足以偿之。假使一年后觚棱[2]无恙，则漪澜堂[3]终为我息壤也。

吾心境亦无甚不佳，事之艰辛，非今日始知之，故亦无畔援，无歆羡也。此数日本可出都，计秉丈[4]至必且来扰我，其时再来，益复旷日，不如待之，彼以十日至，吾十二三当归耳。荷丈遂不免羁勒，大约明日将见真除[5]，彼初尚思引退，计非就此者（项城思责彼长部，吾劝避难就易，辞尊居卑耳），则财政部且将絷之也。

示娴儿。

饮冰

朱某所刻图章可印一纸寄阅。

朱某所刻图章佳极，吾名号方印尤佳。内伯玉一小印，彼误以为汝之字，故用彼成对之石刻之，顷已别刻一伯玉印交来，可将在津之伯玉原印寄来，俾磨去刻艺蘅馆也。

偶戏诚得多马，但有八百，仅据债权实入不及五百，日来赠紫珊、君勉、

---

[1] 梁启超写给思顺的信。谈及自己工作中诸事。此年7月20日，李烈钧首先在江西湖口宣布独立，发动"二次革命"，即"讨袁之役"，反对袁世凯。江苏、四川、广东等地也在其后纷纷独立。9月1日"二次革命"失败。因此梁启超欲退出政坛，不过，9月11日北洋政府内阁组阁，梁启超还是担任了司法总长。

[2] 觚棱：指国家。

[3] 漪澜堂：在北京北海公园。

[4] 秉丈：即熊希龄（1870—1937），曾任北洋政府总理。

[5] 真除：原指由暂时代理改为正式官职，后指正式任命官职。

藻孙既尽之矣。

宴客购书所费亦数百也，数日来未再戏，勿念（明日宴同乡百余人）。

今日忽复下痢，半夕如厕十余次，已召医受药，一泻当愈也。华姑来，甚佳，吾本极念之，且非彼来则思和不愿独来，而思和之来，可以温二叔之爱情，于吾家所关颇大，可即复禀。

重堂请其来，屋不够住，惟有住汝房内之回廊耳。实则彼处未尝不可住也。吾急极而秉丈来期又改，竟欲舍此而去矣。惟明后日皆已发帖请客，骤行亦未能也。

示娴儿。

饮冰

1915 年

致 思顺

今夜乘新济船行，四点出帆，约初六可抵沪也。荷丈竟不能成行，此亦无害。吾沿途必能自慎摄，家人勿以为念也。中原公司日内收股，家中能凑出三千元否，可交藻孙与幼珊交涉。汝所有薄工资财亦可附两小股（三百元），更附黄孟曦罐子股二三百元。一切皆托藻孙可也。此间所存六衣箱已移至马朝利新宅，其余各杂物则关在一房中，钥亦交彼，迁居时往取可也。

饮冰

致 思顺

书悉。来复六能来，甚佳。柳溪劝吾来复五入都，吾仍欲再迟一来复乃往也。来时可将前在马场道屋所用门帘之挂木带来，汝所住房顷尚未挂帘，吾拟即用此，无取别费另造也。又吾有书与潘琼笙，嘱将吾所著书报（如政治论集之类，六大政治家之类皆要）取一全份来，可告姑丈往检，无论整部零册，尽所有各取一二部（文集能多取数部最佳，恐无有耳）来可也。吾不能忍（昨夜不寐，今八时矣），已作一文交荷丈带入京登报，其文论国体问题也。若同人不沮，则即告希哲，并译成英文登之。吾实不忍坐视此辈鬼蜮出没，除非天夺吾笔，使不复能属文耳。

二十三晨

吾别草一文，题目《中国与土耳其之异》，为《京报》作也。已嘱秉均抄副交志先，此文可登英文报，汝可向秉均索取，与希哲共译之。篇首仍作数语，云本报请某人赐文一篇，幸得许可为此，不胜荣幸云云，示偶作，非常作耳。

1916 年

致 思顺[1]

　　王姨今晨已安抵沪，幸而今晨到，否则今日必至挨饿，因邻居送饭来者已谢绝也（明日当可举火，今日以面包充饥）。此间对我之消息甚恶，英警署连夜派人来保卫，现决无虞。吾断不至遇险，吾生平所确信，汝等不必为我忧虑。现一步不出门（并不下楼），每日读书甚多，顷方拟著一书，名曰《泰西近代思想论》，觉此于中国前途甚有关系。

　　处忧患最是人生幸事，能使人精神振奋，志气强立。两年来所境较安适，而不知不识之间德业已日退，在我犹然，况于汝辈。今复还我忧患生涯，而心境之愉快，视前此乃不啻天壤，此亦天之所以玉成汝辈也。使汝辈再处如前数年之境遇者，更阅数年，几何不变为纨绔子哉！此书可寄示汝两弟，且令保存之。

一月二日

　　有人来时可将下列书检托带来，但检交季常丈处，彼自能理会也。《哲

---

[1] 梁启超写给思顺的信，此时他自北京逃至上海，因1915年12月袁世凯称帝，梁启超发表《异哉所谓国体问题者》攻之，此前，袁世凯用20万大洋贿赂梁启超，让其勿发表，被拒。

学大辞书》七册；《文艺全书》一大厚册，似是早稻田大学编辑，隆文馆
发行；《津村经济学》，新改版者。召希哲之故，孟希想已言之，能来则来，
否则暂止亦无妨。

1916年1月7日

致 思顺

　　数日未得书报，而母近状甚念，甚念，彼已出院否？体复元否？曾发
见他病否？若因此而更除杂病，益健康，则未始非福耳。此间甚安，吾每
日早睡早起，眼病亦渐痊，可每日读书作文甚多，此时暂不他行，一切饮
食起居皆王姨一人料理，闻彼曾寄一和文信已收否？至为稳便，汝曹不必
远念。

一月七日

　　来书总宜外加一封，由日邮发。

1916年2月8日

致 思顺 [1]

　　书及禧柬并收，屋有售主，速沽为宜，第求不亏已足，勿计赢也。

---

[1]　梁启超写给思顺的信，他担心子女们这几年因自己做官，而生活过于安逸，便虚度了岁
　　月年华。他自己不会再做官，以使子女常长育于寒士之家。

此着既办，冰泮[1]后即可尽室南来，赁庑数椽，齑盐[2]送日，却是居家真乐。孟子言："生于忧患，死于安乐。"汝辈小小年纪，恰值此数年来无端度虚荣之岁月，真是此生一险运。吾今舍安乐而就忧患，非徒对于国家自践责任，抑亦导汝曹脱险也。吾家十数代清白寒素，此乃最足以自豪者，安可逐腥膻而丧吾所守耶？此次义举虽成，吾亦决不再仕宦，使汝等常长育于寒士之家庭，即授汝等以自立之道也。

吾近来心境之佳，乃无伦比，每日约以三四时见客治事，以三四时著述，余暑则以学书（近专临帖不复摹矣），终日孜孜，而无劳倦，斯亦忧患之赐也。

此书钞示成、永两儿，原纸娴儿保之。

二月八日

1916年2月17日

致 思顺 [3]

二月十日禀悉。希哲现专译文，译成后当遣往南洋，不复入北矣。吾日内拟决入滇，更当由滇入蜀，因彼处函电、专使，催促甚至也。

吾欲唤廷献来从我行，一以钞录紧要文件，一以伺候身边细役。此后拟不复用仆役，专令子弟服劳矣。廷献现所入校，学课本不完备，虽卒业亦无甚大用处，且吾料不出三月，都中必有大变，此等校不同清华，届时各教员必鸟兽散矣。故彼留校，恐亦无毕业之期，彼从我则随时可领受教

---

[1] 冰泮：冰融的时候，指农历仲春二月。

[2] 齑盐：腌菜和盐，即素食，借指清贫生活。

[3] 梁启超写给思顺的信。此时，梁启超准备去云南参与蔡锷发动的"护国运动"，打算叫侄子廷献来随侍自己。如此可以使其领受自己的教育，同时可以学习实务，经历世故。他认为这次行动是磨练人的好机会。

言，学问必有进益，且可学习实务，经历世故，实千载难得之机也。吾若行则或十日内便发，可令彼得信即日搭车前来。吾行否现亦尚未大定，因季丈颇不主张我远行，昨正函商，候彼复书。又顷方派人（周孝丈也）往日[1]，尚须俟彼中消息。然即吾未遽行，廷献亦以从我在此为最宜。可即告之，不得迟疑。

西南局势甚佳，川省一月内当必可平，此本是北中原定计划，一一实现而已。此外，各省皆苟安观望，此自历史上传来之惰力性，不足为异。似此亦甚佳，不然若各地皆为无意识的响应，将来各争权利，反无办法耳。

辛园[2]有种种可笑举动，专以排轧此间为事。一言蔽之，拈酸吃醋而已，其实亦何能为崇，只一笑置之。吾在此志气清明，精神焕发，勿以为念。

二月十七日

1916 年 2 月 28 日

致 思顺 [3]

二十日禀（八日乃到，甚迟迟矣）悉。吾去信不少言任发事，确有前书，然则果失落矣。吾仍非久图南（当在十日内外首途），但目的地非滇而桂也（桂中两度密使来）。此行乃关系滇、黔生死，且全国国命所托（吾未有书告季丈，汝见时可言及），虽冒万险万难不容辞也。此间同人询谋

---

[1] 往日：赴日本。

[2] 辛园：指康有为。

[3] 梁启超写给思顺的信。梁启超冒生命危险去云南会见蔡锷。他认为此次大业，虽冒万险万难但也在所不辞。梁启超经历了多种艰难困苦。

金同，无一人主张不往，以荷丈之警敏，静生[1]之安详，叔通[2]之细密，亦咸谓非去不可，想季丈在此亦无异辞也。顷荷、曦[3]已先行，吾亦候船（拟租一日本船往）发矣。

廷献不来，亦无不可，廷灿确可用，吾偶未思及耳。然此时暂用不着，待吾入粤时乃唤来可耳。要之，吾此后拟不用仆役，专用子侄也。孝勉是老几？是在经界局者否？钞写人确不可少，亦俟到粤后乃唤取可耳。吾为李家子弟[4]计，若稍有志气者，现在以一二人入滇、黔，与乡人同患难，将来见重于新政府，而家运借以进展。无如诸子多碌碌也，则亦听之而已。

房子暂缓卖，即亦无妨，一切由汝母及汝叔主之，吾亦此等事毫无容心也。希哲南洋之行已罢议，彼欲回津一料理，待吾行后即令彼行，吾到粤时乃需彼耳。伯瑛夫妇至可感，当别以书谢之。任发有长处，吾固知之，苟非尔者，早挥之去矣。最错一着，是带任老太太来，否则无甚事也（昨晨又怄一场气，因来喜往医院诊病，吾起时老太太因阅数时不扫房间，当差不妥，说了她两句，老太爷遂冲气去了，直至十二时半从医院归，乃能做饭）。今日吾寿辰，此间至密之数友来寓，置酒为乐，亦颇热闹，但人不多，本欲寻一两种游戏之娱，竟不能成也。吾行后当即遣王姨返津，此间屋当即退租矣。

　　　　　　　　　　　　　　　　　　　　二月二十八日手谕

---

[1]　静生：范源濂（1875—1927），湖南湘阴县人，近代著名教育家。

[2]　叔通：陈叔通（1876—1966），浙江杭州人。晚清进士，后留学日本，辛亥后任国会议员、上海商务印书馆董事。乃梁启超挚友。

[3]　曦：黄大暹（1883—1918），实业家。

[4]　李家子弟：即梁启超妻李蕙仙家诸子弟。

1916年3月18日

致 思顺 [1]

寄去《从军日记》一篇，共九页，读此当详知吾近状。书辗转托递（此间无书不拆，故不敢付邮），恐须一月后乃达，其时吾踪迹当暴露于报中矣。此记无副本，宜保存之，将来以示诸弟，此汝曹最有力之精神教育也。文辞亦致斐亹 [2] 可观矣。

吾尚须留此六日，一人枯坐，穷山所接，惟有佣作，然吾滋适，计每日当述作数千言也。王姨计已返津，汝等见报知我已入粤时（粤事定时），即当遣王姨来港（到港住家中，问永乐街同德安便知港家所在），候我招之。盖到粤后不便久与陆同居。一分居后，非王姨司我饮食不可。彼时之险，犹过于居沪时也。越南入境如此其难，汝母归宁只得从缓，一两月后，局面剧变，彼时或可自由行动也。

示娴儿。

三月十八日 自越南帽溪发

日记呈仲父及季丈一阅。

---

[1] 梁启超写给思顺的信。梁启超之前计划进入云南与蔡锷会合。后改变进入云南计划，至桂林与陆荣廷共商起义大事。其间撰《从军日记》等。他将《从军日记》转交给思顺，以作为她和弟妹们的精神教育读本。

[2] 斐亹：文采绚丽貌。亹，音 wěi。

1916 年 3 月 20 日、21 日

致 思 顺 [1]

　　吾居此山陬 [2] 四日矣。今夕乃忽烦闷不自聊（主人殷勤乃愈增吾闷），盖桂使尚须八九日乃至也。最苦者烟亦吸尽（无可买，夜间无茶饮，饭亦几不能入口，饥极，则时亦觉甘），书亦读尽，一灯如豆，虽有书亦不能读也。前此三日中作文数篇（有日记寄去，已收否？不见日记则不知吾此书作何语也）。文兴发则忘诸苦，今文既成，而心乃无所寄，怅怅不复能为怀。此间距云南仅三日程，吾悔不于初到时即一往彼（吾深负云南人，彼中定怨我矣），稍淹信宿，更折而回，犹未晚也。

　　呜呼！吾此时深念吾爱女，安得汝飞侍我旁耶？吾欲更作文或著书以振我精神，今晚已惛惛不能属思，明日誓当抖擞一番也。吾欲写字，则又无纸，箧中有笺数十幅，珍如拱璧，不敢浪费也。

　　离沪迄今虽仅半月，而所历乃至诡异，亦不能名其苦乐，但吾抱责任心以赴之，究竟乐胜于苦也。约二十七八乃能行，行半月乃能至梧州，此后所历更不知若何诡异，今亦不复预计。极闷中写此告家人。

　　　　　　　　　　　　　　　　三月二十日 由帽溪山庄

　　孟曦昨日至海防，即夕入云南，觉顿早安抵梧州。

　　嗟夫！思顺，汝知我今夕之苦闷耶？吾作前纸书时九点耳，今则四点犹不能成寐。吾被褥既委不带，今所御者，此间佣保之物也，秽乃不可向迩。地卑湿，蚤缘延榻间以百计，嘬吾至无完肤。又一日不御烟卷矣（能乘此戒却，亦大妙）。今方渴极，乃不得涓滴水，一灯如豆，油且尽矣。主人非不殷勤，然彼伧也，安能使吾适者。汝亦记台湾之游矣，今之不适

---

[1]　梁启超写给思顺的信，此时他生活十分清苦不便，对于环境不适应。因此反省自己近年来太过安逸，觉人生惟有常吃苦受苦才不觉苦，才不至于为苦所窘。这就是梁启超在艰难困苦环境中所得出的苦乐观。

[2]　山陬：山脚。陬，音 zōu。

且十倍彼时耳。因念频年佚乐太过，致此形骸习于便安，不堪外境之剧变，此吾学养不足之明证也。人生惟常常受苦乃不觉苦，不致为苦所窘耳。更念吾友受吾指挥效命于疆场者，其苦不知加我几十倍，我在此已太安适耳。吾今当力求睡得，睡后吾明日必以力自振，誓利用此数日间著一书矣。

二十夜晨

此间寄书殊不易，吾且作此留之，明日或更有所作，积数纸乃寄也。吾今日已甚好，已着手著书，可勿念。

二十一日

1916年3月26日
致 思 顺 [1]

娴儿读：

吾今成行矣。在此山中恰已十日，而其间却有一极危险之记念。盖此间有一种病，由烈日炙脑而生者，故土人必以黑布裹头（印度人之红布亦为此）。吾初至之日，主人本已相告，而我不检，乃竟罹之。记一夕曾作书与汝，谓薶闷[2]思家，不能成寐，不知为此病之发也。明晨起来稍觉清明，及下午而热大起。一夜之苦痛，真非言语所能形容。孑身在荒山中，不特无一家人，且无一国人（实则终夕室中并人而无之，若其夕死者，明日乃能发见）。灯火尽熄，茶水俱绝，此时殆惟求死，并思家之念亦不暇起矣。明晨人来省视，急以一种草药治之（专治此病之药），不半日竟霍然若失，

---

[1] 梁启超写给思顺的信。讲述了自己因暑热暴病，威胁生命、几乎丧命的过程，病起后，三日夜便著成一书。此书即日后广为流传。

[2] 薶闷：烦闷。薶，音hāo。

据言幸犹为轻症，然若更一日不治，则亦无救矣。险哉！

病起后，胸无一事，于是作《国民浅训》一书，三日夜成之，亦大快也。

二黄[1]皆已往云南，吾一人独入桂，尚须挟骑走山中四日乃能易舟也。自此以往皆坦途，可勿念。

二十六日

病虽痊愈，然两日来浑身发痒，搔之则起鳞粟，今遍体皆是，非蚤所啮也，不解何故。此地卑湿，非吾侪所堪，幸即离去，否则必再生病也。

1916 年 4 月 3 日

致 思 顺[2]

娴儿读：

吾于阳历三月二十七日入镇南关（吾子身行耳，盖黄溯初、黄孟羲皆往滇未返也），当即寄一纸，想已达。吾在越南十日，实历无量艰辛。盖伪政府已知吾在彼，谍骑四布，必欲暗杀，次则截留。由海防经河内、谅山以达镇南关，汽车须两日程，每站皆有敌谍，群以为吾决无飞渡之理。而二十七日午后三时，镇南关大悬国旗，列队肃肃，到车站，军乐爆竹声中，簇拥我入关矣。料敌人必当叹为神助，然吾实已忍饥两日，露宿一宵，至今念之犹痛怖也。在关一宿，翌晨（二十八日）破晓即首途赴龙州。山程百五十里，吾驰马行（中间亦易舟），到时日未晡[3]也。而沿途所经市

---

[1] 二黄：黄群（1883—1945，字溯初）与黄大暹。

[2] 梁启超写给思顺的信，叙述其由越南进入广西后当地的情况，并且受到龙州当地民众的欢迎。可见梁启超已在民间产生了极大并且广泛的影响。

[3] 晡：即申时，下午 3 时至 5 时。

镇村落，皆悬旗燃爆欢迎，父老相携，迎送十里外。及抵龙州，则全城爆竹声，喧天沸地，父老儿童皆感极而泣，良不知其何以如是，盖绝非由军吏之教劝也。其夕接到全省各军官欢迎电数十通，而陆督[1]及荷丈（荷丈早已由梧入）皆有电来商要事，吾一一作答，又须致电云、贵、蜀、湘各处。是夜又竟夕不寐，盖方行百五十里，而后熬此一夜，疲倦极矣。

龙州各团体预备欢迎，请演说者凡六七处，然吾以急于晤陆督，虽一日不能淹，又不便辜负其盛意，因使之合并。于翌晨午前往莅，然犹须到两处，其一则龙州各团体之联合，其二则广东会馆也。二十九日晨接见各军官、地方官后，即往演说。演毕即乘船下南宁，倾城出送，亘江千数里，人如堵墙，然吾目不交睫，手口不暂辍者，已三十八小时矣。水浅不能通轮舟（陆道本可通，惟太辛苦，故改遵水路），雇民船行，军署派队三十人护送，矮篷货船（共两艘），与军士同纵横卧一舱中，此况味亦二十年所未经也（吾幼时由乡往省赴试时，未有轮船，曾经此况）。至四月初三日行至镇龙村地方，始有兵轮舣[2]此相迓，盖已行六日矣。明午便可抵省城南宁，苟无兵轮，尚须行三日也。陆督本在梧州行营，特返南宁相迎，明日相见后，商定一切，便当携手东下故乡矣。龙觐光已缴械投诚，顷已将其人俘归南宁（昨已至），极优待之，钦、廉[3]已下，海运顿通，此后进取益易矣。舟中匆匆写此，余续闻。

即呈仲父及季丈阅。

四月三日晚 广西第六号巡轮发

昨电托云南日领事，属电津领来报平安，不知曾达否？

---

[1] 陆督：即陆荣廷。

[2] 舣：停靠。

[3] 钦、廉：指广西钦州、廉州。

1916年5月3日

致 思顺

吾日内即往日本，在彼半月当归沪小住，途旅甚安，同行保护之人不乏，可勿远念！汝辈学业切宜勿荒。荷丈家中常往存问。

五月三日

王姨即遣来沪，在沪待我归，已租定住宅，到沪时往周家问询便得。此事极要。

1916年6月22日

致 思成、思永 [1]

思成、思永同读：

来禀已悉。新遭祖父之丧，来禀无哀痛语，殊非知礼，以年幼姑勿责也。汝等能升级固善，不能也不必愤懑，但问果能用功与否。若既竭吾才，则于心无愧。若缘怠荒所致，则是自暴自弃，非吾家佳子弟矣。闻汝姊言，汝等颇知习劳苦学俭朴，吾心甚慰，宜益图向上。吾再听汝姊考语，以为忧喜也。

饮冰 六月二十二日

---

[1] 梁启超写给思成、思永的信。梁启超认为，学习只要用功，"于心无愧"就可以，不必过分关注是否升级，"汝等能升级固善，不能也不必愤懑"，不可荒废学业、自暴自弃。

致 思 顺 [1]

月来季常丈在此同居，所益不少，前游杭游宁，皆备极欢迎，想在报中已见一二。顷决于十五日返港，省奠灵帏，且看察情形，能否卜葬，若未能，则住港两旬必仍返沪，便当北归小住也。写至此，接来禀，悉一切。

希哲就外交部职无妨，吾亦托人在国务院为谋一位置，未知如何？领事则须俟外交总长定人乃可商。但做官实易损人格，易习于懒惰与巧滑，终非安身立命之所。吾顷方谋一二教育事业，希哲终须向此方面助我耳。十二舅事，循若复电言运使已允设法，吾亦已电告汝母矣。别纸言《京报》事，可呈汝叔。

父示娴儿。

十月十一日

---

[1] 梁启超写给思顺的信，主要谈及女婿周希哲谋职之事。梁启超希望希哲不要再继续做官，因做官易损人格，"易习于懒惰与巧滑"终非安身立命之途径。希望希哲转向教育事业协助自己。

1919年、1920年

致 思 顺 [1]

　　得十月二十一日禀，甚喜。总要在社会上常常尽力，才不愧为我之爱儿。人生在世，常要思报社会之恩，因自己地位做得一分是一分，便人人都有事可做了。吾在此作游记 [2]，已成六七万言，本拟再住三月，全书可以脱稿。乃振飞 [3] 接家电，其夫人病重（本已久病，彼不忍舍我言归，故延至今），归思甚切。此间通法文最得力者，莫如振飞，彼若先行，我辈实大不便，只得一齐提前。现已定阳历正月二十二日船期，约阴历正月杪可到家矣。一来复后便往游德国，并及奥、匈、波兰，准阳历正月十五前返巴黎，即往马赛登舟，船在安南停泊一两日，但汝切勿来迎，费数日之程，挈带小孩，图十数点钟欢聚，甚无谓也。但望汝一年后必归耳。

　　父示娴儿。

十二月二日

---

[1] 梁启超写给思顺的信，此时他刚结束在欧洲为期一年的考察。此信重在教导思顺常怀回报社会之思并为社会尽力。

[2] 游记：即《欧游心影录》。

[3] 振飞：即徐新六（1890—1938），字振飞，浙江余杭人。1918年随梁启超一同赴欧洲考察。

1920 年 3 月 25 日

致 思顺 [1]

　　吾以十二日（旧历正月），抵香港，敬谒祖父殡宫 [2]，在港与诸亲故盘桓永日 [3]，旋即登舟。十五日抵沪，诸友来迎者颇众，馆于张菊生家，叔通、东荪、溯初屡作深谈。旋应张季直之招，往南通淹留三日，复返沪。沪上政客未接一人，最为快事。二十四日发沪（在南京未下车），二十五日抵家，都中亲故来津相迓，旅舍为满。家中群童迎于新站，汝母迎于老站。是夕诸友在家为我洗尘，翌日为我介寿，将未成之新居权布筵席，主客熙熙，有如春酿。在家小憩后，以二十九日入都，向当道循例一周旋。初三日便返津，除最稔诸友共作饮食宴乐外，一切酬应皆谢绝，东海约宴亦谢之。

　　然旬日以来，亦颇劳顿矣。每晚客散后，与汝母杂谈，动至夜分。返津两日，来客稍稀，夕间辄与汝母对酌微醺，甚乐也（久不御黄酒，归来开陈酿，至乐，但饮后觉不甚受用，数日后亦拟节之矣）。思成辈皆渐知向学，幼者亦益可爱，家庭中春气盎然，惟汝不在旁，美犹有憾耳。

　　吾自欧游后，神气益发皇，决意在言论界有所积极主张，居北方不甚便，两月后决南下，在上海附近住，想汝亦必以为然也。汝在仰光病已数次，两孙亦常不适，当是水土所致。汝曹生长在较北之地，久居炎方，恐非所宜，早日宁家为妙。今年吾与汝母合成百岁，吾生日汝既未归，深望汝母生日

---

[1]　梁启超写给思顺的信。此年 3 月，梁启超结束为期 1 年多的欧洲考察后回到国内，该月 24 日由京返津，次日写信给女儿思顺，告诉归国后之情形。其中谈及他夫妻之恩爱，并且十分盼望思顺在其母生日回家作一大团聚。

[2]　殡宫：暂时停放灵柩的地方。

[3]　永日：一整天。

时作一大团聚。汝来禀屡言明春必归，能早数月更慰老怀也。前书言中比公司事，顷股本咄嗟[1]已满，不必复求林振宗矣。惟吾欲在上海办一大学，彼若有志能相助最善（彼新房落成，礼物日内当即写送）。吾拟别作一英文书与言，汝谓何如？

　　父示思顺，并问希哲。

三月二十五日

1920 年 4 月 20 日

致 思顺

　　吾方与汝母言，已久不得汝书，颇悬悬。汝母谓我归来仅逾月，汝已有一书，不可谓稀，语未终而汝第二书至，吾喜可知也。吾归后极安适，惟客不断，著述又不容缓，顷已全规复两年前生活，动辄夜分不寝，此亦无可如何也。前吾极欲希哲调欧，惟汝母言决不欲就汝等迎养，吾一时又未必能再远游，则亦不欲汝更远离，我已不复作此运动，闻盎威斯领事已别定人矣。汝研究欧、美妇人问题，欲译书甚好，可即从事，我当为汝改削出版，顷吾方约一团体，从事斯业也。今年能归来度岁否，甚望，甚望。

　　父示娴儿。

四月二十日

　　《欧游心影录》汝已见否？

---

[1]　咄嗟：指呼吸之间，比喻时间短暂。

致 思顺

　　不寄书已两月余，想汝等极绝望矣。吾日常起居，计思成等当详相告。顷国内私斗方酣，津尚安堵，惟都中已等围城，粮食断绝，兵变屡发（五日来火车、电报、电话皆不通，无从得都中消息）。汝二叔全眷未移，至可悬念，然不出三日，诸事亦当解决矣。吾一切不问，安心读书著书，殊畅适。惟日来避难来津者多，人事稍繁杂耳。兹有寄林振宗一信，并中国公学纪念印刷品两册（胡适之即在本公学出身者，同学录中有名），可交去并极力鼓其热心，若彼能捐五十万，则我向别方面筹捐更易，吾将以此为终身事业，必能大有造于中国。彼若捐巨款，自必请彼加入董事，自无待言，此外当更用种种方法为之表彰名誉，且令将来学生永永念彼也。

　　汝前信言彼欲回国办矿，若果有此意，吾能与以种种利便。前随我游欧之丁文江任地质调查所所长多年，中国何处有佳矿，应如何办法，情形极熟，但吾辈既无资本，只得秘之，以俟将来耳。又有挚友刘厚生（张季直手下第一健将，曾任农商次长，近三四年与我关系极深，汝或未知其人），注意矿事十年，规模宏远，渠办纺绩业获利数百万，尽投之以探矿，彼誓以将来之钢铁大王自命，所掇得铁矿极多，惜多在安徽境内，倪嗣冲尚在，不敢开办耳。现在拟筹极大资本办铁厂，林君欲独立办矿，或与国内有志者合办，吾皆能为介绍也。可将此意告之，日来直派军人频来要约共事，吾已一概谢绝，惟吴佩孚欲吾为草宪法，上意见书，吾为大局计，亦将有所发表耳。本定本月南下，往江西讲演，现因道梗，一切中止矣。汝姑丈新得一子，汝已知否？父示娴儿，并问希哲近佳。

七月二十日

1921年

致 思顺

三次来禀均收，吾自汝行后，未尝入京，且除就餐外，未尝离书案一步，偶欲治他事，辄为著书之念所夺，故并汝处亦未通书也。希哲在彼办事，想极困衡，但吾信希哲必能渡诸难关，望鼓勇平心以应之。薛敏老等来已见（彼已往美），吾略为擘画，彼辈似亦甚满足，他事如常，无可告，聊书数行，慰汝远念耳。

父示娴儿。

五月十六

王姨似有病，且病似不轻。闻日内汝母令之往北京就医。

1921 年 5 月 30 日
致 思顺 [1]

我间数日辄得汝一书，欢慰无量。昨晚正得汝书，言大学校长边君当来。今晨方起，未食点心，此老已来了。弄得我狼狈万状，把我那"天吴紫凤"[2]的英话都迫出来，对付了十多分钟，后来才偕往参观南开，请张伯苓当了一次翻译。彼今日下午即入京，我明晨仍入京，拟由讲学社请彼一次，但现在京中学潮未息，恐不能热闹耳。

某党捣乱，此意中事，希哲当不以介意。凡为社会任事之人，必受风波。吾数十年，日在风波中生活，此汝所见惯者，俗语所谓"见怪不怪，其怪自败"，吾行吾素可耳。廷伟[3]为补一主事，甚好。尝告彼"学问是生活，生活是学问"，彼宜从实际上日用饮食求学问，非专恃书本也。

汝三姑嘉礼日内便举行，吾著书已极忙，人事纷扰，颇以为苦，但家有喜事，总高兴耳。

王姨有病入京就医，闻已大瘥矣。

父示娴儿。

五月三十

胡德将军处本拟用各界名义发一电欢迎，但用何名义未定，日内或以三数私人名作代表，其人则秉三、伯唐、仲仁、静生及我也。

---

[1] 梁启超写给思顺的信。此年因受党派斗争影响，周希哲的外交工作受到阻碍。梁启超认为凡是为社会工作任事，一定会有风波，自己这些年就是在不停的风波中度过的。

[2] 天吴紫凤：天吴是古代传说中的水神，虎身人面，八头八足八尾；紫凤是古代传说中的神鸟，人面鸟身，九头。泛指作为应急而用的古旧事物。

[3] 廷伟：梁启超侄子。

1921年7月22日

致 思顺 [1]

喜事办完，吾返家已一来复，又从事著述生涯，自觉其乐无量。廷伟已斥令归乡，不复以此自恼，汝勿以为忧也。汝三姑姻事（大约汝三姑丈将在久大[2]任一职，决不令彼做官矣），吾及汝母皆觉甚满足，全家人皆然，此为吾自完义务之一快事。使领馆经费补发无期（吾近来始知底细，盖两年来外交部特船钞三成充此费，今已无着），日前晤长绶卿，彼言若呈部言家眷在津，则薪水（公费不在此限）可在津领，彼新放横滨总领事，亦只得托言眷一部分在津云云。可告希哲，即办一呈，言眷已返津，薪水托廷灿代领，望每月由津拨支云云，当可得也。

吾日来极感希哲有辞职之必要，盖此种鸡肋之官，食之无味。且北京政府倾覆在即，虽不辞亦不能久，况无款可领耶？希哲具有实业上之才能，若更做数年官，恐将经商机会耽搁，深为可惜。汝试以此意告希哲，若谓然，不妨步步为收束计（自然非立刻便辞）。汝母颇不以吾说为然，故吾久未语汝，但此亦不过吾一时感想，姑供汝夫妇参考耳。希哲之才，在外交官方面，在实业方面皆可自立，但做外交官则常须与政局生连带关系，苦恼较多也。此所说者，并非目前立刻要实行，但将个中消息一透露，俾汝辈有审择之余裕耳。

父示娴儿。

二十二

---

[1] 梁启超写给思顺的信。梁启超三妹于该月4日结婚，全家人都非常欣喜满意，他也为自己完成家庭一重要事件而快意，特告知女儿此事。此信目的主要是建议女婿周希哲辞去加拿大总领事的工作，而转向实业方面发展。

[2] 久大：指范旭东创办的久大盐业公司。

1922 年

致 思成、思永、思忠

前得汝来禀，意思甚好，我因为太忙，始终未谕与汝等。前晚陈老伯请吃饭，开五十年陈酒相与痛饮，我大醉而归。（到南京后惟此一次耳，常日一滴未入口。）翌晨六点半，坐洋车往听欧阳先生讲佛学（吾日日往听），稍感风寒，归而昏睡。张君劢硬说我有病（说非酒病），今日径约第一医院院长来为我检查身体。据言心脏稍有异状（我不觉什么，惟此两日内脑筋似微涨耳），君劢万分关切。

吾今夕本在法政专门有两点钟之讲演，君劢适自医生处归，闻我已往（彼已屡次反对我太不惜精力，彼言如此必闹到脑充血云云），仓皇跑到该校，硬将我从讲坛上拉下，痛哭流涕，要我停止讲演一星期，彼并立刻分函各校，将我本星期内（已应许之）讲演，一概停止。且声明非得医生许可后，不准我再讲。我感其诚意，已允除本校常课（每日一点钟）外，暂不多讲矣。彼又干涉我听佛经（本来我听此门功课用脑甚劳），我极舍不得，现姑允彼明晨暂停（但尚未决）一次。其实我并没有什么，不过稍休息亦好耳。因今晚既停讲无事，故写此信与汝等，汝等不必着急，吾自知保养也。

父谕成、永、忠。

十一月二十三日

致 思顺 [1]

我的宝贝思顺：

我接到你这封信，异常高兴，因为我也许久没看见你的信了，我不是不想你，却是没有工夫想。四五日前吃醉酒。（你勿惊，我到南京后已经没有吃酒了，这次因陈伯严老伯请吃饭，拿出五十年陈酒来吃，我们又是二十五年不见的老朋友，所以高兴大吃。）忽然想起来了，据廷灿说，我那晚拿一张纸写满了"我想我的思顺""思顺回来看我"等话，不知道他曾否寄给汝看。

以上二十六日写

你猜我一个月以来做的什么事，我且把我的功课表写给汝看。

每日下午二时至三时在东南大学 [2] 讲"中国政治思想史"，除来复日停课外，日日如是。

每来复五晚为校中各种学术团体讲演，每次二小时以上。

每来复四晚在法政专门讲演，每次二小时。

---

[1] 梁启超写给思顺的信，主要向思顺讲述其在东南大学讲学的情形以及自己的身体状况。

[2] 东南大学：1902 年张之洞于南京创建三江师范学堂。1914 年改为南京高等师范学校，1921 年经近代著名教育家郭秉文倡导，以南京高等师范学校为基础建立国立东南大学，成为当时国内仅有的两所国立综合性大学之一。当时的校址位于南京鸡笼山下四牌楼。

每来复二上午为第一中学讲演，每次二小时。

每来复六上午为女子师范讲演，每次二小时。

每来复一、三、五从早上七点半起至九点半（最苦是这一件，因为六点钟就要起来），听欧阳竟无先生讲佛学。

此外各学校或团体之欢迎会等，每来复总有一次以上。

讲演之多既如此，而且讲义都是临时自编，自到南京以来（一个月）所撰约十万字。

张君劢跟着我在此，日日和我闹，说"铁石人也不能如此做"，总想干涉我，但我没有一件能丢得下。前几天因吃醉酒（那天是来复二晚），明晨坐东洋车往听佛学，更感些风寒，归来大吐，睡了半日。君劢硬说我有病，到来复四日我在讲堂下来，君劢请一位外国医生等着诊验我的身体。奇怪，他说我有心脏病，要我把讲演著述一概停止（说我心脏右边大了，又说常人的脉只有什么七十三至，我的脉到了九十至）。我想我身子甚好，一些不觉得什么，我疑心总是君劢造谣言。那天晚上是法政学校讲期，我又去了，君劢在外面吃饭回来，听见大惊，一直跑到该校，从讲堂上硬把我拉下来，自己和学生讲演，说是为国家干涉我。再明日星期五，我照例上东南大学的讲堂，到讲堂门口时，已见有大张通告，说梁先生有病放假，学生都散了，原来又是君劢捣的鬼。他已经立刻写信各校，将我所有讲演都停一星期再说。

以上二十八日写

医生说不准我读书、著书、构思、讲演，不准我吃酒，（可以）吃茶、吃烟。我的宝贝，你想这种生活我如何能过得。

二十八晚写

神经过敏的张君劢，听了医生的话，天天和我吵闹，说我的生命是四万万人的，不能由我一个人作主，他既已跟着我，他便有代表四万万人监督我的权利和义务。我们现在磋商的条件：

1. 除了本校正功课每日一点钟外，其余讲演一切停止；

2. 除了编《中国政治思想史》讲义，其余文章一切不作；

3．阳历十二月三十一日以前截止功课，回家休息；

4．每星期一、三、五之佛学听讲照常上课——此条争论甚烈，君劢现已许我；

5．十日后医生诊视说病无加增则照此实行，否则再议。

我想我好好的一个人，吃醉了一顿酒，被这君劢捉着错处（呆头呆脑的书呆子，又蛮不讲理），如此其欺负我，你说可气不可气。君劢声势汹汹，他说我不听他的话，他有本事立刻将我驱逐出南京，问他怎么办法？他说他要开一个"梁先生保命会"，在各校都演说一次，不怕学生不全体签名送我出境，你说可笑不可笑。

我从今日起已履行君劢所定契约了，也好，稍微清闲些。

懒得写了，下回再说。

以上二十九日

1922 年 12 月 2 日

致 思 顺 [1]

我的宝贝思顺：

前书想收。我很后悔，不该和你说那一大套话，只怕把我的小宝贝急坏了，不知哭了几场。我委实一点病也没有，若有，我不能不知道，但君劢相爱太过，我也只好容纳他的好意。现在已减少许多功课，决意阳历年内讲完，新年往上海玩几天。汝母生日以前，必回家休息，汝千万不许担忧着急。我明年上半年决意停讲，在家中安住数月后。阴历三四月间，拟往庐山，即在彼过夏。

---

[1] 梁启超写给思顺的信，后悔上次写信告诉女儿自己生病，害得女儿好担忧。但目前思顺不能归来，父亲表达对女儿的思念。

汝暂勿回来亦好，我虽想念汝，但汝来往一次亦大不易，不必汲汲也。汝能继续求学甚好，汝学本未成，汝为我爱儿，学问仅如此，未为尽责也。

父谕。

十二月二日

1922 年 12 月 25 日

致 思顺

宝贝思顺：

十二月十二日的信收到了，欢喜得很。我现在还在南京呢。今日是护国军起义纪念日，我为学界全体讲演了一场，讲了两点多钟。我一面讲，一面忍不住滴泪。今把演稿十来张寄给你。我后日又要到苏州讲演，因为那里学生盼望太久了，不能不去安慰他们一番，但这一天恐怕要很劳苦了。

我虽然想我的宝贝，但马尼拉我还是不愿意去，因为我不同你妈妈，到那里总有些无谓的应酬，无谓的是非，何苦呢？我于你妈妈生日以前，一定回到家，便着实休息半年了。

爹爹 二十五日

1923 年

致 思顺

宝贝思顺：

我三十一夜里去上海，前晚夜里回来，在上海请法国医生诊验身体，说的确有心脏病，但初起甚微，只需静养几个月便好，我这时真有点害怕了。本来这一个星期内，打算拼命把欠下的演说债都还清，现在不敢放恣了，只有五次讲义讲完就走（每次一点钟），酒是要绝对的戒绝了，烟却不能。医生不许我多说话，不许连续讲演到一点钟以外，不许多跑路（这一着正中下怀），最要紧是多睡觉（也愿意），说这一着比吃什么药都好。我回家后，当然一次讲演都没有，我便连日连夜睡它十来点钟，当然就会好了。你却不许挂心，挂心我就什么都不告诉你了。我本来想到日本玩玩，可巧接着日本留学生会馆来书要我去讲演，而且听说日本有几个大学也打算联合来请，吓得我不敢去了。（若没有病，我真高兴去。）今年上半年北京高师要请我，要和别的学校竞争，出到千元一月之报酬。（可笑，我即往，亦不能受此重酬。）东南大学学生又联合全体向我请愿，我只得一概谢绝了。回津后只好杜门不出，因为这几年演讲成了例，无论到什么地方也免不掉，只得回避了。我准十五日回家，到家当在汝母生日前两日哩。思成和徽音已有成言，我告思成和徽音须彼此学成后乃定婚约，婚约定后不久便结婚。林家欲即行订婚，朋友中也多说该如此。你的意见怎样呢？

爹爹 一月七日

1923 年 1 月 15 日
致 思顺

宝贝思顺：

我现在就上车回家了，明天晚上就和你妈妈弟弟妹妹们在一块了，现在很想念你。这几天并未有依医生的话行事，大讲而特讲，前天讲了五点钟，昨天又讲了四点钟，但精神却甚好。几个月没有饮酒了，回家两天就是你妈妈生日，我想破戒饮一回，你答应不答应？回家后打算几个月戒讲演了，但北京高等师范学生正在和我找麻烦，因为我早答应过今年（阳历）上半年在那里讲。打算专门写字和打牌，你听见想一定欢喜。

爹爹 一月十五日

难得这一点时候没有事，没有客，所以写这几张纸。

1923 年 1 月 21 日
致 思顺

宝贝思顺：

我现在回家看见许多小宝贝，忘记了你这大宝贝了，把三张好玩的小照寄给你的三个小宝贝罢。

爹爹 一月二十一日

1923年2月24日

致 思顺

宝贝思顺：

我告诉你一件事，令你吓杀！旧历初二日，讲学社所聘杜里舒博士来津讲演，我往车站欢迎他，借李宾四马车坐去。才出到大马路交叉处，被街上电车横撞过来（事后回想真危险，真是间不容发，好在车已经过去大半，仅撞后轮，故不致伤），车撞坏了，人马俱倒在地上，但我仅仅擦破头皮少许，腿上微微酸痛而已。那日我仍在南开讲演，晚上又与张君劢、林宰平、丁在君等谈过通宵。初五日，你姑丈偕曼宣、孝高来，一连打了三日三夜的牌。他们今晨回京去。我足足睡了一天。过年以来，一件正经事未做，就只谈天玩耍。你母亲把大大小小的孩子（从七叔起到达达）都带到北京去了。家中只有司马懿和六六，我从今日起又做我的正经功课了。

你们攒下那几个钱，最好是买七年长期公债。此项公债现时价格不过三折余，计可得一分八厘以上之利息，其还本付息由总税司，安格联经理极稳实。汝等若欲办此，我可托徐振飞一手替你们经营（将息做本再添买），我现在也托他，你们可以当附属品也。

手此，并问希哲春禧。

爹爹 二十四

致 思顺 [1]

宝贝思顺：

你看见今日《晨报》，定要吓坏了。我现在极高兴的告诉你，我们借祖功宗德庇荫，你所最爱的两位弟弟，昨日从阎王手里把性命争回。

我在西山住了差不多一个月，你是知道的，昨日是你二叔生日，又是五七国耻纪念，学生示威游行，那三个淘气精都跟着我进城来了。约摸（午前）十一点时候，思成、思永同坐菲律宾带来的小汽车出门，正出南长街口，被一大汽车横撞过来，两个都碰倒在地。思永满面流血，飞跑回家，大家正在惊慌失色，他说快去救二哥罢，二哥碰坏了。等到曹五将思成背到家来，脸上一点血色也没有（两个孩子真勇敢得可爱，思成受如此重伤，忍耐得住，还安慰我们；思永伤亦不轻，还拼命看护他的哥哥），眼睛也几乎定了。思忠看见两个哥哥如此，"呱"的一声哭起来，几乎晕死。我们那时候不知伤在何处，眼看着更无指望，勉强把心镇定了，赶紧请医生。你三姑丈和七叔乘汽车去（幸我有借来的汽车在门），差不多一点钟才把医生捉来。出事后约摸二十多分钟，思成渐渐回转过来了，血色也有了，我去拉他的手，他使劲握着我不放，抱着亲我的脸，说道："爹爹啊，你的不孝顺儿子，爹爹妈妈还没有完全把这身体交给我，我便把它毁坏了，你别要想我罢。"又说，"千万不可告诉妈妈。"又说，"姐姐在哪里，我怎样能见她？"我那时候心真碎了，只得勉强说："不要紧，不许着急。"但我看见他脸色回转过来，实在亦已经放心许多。我心里想，只要拾回性命，便残废也甘心。后来医生到了，全身检视一番，腹部以上丝毫无伤，只是左腿断了，随即将

---

[1] 梁启超写给思顺的信，告知思成、思永遭遇车祸之事。前一日思成、思永在北平城遭遇车祸，思成左腿骨折，思永也受伤。肇事车主为北洋政府陆军部次长金永炎。

装载病人的汽车装来，送往医院。初时大家忙着招呼思成，不甚留心思永何如。思永自己说没有伤，跟着看护他哥哥。后来思永也睡倒了，我们又担心他不知伤着哪里，把他一齐送到医院检查。啊啊！真谢天谢地，也是腹部以上一点没有，不过把嘴唇碰裂了一块（腿上亦微伤），不能吃东西。

现在两兄弟都在协和医院同居一房，思永一个礼拜可以出院，思成约要八个礼拜。但思成也不须用手术（不须割），因为骨并未碎，只要扎紧，自会复原。今朝我同你二叔、三姑、七叔去看他们，他们哥儿俩已经说说笑笑，又淘气到了不得了。昨天中饭是你姑丈和三姑合请你二叔寿酒，晚上是我请，中饭全家都没有吃，晚饭我们却放心畅饮压惊了。我怕你妈妈着急发病，昨日一日瞒着没有报告，今朝我从医院出来，写了一封快信，又叫那两个淘气精各写一封去，大约你妈妈明天早车也要来看他们了。内中还把一个徽音也急死了，也饿着守了大半天（林家全家也跟着我们饿），如今大家都欢喜了。你二叔说，若使上帝告诉我们，说你的孩子总要受伤，伤什么地方听你自择，我们只有说是请伤这里。因为除此以外，无论伤哪里，都是不（得）了。

我们今天去踏查他们遇险的地方，只离一寸多，便是几块大石头，若碰着头部真是万无生理。我们今天在六部口经过，见一个死尸横陈，就是昨天下午汽车碰坏的人，至今还没殡殓，想起来真惊心动魄。今年正月初二，我一出门遇着那么一个大险，这回更险万倍，到底皆逢凶化吉，履险如夷，真是徼天之幸[1]。我本来不打算告诉你，因为《晨报》将情形登出，怕你一见吓倒，所以详细写这封信。我今日已经打了二十多圈牌了，我两三日后仍回西山，我在那里住的舒服极了（每日早起，又不饮酒）。

爹爹 阳历五月八日

旧历三月二十三日

---

[1] 徼天之幸：因为上天的眷顾得以偶然免去灾害。徼，音jiǎo，通"侥"。

1923 年 5 月 11 日

致 思顺 [1]

宝贝思顺：

你看见我第一封信，吓成怎么样？我叫思成亲自写几个字安慰你，你接到没有？思永现已出院了，思成大概还要住院两月。汝母前日入京抚视他们，好在他们都已复原，所以汝母并未着急。汝母恨极金永炎，亲自入总统府见黄陂[2]诘责之。其后金某[3]来院慰问，适值汝母在，大大教训他一场。金某实在可恶，将两个孩子碰倒在地，连车也不下，竟自扬长而去。一直过了两日，连名片也没有一张来问候。初时我们因救命要紧，没有闲工夫和他理论，到那天晚上，惊魂已定，你二叔方大发雷霆，叫警察拘传司机人，并扣留其汽车。随后像有许多人面责金某，渠始来道歉。初次派人差片来院问候，被我教斥一番，第三日始亲来。汝二叔必欲诉诸法庭，汝母亦然。但此事责任仍在司机人，坐车人不过有道德责任而已。我见人已平安，已经心满意足，不欲再与闹。惟汝母必欲见黎元洪，我亦不阻止，见后黎极力替赔一番不是，汝母气亦平了，不致生病，亦大好事也。

思成今年能否出洋，尚是一问题，因不能赶大考也（现商通融办法），但迟一年亦无甚要紧耳。我现课彼在院中读《论语》《孟子》《资治通鉴》，利用这时候多读点中国书也很好。前两天我去看他们，思永嘴不能吃东西，

---

[1]　梁启超写给思顺的信，告知思成、思永事故处理结果，并且告知思成在医院读《论语》《孟子》《资治通鉴》等事，并无大碍，希望女儿安心。

[2]　黄陂：即黎元洪，湖北黄陂人，时任中华民国总统。

[3]　金某：即金永炎，湖北黄陂人。

思成便大嚼大啖去气他。思成腿不能动，思永便大跳大舞去气他。真顽皮得岂有此理。这回小小飞灾，很看出他们弟兄两个勇敢和肫挚的性质，我很喜欢。我昨日已返西山著我的书了。今晨天才亮便已起，现在是早上九点钟，我已成了二千多字，等一会儿蹇七叔们就要来（今日礼拜六）和我打牌了。

爹爹 五月十一日 翠微山秘魔岩

1923 年 5 月某日

致 思成 [1]

父示思成：

吾欲汝以在院两月中取《论语》《孟子》，温习谙诵，务能略举其辞，尤于其中有益修身之文句，细加玩味。次则将《左传》《战国策》全部浏览一遍，可益神智，且助文采也。更有余日读《荀子》则益善。各书可向二叔处求取。《荀子》颇有训诂难通者，宜读王先谦《荀子集解》。可令张明去藻玉堂[2] 老王处取一部来。

爹爹

---

[1] 梁启超写给思成的信。思成需要两个月在医院治疗骨折，梁启超要求儿子利用好这段卧床时间，首先"温习谙诵"《论语》《孟子》，对于其中有益修身之文句，要细加玩味。有余力再读《左传》《战国策》和《荀子》等。

[2] 藻玉堂：民国时期天津、北京各有一家名藻玉堂的书店。

1923 年 7 月 26 日

致 思 成 [1]

汝母归后说情形，吾意以迟一年出洋为要，志摩 [2] 亦如此说，昨得君劢 [3] 书，亦力以为言。盖身体未完全复元，旋行恐出毛病，为一时欲速之念所中，而贻终身之戚，甚不可也。人生之旅历途甚长，所争决不在一年半月，万不可因此着急失望，招精神上之萎蔫。汝生平处境太顺，小挫折正磨练德性之好机会，况在国内多预备一年，即以学业论，亦本未尝有损失耶。吾星期日或当入京一行，届时来视汝。

爹爹 七月二十六日

1923 年 8 月 1 日

致 思 顺 [4]

宝贝思顺：

得复电，大慰。我因久不得汝信，神经作用，无端疑汝有病耳。

昨日在南开讲毕，思永、思忠留校中听别人讲演。我独携思庄去吃大餐。

---

[1] 梁启超写给思成的信。思成因 5 月 7 日遭遇车祸，影响了原定的赴美留学计划，心中颇为着急。梁启超劝慰儿子不可着急、失望，免"招精神上之萎蔫"。

[2] 志摩：即徐志摩（1897—1931），浙江海宁人，现代诗人，梁启超入室弟子。

[3] 君劢：即张君劢（1887—1969），现代政治家、哲学家，江苏宝山人，梁启超的朋友。

[4] 梁启超写给思顺的信。与以下两封信一起，讲述的是暑假带孩子们出游，可以看到梁启超家庭关系融洽。

随后你妈妈把思达、思懿带来，吃完后五个人坐汽车兜圈子到马厂[1]一带，把几位小孩子欢喜到了不得。你妈妈说，我居然肯抛弃书桌上一点钟工夫，作此雅游，真是稀奇。我和思庄说，明年姐姐回来，我带着你们姊妹去逛地方，不带男孩子了。庄、懿都拍掌说，哥哥们太便宜了，让他们关在家里哭一回。思达说他要加入女孩子团体，思庄已经答应他了。

今日起得甚早，随意写几句告诉你。

爹爹　八月一日

1923 年 8 月 8 日

致 思顺 [2]

顺儿：

前几天，天天记挂你，打电问你，回电来了后，便接连得你好几封信，快活极了（却还没有一封给我的，可恶，可恶）。

你妈妈半个月前有点怄思成的气。现在久已无事了。思成、徽音来信，寄你一看，便可知道他们现时情状（也可以见那位不害羞的女孩儿如何可爱）。

忠忠、庄庄两个天天撒泼，要我带他们逛北戴河（最好笑是徐志摩也加入他们队里帮着运动）。我被他们磨不过，已经答应了。只要借得房子，便带他们去。他们说，姊姊不知占了多少便宜。其实，你并没有跟着我逛过多少地方，不过他们眼红罢了。你们这些孩子们，实在难缠，

---

[1] 马厂：此处指赛马场。天津 1860 年开埠后，英籍德国人德璀琳在英租界开设了赛马场，民国初年马场道一带已经成了天津市民的游憩场所。

[2] 梁启超写给思顺的信。梁启超常常在给孩子们的信里模仿孩子们的话打趣，读起来非常自然、亲切。

一个个长大了，越发成群结党来打老子主意了，你当老姊姊的都不管管他们吗？

爹爹 八月八日

1923 年 8 月 22 日

致 思顺 [1]

宝贝思顺：

今日从北戴河归，明日便入京，归时连得汝三信，欣慰之至。当发电之前数日，我天天记挂你，总疑心是有病，不意果病了。现在斐儿何如？希哲无传染耶？甚念。

此十二日间，游极乐。弟弟、妹妹们寄你的明信片想不少，我没有都看见，不知说些什么有趣话，只可惜思成向隅了。我们一个个都晒黑了，庄庄尤其厉害，像比忠忠还黑，但她的凫水成绩很好，思永已许她小学毕业了。我也天天入海，却只学得个三十岁的孔夫子 [2]，可笑之至。一群孩子都要求明年再游，他们私自商量，说若是爹妈打不起兴致，把姐姐请来，领头运动，一定成功。只怕不日就要联衔向你请愿了。

我明晨六点钟车入京（近来总是搭这趟最早的车），现在要睡觉了。

爹爹 八月二十二日

---

[1] 梁启超写给思顺的信。梁启超履行诺言，带着孩子们赴北戴河游玩，当了 12 天孩子王，还开起了孔夫子的玩笑。

[2] 三十岁的孔夫子：调侃语。因孔子有"三十而立"之说，此处戏言自己不会游泳，只能站立在水中。

1923 年 11 月 5 日

致 思 顺 [1]

宝贝思顺：

　　昨日松坡图书馆成立（馆在北海快雪堂，地方好极了，你还不知道呢，我每来复四日住清华，三日住城里，入城即住馆中），热闹了一天。今天我一个人独住在馆里，天阴雨，我读了一天的书，晚间独酌醉了（好孩子别要着急，我并有怎么[2]醉，酒亦不是常常多吃的），书也不读了，找我最爱的孩子谈谈罢。谈什么呢？想不起来了。

　　哦，想起来了。

　　你报告希哲在那边商民爱戴的情形，令我喜欢得了不得。我常想，一个人要用其所长（人才经济主义）。希哲若在国内混沌社会里头混，便一点看不出本领，当领事真是模范领事了。我常说天下事业无所谓大小（士大夫救济天下和农夫善治其十亩之田，所成就一样），只要在自己责任内，尽自己力量做去，便是第一等人物。希哲这样勤勤恳恳做他本分的事，便是天地间堂堂地一个人，我实在喜欢他。

　　好孩子，你气不忿[3]弟弟妹妹们，希哲又气不忿你，有趣得很（你请你妈妈和我打弟弟们替你出气，你妈妈给思成们的信帮他们，他们都拍手欢呼胜利，我说我帮我的思顺，他们淘气实在该打）。平心而论，爱女儿哪里会不爱女婿呢，但总是间接的爱，是不能为讳的。徽音我也很爱她，我常和你妈妈说，又得一个可爱的女儿。但要我爱她和爱你一样，终究是不可能的。

---

[1]　梁启超写给思顺的信。前一日，梁启超告知松坡图书馆成立（松坡为蔡锷的字，此馆为纪念蔡锷而立）。并对于思顺、思成的爱情、婚姻表示满意，这些姻缘都是梁启超悉心促成的。思顺的丈夫周希哲是马来西亚华侨，后来成为梁启超的学生，徽音是梁启超好友林长民的女儿，都是他主动留心观察看定后，才经人介绍给女儿、儿子。然后由他们自己决定。

[2]　有怎么：应是"没有怎么"，即没那么。

[3]　气不忿：气不过。

我对于你们的婚姻，得意的了不得，我觉得我的方法好极了，由我留心观察看定一个人，给你们介绍，最后的决定在你们自己，我想这真是理想的婚姻制度。好孩子，你想希哲如何，老夫眼力不错罢。徽音又是我第二回的成功。我希望往后你弟弟妹妹们个个都如此（这是父母对于儿女最后的责任）。我希望普天下的婚姻都像我们家孩子一样，唉，但也太费心力了。像你这样有恁么多弟弟妹妹，老年心血都会被你们绞尽了，你们两个大的我所尽力总算成功，但也是各人缘法侥幸碰着，如何能确有把握呢？好孩子，你说我往后还是少管你们闲事好呀，还是多操心呢？

你妈妈在家寂寞得很，常和我说放暑假时候很高兴，孩子们都上学便闷得慌，这也是没有法的事。像我这样一个人独处一年，我也不闷，因为我做我的学问便已忙不过来，但天下人能有几个像我这种脾气呢？

王姑娘近来体气大坏（因为你那两个殇弟产后缺保养），我很担心，她也是我们家庭极重要的人物。她很能伺候我，分你们许多责任，你不妨常常写些信给她，令她欢喜。

我本来答应过庄庄，明年暑假绝对不讲演，带着你们玩一个夏天。但前几天我已经答应中国公学暑期学校讲一月了（他们苦苦要我，我耳朵软，答应了）。

我明春要到陕西讲演一个月，你回来的时候还不知我在家不呢。酒醒了，不谈了。

耶告 十一月五日

这两个字是王右军给他儿女信札的署名法。

1924 年

致 思顺

顺儿：

两信皆收。你妈妈日见起色，我们可以大放心了，约四十日后可以回家来一块住，更快乐了。礼拜六我不能来，一则因为我正在赶功课，离不开我的书房和廷灿；二则因为我的手膀子这两日用按摩（日方）渐见功效，非连用十日不可。从前我不以为意，近来总觉得不对，汤山洗澡后，发现多点毛病，又多好一点，按摩又发现多点毛病，又好一点，所以不可间断，索性继续治好它。买九六公债事，当照办，这种公债看定是好的，两年后定涨到五折以上。只是此两年间绝无利息收入，我久已想买，只可惜没有闲钱，忘却思庄折上有存款了。我也曾想借钱买它，朋友们又说不上算，你有余力，我也替你买便是。

爹爹 二日

1925 年

1925 年 4 月 17 日

致 思顺、思庄 [1]

宝贝思顺、小宝贝庄庄：

　　你们走后，我很寂寞。当晚带着忠忠听一次歌剧，第二日整整睡了十三个钟头起来，还是无聊无赖，几次往床上睡，被阿时、忠忠拉起来，打了几圈牌，不到十点又睡了，又睡十个多钟头。

　　思顺离开我多次了，所以倒不觉怎样。庄庄这几个月来天天挨着我，一旦远行，我心里着实有点难过。但为你成就学业起见，不能不忍耐这几年。

　　庄庄跟着你姊姊，我是十二分放心了，但我十五日早晨吩咐你那几段话，你要常常记在心里，等到再见我时，把实行这话的成绩交还我，我便欢喜无量了。

　　我昨天闷了一天，今日已经精神焕发，和你七叔讲了一会儿书，便着手著述，已成二千多字。现在十一点钟，要睡觉了，趁砚台上余墨，写这

---

[1] 梁启超写给思顺、思庄的信。前几日，思顺跟随丈夫赴任加拿大，思庄也随同前往，16 岁的思庄跟随思顺夫妇先在加拿大读中学，然后再继续读大学。两爱女离开身边后，梁启超感到非常难过、寂寞。

两纸寄你们。

你们在日本看过什么地方？寻着你们旧游痕迹没有？在船上有什么好玩（小斐儿曾唱歌否）？我盼望你们用日记体写出，详细寄我（能出一份《特国周报》临时增刊尤妙）。

我打算礼拜一入京，那时候你们还在上海呢。在京至多十日便回家，决意在北戴河过夏，可惜庄庄不能跟着，不然当得许多益处。

祝你们一路安适，两个礼拜后我就盼你们电报，四个礼拜后就会得你们温哥华来信，内中也许夹着有思成、思永信了。

十七晚 爹爹

1925 年 5 月 9 日
致 思顺、思成、思永、思庄 [1]

五月七日正午接到温哥华安电，十分安慰。六日早晨你妈妈说是日晚上六点钟才能到温，到底是不是？没出息的小庄庄，到底还晕船没有？你们到温那天，正是十五，一路上看着新月初生直到圆时，谅来在船上不知唱了多少次"江上何人初见月，江月何年照初人"了。我晚上在院子里徘徊，对着月想你们，也在这里唱起来，你们听见没有？

我多少年不作诗了，君劢的老太爷做寿，我忽然高兴，作了一首五十五韵的五言长古，极其得意，过两天抄给你们看。

我近来大发情感，大做其政论文章，打算出一份周报，附在《时》《晨》

---

[1] 梁启超写给思顺、思成、思永、思庄的信。主要为了告诉儿女们，他被人游说担任宪法起草会会长一职，因大多数好友强烈反对，自己也清醒过来就拒绝了；"忠忠也碰着和我所遭相类的事"，就是说被人诱惑和一个女孩恋爱，而梁启超得知此父女德行太差，所以告诫思忠，并要姐姐哥哥们也写信警告。

两报[1]送人看，大约从六月初旬起便发印。到我要讲的话都讲完，那周报也便停止，你们等着看罢。

我前几天碰着一件很窘的事——当你们动身后，我入京时，所谓善后会议[2]者正在闭会。会议的结果，发生所谓宪法起草会者，他们要我做会长。由林叔叔来游说我，我已经谢绝，以为无事了。不料过了几天，合肥派姚震带了一封亲笔信来，情词恳切万分。那姚震哀求了三个钟头，还说执政说："一次求不着，就跑两次、三次、五次天津，□□要答应才罢。"吾实在被他磨不过，为情感所动，几乎松口答应了。结果只得说容我考虑考虑，一礼拜回话。我立刻写信京、沪两处几位挚友商量，觉得不答应便和绝交一样，意欲稍微迁就。到第二天平旦之气一想，觉得自己糊涂了，决定无论如何非拒绝不可。果然隔一天，京中的季常、宰平、崧生、印昆、博生，天津的丁在君一齐反对，责备我主意游移。跟着上海的百里、君劢、东荪来电来函，也是一样看法。大家还大怪宗孟，说他不应该因为自己没有办法，出这些鬼主意，来拖我下水。现在我已经有极委婉而极坚决的信向段谢绝了。以后或者可以不再来麻烦。至于交情呢，总不能不伤点，但也顾不得了。

政局现有很摇动的样子。奉天新派五师入关，津浦路从今日起又不通了。但依我看，一二个月内还不会发生什么事，早则八月，迟则十月，就难保了。

忠忠也碰着和我所遭相类的事。你二叔今日来的快信，寄给你们看。信中所讲那陈某我是知道的，纯然是一个流氓，他那个女孩也真算无耻极了。我得着你二叔信，立刻写了一千多字的信严重告诫忠忠。谅来这孩子不致被人拐去，但你们还要随时警告他。因为他在你们弟兄姐妹中性情是

---

[1] 《时》《晨》两报：《时事新报》与《晨报》。

[2] 1924年秋直系政府被冯玉祥联合奉系推翻，皖系段祺瑞被推举出任临时政府执政，并邀请孙文入京共商国是。段为了巩固其反动统治，在日本帝国主义支持下，于1925年2月1日在北京召开善后会议，参会的有各省军阀代表及政客百余人。4月18日会议通过国民会议条例。因国民会议缺乏基本民意基础与法理授权机制，在全国人民的强烈的反对下，善后会议无疾而终。

最流动的，你妈妈最不放心也是他。

思永要的书，廷灿今日寄上些，当与这信前后到。

思成身子究竟怎么样？思顺细细看察，和我说真实话。

成、永二人赶紧各照一相寄我看看。我本来打算二十后就到北戴河去，但全国图书馆协会月底在京开成立会，我不能不列席，大约六月初四五始能成行。

五月九日

1925 年 7 月 10 日

致 孩子们 [1]

孩子们：

我像许久没有写信给你们了。但是前几天寄去的相片，每张上都有一首词，也抵得过信了。

今天接着大宝贝五月九日、小宝贝五月三日来信，很高兴。那两位"不甚宝贝 [2]"的信，也许明后天就到罢？

我本来前十天就去北戴河，因天气很凉，索性等达达放假才去。他明天放假了，却是还在很凉。一面张、冯 [3] 开战消息甚紧，你们二叔和好些朋友都劝勿去，现在去不去还未定呢。

我还是照样的忙。近来和阿时、忠忠三个人合作做点小玩意，把他们

---

[1]　梁启超写与孩子们的信（略有删节），主要是对思庄、思成说。其中最主要的内容便是阐述他的"业报说"，因去年思顺、徽音两人闹矛盾而"说法"。并在信末附上自己填的词。

[2]　不甚宝贝：不是很宝贝，戏指思成、思永。

[3]　张、冯：指张作霖、冯玉祥。

做得兴高采烈。我们的工作多则一个月，少则三个礼拜，便做完。做完了，你们也可以享受快乐。你们猜猜干些什么（把这行小字涂了罢，免得你们易猜）？

庄庄，你的信写许多有趣话告诉我，我喜欢极了。你往后只要每水船都有信，零零碎碎把你的日常生活和感想报告给我，我总是喜欢的。我说你"别耍孩子气"，这是叫你对于正事——如做功课，以及料理自己本身各事等——自己要拿主意，不要依赖人。至于做人带几分孩子气，原是好的。你看爹爹有时还"有童心"呢！

你入学校还是在加拿大好。你三个哥哥都受美国教育，我们家庭要变"美国化"了！我很想你将来不经过美国这一级（也并非一定如此，还要看环境的利便），便到欧洲去，所以在加拿大预备像更好。稍旧一点的严正教育，受了很有益，你还是安心入加校罢。至于未能立进大学，这有什么要紧，"求学问不是求文凭"，总要把墙基越筑得厚越好。你若看见别的同学都入大学，便自己着急，那便是"孩子气"了。

思顺对于徽音感情完全恢复，我听见真高兴极了。这是思成一生幸福关键所在，我几个月前，很怕思成因此生出精神异动，毁掉了这孩子，现在我完全放心了。思成前次给思顺的信说："感觉着做错多少事，便受多少惩罚，非受完了不会转过来。"这是宇宙间惟一真理，佛教说的"业"和"报"，就是这个真理（我笃信佛教就在此点，七千卷《大藏经》也只说明这点道理）。凡自己造过的"业"，无论为善为恶，自己总要受"报"，一斤报一斤，一两报一两，丝毫不能躲闪，而且善和恶是不准抵消的。佛对一般人说轮回，说他（佛）自己也曾犯过什么罪，因此曾入过某层地狱，做过某种畜生；他自己又也曾做过许多好事，所以亦也曾享过什么福。……如此，恶业受完了报，才算善业的账。若使正在享善业的报的时候，又做些恶业，善报受完了，又算恶业的账。并非有个什么上帝做主宰，全是"自业自得"。又并不是像耶教说的"到世界末日算总账"，全是"随作随受"。又不是像耶教说的"多大罪恶一忏悔便完事"，忏悔后固然得好处，但曾经造过的恶业，并不因忏悔而灭，是要等"报"受完了才灭。佛教所说的精理，大略如此。他说的六道轮回等等，不过为一般浅人说法，说些有形的天堂地狱。其实我们刻刻在轮回中，一生不知经过多少天堂地狱。即如思成和徽音，去年便有几个月在刀山剑树上过活！这种地狱，比城隍庙十王殿里画出来还可怕！因为一时造错了一点业，便受如此惨报，非受完了不会转头。倘若这业是故意造的，而且不知忏悔，则受报连绵下去，无有尽时。因为不是故意的，而且忏悔后又造善业，所以地狱的报受够之后，天堂又到了。若能绝对不造恶业（而且常造善业——最大善业是"利他"），则常住天堂（这是借用俗教名词），佛说是"涅槃"（涅槃的本意是"清凉世界"）。我虽不敢说常住涅槃，但我总算心地清凉的时候多，换句话说，我住天堂时候比住地狱的时候多，也是因为我比较的少造恶业的缘故。我的宗教观、人生观的根本在此，这些话都是我切实受用的所在。因思成那封信像是看见一点这种真理，所以顺便给你们谈谈。

思成看着许多本国古代美术，真是眼福，令我羡慕不已。甲胄的扣带，我看来总算你新发明[1]了（可得奖赏）。或者书中有讲及，但久已没有实物来证明。

昭陵石马怎么会已经流到美国去，真令我大惊！那几只马是有名的美术品，唐诗里"可要昭陵石马来"，"昭陵风雨埋冠剑，石马无声蔓草寒"，向来诗人讴歌不知多少。那些马都有名字——是唐太宗赐的名，画家、雕刻家都有名字可考据的。我所知道的，现在还存四只（我们家里藏有拓片，但太大，无从裱，无从挂，所以你们没有看见），怎么美国人会把它搬走了！若在别国，新闻纸不知若何鼓噪，在我们国里，连我怎么一个人，若非接你信，还连影子都不晓得呢！可叹！可叹！

希哲既有余暇做学问，我很希望他将国际法重新研究一番。因为欧战以后，国际法的内容和从前差得太远了。十余年前所学，现在只好算古董！既已当外交官，便要跟着潮流求自己职务上的新智识。还有中国和各国的条约全文，也须切实研究。希哲能趁这个空闲做这类学问最好。若要汉文

---

[1]　发明：此为发现之意。

的条约汇纂，我可以买得寄来。

和思顺、思永两人特别要说的话，没有什么，下次再说罢。

思顺信说"不能不管政治"，近来我们也很有这种感觉。你们动身前一个月，多人凝议，也就是这种心理的表现。现在除我们最亲密的朋友外，多数稳健分子，也都拿这些话责备我，看来早晚是不能袖手的。现在打起精神做些预备功夫（这几年来抛空了许久，有点吃亏），等着时局变迁再说罢。

老 Baby[1] 好玩极了，从没有听见哭过一声，但整天的喊和笑，也很够他的肺开张了。自从给亲家收拾之后，每天总睡十三四个钟头，一到八点钟，什么人抱他，他都不要，一抱他，他便横过来表示他要睡，放在床上爬几爬，滚几滚，就睡着了。这几天有点可怕！——好咬人，借来磨他的新牙，老郭每天总要着他几口。他虽然还不会叫亲家，却是会填词送给亲家，我问他："是不是要亲家和你一首？"他说"得，得，得"，"对，对，对"。

夜深了，不和你们玩了，睡觉去。

七月十日 爹爹

前几天填得一首词，词中的寄托，你们看得出来不？

浣溪沙·端午后一日夜坐

乍有官蛙闹曲池；

更堪鸣砌露蛩悲！

隔林辜负月如眉。

坐久漏签催倦夜，

归来长簟梦佳期。

不因无益废相思。

（李义山诗："直道相思了无益。"）

---

[1] 老 Baby：指思礼。

1925 年 8 月 3 日

致 孩子们 [1]

对岸一大群可爱的孩子们：

我们来北戴河已两星期了，这里的纬度和阿图和 [2] 差不多。来后刚碰着雨季，天气很凉，穿夹的时候很多，舒服得很，但下起雨来，觉得有些潮闷罢了。

我每天总是七点钟以前便起床，晚上睡觉没有过十一点以后，中午稍微憩睡半点钟。酒没有带来，故一滴不饮。天晴便下海去，每日多则两次，少则一次。散步时候也很多，脸上手上都晒成漆黑了。

本来是来休息，不打算做什么功课，但每天读的书还是不少，著述也没有间断。每天四点钟以后便打打牌，和"老白鼻"玩玩，绝不用心。所以一上床便睡着，从没有熬夜的事。我向来写信给你们都是在晚上，现在因为晚上不执笔，所以半个月竟未曾写一封信，谅来忠忠们去的信也不少了。

庄庄跟着驼姑娘补习功课，好极了，我想不惟学问有长进，还可以练习许多实务，我们听见都喜欢得了不得。

庄庄学费每年七百美金便够了吗？今年那份，我回去便替她另折存储起来。今年家计总算很宽裕，除中原公司外，各种股分利息都还照常。执政府每月八百元夫马费，已送过半年，现在还不断。商务印书馆售书费

---

[1] 梁启超写给孩子们的信。在信中，他和孩子们聊家中日常事务，其中包括饮食起居、思庄的学费、妻子墓园如何建造、北戴河房子的购买等事项，还征询孩子们的意见。

[2] 阿图和：Ottawa，今译为渥太华，加拿大首都。

两节共收到将五千元。从本月起清华每月有四百元。预计除去各种临时支出——如办葬事，修屋顶及寄美洲千元等——之外，或者尚有剩余，我便将庄庄这笔提出（今年不用，留到她留学最末的那年给她）。便是达达、司马懿、六六的游学费，我也想采纳你的条陈，预早（从明年）替他们贮蓄些，但须看力量如何才来定多少。至于老白鼻那份，我打算不管了，到他出洋留学的时候，他有恁么多姊姊哥哥，还怕供给他不起吗？

坟园工程已择定八月十六日动工了，一切托你二叔照管。昨天正把图样、工料价格各清单寄来商量。若圹内用石门四扇（双圹，连我的生圹[1]合计），则共需千二百余元（连围墙工料在内）；若不用石门，只用砖墙堵住洞口，则六百余元便够。我想四周用"塞门德"[2]灰泥，底下用石床，洞口用砖也彀坚固了。四扇石门价增一倍，实属糜费，已经回信你二叔不用石门了（如此则连买地及葬仪种种合计二千元尽够了）。你们意思如何？若不以为然，可立即回信，好在葬期总在两个月后，便加增也来得及。

我打算作一篇小小的墓志铭，自作自写，埋在圹中，另外请陈伯严先生做一篇墓碑文，请姚茫父写，写好藏起，等你们回来后才刻石竖立。因为坟园外部的工程，打算等思成回来布置才好。

现在有一件事和希哲、思顺商量。我们现在北戴河借住的是章仲和的房子，他要出卖，索价万一千，大约一万便可得。他的房子在东山，据说十亩有零的面积。但据我们看来像不止此数。房子门前直临海滨，地点极好，为海浴计，比西山好多了。西山那边因为中国人争买，地价很高（东山这边都是外国人房子，中国人只有三家），靠海滨的地，须千元以上一亩，还没有肯让。仲和这个房子，工料还坚固，可住的房子有八间，开间皆甚大。若在现时新建，只怕六千元还盖不起。家具也齐备坚实，新置恐亦须千五百元以上。现在各项虽旧，计最少亦还有十多年好用。若将房子、家具作五千元计，那么地价只合五千元，合不到五百元一亩，总算便宜极

---

[1] 生圹：为活人准备的墓穴。

[2] 塞门德：英文 cement 的音译，即水泥。

了。我想我们生活根据地既在京、津一带，北戴河有所房子，每年来住几个月（仲和初买来时费八千元，现在他忙着钱用，所以要卖，将来地价必涨，我们若转卖也不致亏本），于身体上、精神上都有益，所以我很想买它。但现在家计情形勉强对付，五千元认点利息也还可以，一万元便太吃力了。所以想和你们打伙平分，你们若愿意，我便把它留下。

房子在高坡上，须下三十五级阶石才到平地。那平地原有一个打球场，面积约比我们天津两院合计一样大。我们买过来之后，将来若有余钱，可以在那里再盖一所房子。思成回来便可以拿做试验品。我想思成、徽音听见一定高兴。

瞻儿有人请写对子，斐儿又会讲书，真是了不得，照这样下去，不久就要比公公学问还高了。你们要什么奖品呢？快写信来，公公就寄去。

达达快会凫水了，做三姊[1]的若还不会，仔细他笑你哩！

老白鼻来北戴河，前几天就把"鸦片烟"[2]戒了，一声也没有哭过，真是乖。但他至今还不敢下海，大约是怕冷吧。

三姊白了许多，小白鼻[3]红了许多，老白鼻却黑了许多了。昨天把秃瓜瓜越发剃得秃。三姊听见又要怄气了。今天把亲家送的丝袜穿上，有人问他"亲家送的袜子"，他便卷起脚来，他这几天学得专要在地下跑（扶着我的手杖充老头），恐怕不到两天便变成泥袜了。

现在已到打牌时候，不写了。

八月三日 爹爹

思成、思永到底来了没有，若他们不能越境，连我也替你们双方着急。

---

[1]　三姊：指思庄。思庄本是次女，大约在思顺与思庄之间有一个女儿夭折了。

[2]　鸦片烟：比喻母乳。

[3]　小白鼻：即梁启超第九子思同，比思礼小一岁，故称小白鼻（思礼被称为老白鼻）。

1925 年 9 月 13 日

致 孩子们 [1]

孩子们：

前日得思成八月十三日、思永十二日信，今日得思顺八月四日及十二日两信，庄庄给忠忠的信也同时到，成、永此时想已回美了，我很着急。不知永去得成去不成，等下次信就揭晓了。

我搬到清华已经五日了（住北院教员住宅第二号）。因此次乃自己租房住，不受校中供应，王姑娘又未来（因待送司马懿入学），廷灿又围困在广东至今未到，我独自一人住着不便极了。昨天大伤风（连夜不甚睡得着），有点发烧。想洗热水澡也没有，找如意油、甘露茶也没有，颇觉狼狈，今日已渐好了。王姨大约一二日也来了，以后便长住校中，你们来信可直寄此间，不必由天津转了。

校课甚忙——大半也是我自己找着忙——我很觉忙得有兴会。新编的讲义极繁难，费的脑力真不少。盼望老白鼻快来，每天给我舒散舒散。

葬期距今仅有二十天了。你二叔在山上住了将近一月，以后还须住一月有奇，住在一个小馆子内，菜也吃不得，每天跑三十里路，大烈日里在坟上监工。从明天起搬往香山见心斋住（稍微舒服点），但离坟更远，跑路更多了。这等事本来是成、永们该做的，现在都在远，忠忠又为校课所迫，不能效一点劳，倘若没有这位慈爱的叔叔，真不知如何办得下去。我打算到下葬后，叫忠忠们向二叔磕几头叩谢。你们虽在远，也要各各写一封信，恳切陈谢（庄庄也该写），谅来成、永写信给二叔更少。这种子弟之礼，是要常常在意的，才算我们家的乖孩子。

---

[1] 梁启超写给儿女们的信。此时在北戴河度完暑假的他，已回到清华任课，亡妻的灵柩再过 20 天就要下葬。因为亡妻墓园的建造是其二弟启勋一手在操办。梁启超认为这原本是思成、思永该做的事，所以他要儿女们一定要感谢二叔为家中之事费心。

厨子事等王姨来了再商量。现在清华电灯快灭了，我试上床去，看今晚睡得着不。晚饭后用脑，便睡不着，奈何！奈何！

九月十三日 爹爹

1925 年 9 月 29 日

致 孩子们 [1]

顺、成、永、庄：

我昨日用一日之力，做成一篇告墓祭文，把我一年多蕴积的哀痛，尽情发露。顺儿啊，我总觉得你妈妈这个怪病，是我们打那一回架打出来的。我实在哀痛之极，悔恨之极，我怕伤你们的心，始终不忍说，现在忍不住了，说出来也像把自己罪过减轻一点。我经过这几天剧烈的悲悼，以后便刻意将前事排去，决不更伤心，你们放心罢。

祭文本来该焚烧的，我想读一遍，你妈妈已经听见，不如将原稿交你保存（将来可装成手卷）。你和庄庄读完后，立刻抄一份寄成、永传观（《晨报》已将稿抄去，如已登出，成、永便得见，不必再抄了。十月三日补写），过些日子我有空还打算另写一份寄思成。葬礼一切都预备完成了。王姨今日晚车返天津，把达达们带来。十五[2]清晨行周忌祭礼，十点钟发引，忠忠一人扶柩，我们都在山上迎接。在山上住一夜，十六日八点钟安葬。

爹爹 九月二十九日

---

[1] 梁启超写给思顺、思成、思永、思庄的信。10 月 3 日是亡妻李夫人下葬的日子，梁启超于 9 月 28 日用一天时间撰成《告墓文》一篇，第二日写信并将该文寄给女儿们读。梁启超在这封信中向儿女们吐露心中对亡妻的忏悔、思念之情。

[2] 十五：即农历八月十五日，下面十六日也是指农历。

1925 年 10 月 3 日

致 孩子们 [1]

爱儿思顺、思成、思永、思庄：

葬礼已于今日（十月三日，即旧历八月十六日）上午七点半钟起至十二点钟止，在哀痛庄严中完成了。

葬前在广惠寺做佛事三日。昨晨八点钟行周年祭礼，九点钟行移灵告祭礼，九点二十分发引，从两位舅父及姑丈起，亲友五六十人陪我步行同送到西便门（步行），时已十一点十分（沿途有警察照料），我们先返，忠忠、达达扶枢赴墓次。二叔先在山上预备迎逅（二叔已经半月未下山了）。我回清华稍憩，三点半钟带同王姨、懿、宁、礼赴墓次。直至日落时忠等方奉枢抵山。我们在甘露旅馆一宿，思忠守灵，小六、煜生陪他一夜。有警察四人值夜逻巡，还有工人十人告奋勇随同陪守。

今晨七点三十五分移灵入圹。从此之后，你妈妈真音容永绝了。全家哀号，悲恋不能自胜，尤其是王姨，去年产后，共劝她节哀，今天尽情一哭，也稍抒积痛。三姑也得尽情了。最可怜思成、思永，到底不能够凭棺一恸。人事所限，无可如何，你们只好守着遗像，永远哀思罢了。我的深痛极恸，今在祭文上发泄，你们读了便知我这几日间如何情绪。下午三点钟我回到清华。现在虽余哀未忘，思宁、思礼们已嬉笑杂作了。唐人诗云："纸灰飞作白蝴蝶，血泪染成红杜鹃。日落狐狸眠冢上，夜归儿女笑灯前。"真

---

[1] 梁启超写给思顺、思成、思永和思庄的信。该日上午李夫人灵柩下葬，晚上梁启超在清华园就给儿女们写信，将他们母亲的葬礼以及墓圹的修建情况告知给儿女们。此信再次提到要思顺等四人都写信感谢启勋于墓园建造的功劳；同时梁启超和儿女们讨论他们夫妻墓圹的设计以及将来他的安葬问题。

能写出我此时实感。

昨日天气阴霾，正很担心今日下雨，凌晨起来，红日杲杲，始升葬时，天无片云，真算大幸。

此次葬礼并未多通告亲友，然而会葬者竟多至百五六十人。各人皆黎明从城里乘汽车远来，汽车把卧佛寺前大路都挤满了。祭席共收四十余桌，送到山上的且有六桌之多，盛情真可感。

你们二叔的勤劳，真是再没有别人能学到了。他在山上住了将近两个月，中间仅入城三次，都是或一宿而返，或当日即返，内中还开过六日夜工，他便半夜才回寓。他连椅子也不带一张去，终日就在墓次东走走西走走。因为有多方面工程他一处都不能放松。他最注意的是圹内工程，真是一砖一石，都经过目，用过心了。我窥他的意思，不但为妈妈，因为这也是我的千年安宅，他怕你们少不更事，弄得不好，所以他趁他精力尚壮，对于他的哥哥尽这一番心。但是你们对于这样的叔叔，不知如何孝敬，才算报答哩。今天葬礼完后，我叫忠忠、达达向二叔深深行一个礼，谢谢二叔替你们姐弟担任这一件大事。你们还要每人各写一封信叩谢才好。

我昨日到清华憩息时，刚接到你们八月三十日来信。信上说起工程的那几句话，哪里用着你们担心，二叔早已研究清楚了。他说先用塞门特不好，要用塞门特和中国石灰和合做成一种新灰，再用石卵或石末或细砂来调（某处宜用石卵，某处宜用细砂，我亦说不清楚，但你二叔讲起来如数家珍）。砖缝上一点泥没有用过，都是用他这种新灰，冢内圹虽用砖，但砖墙内尚夹有石片砌成的圹，石坛都用新灰灌满，圹内共用新灰原料，专指塞门特及石灰，所调之砂石等在外，一万二千余斤。二叔说算是全圹熔炼成一整块新石了。开穴入地一丈三尺，圹高仅七尺，圹之上培以新灰炼石三尺，再培以三尺普通泥土，方与地平齐。二叔说圹外工程随你们弟兄自出心裁，但他敢保任你们要起一座大塔，也承得住。据我看果然是如此。

圹内双冢，你妈妈居右，我居左。双冢中间隔以一墙，墙厚二尺余，即由所谓新灰炼石者制成。墙上通一窗，丁方[1]尺许。今日下葬后，便用浮砖将窗堵塞。二叔说到将来我也到了，便将那窗的砖打开，只用红绸蒙在窗上。合葬办法原有几种：（一）是同一冢，内置两石床。这是同时并葬乃合用。既分先后，则第二次葬时恐伤旧冢，此法当然不适用。（二）是同一坟园分造两冢。但此已乖同穴之义，我不愿意。（三）便是现今所用两冢同一圹，中隔以一墙。第二次葬时旧冢一切不劳惊动，这是再好不过了。还有一件是你二叔自出意匠：他在双冢前另辟一小院子，上盖以石板，两旁用新灰炼石，墙前面则此次用砖堵塞。如此则今次封圹之后，泥土不能侵入左冢，将来第二次葬时将砖打开，葬后再用新灰炼石造一墙，便千年不启。你二叔今日已将各种办法，都详细训示给思忠。因为他说第二次葬时，不知他是否还在，即在也怕老迈不能经营了。所以要你们知道，而且遵守他的计划。他过天还要画一圹内的图，将尺寸说明，预备你们将来开圹行第二次葬礼时用。你们须留心记着，不可辜负二叔两个月来心血。

工程坚美而价廉，亲友参观者无不赞叹。盖因二叔事事考究，样样在行，工人不能欺他，他又待工人有恩礼，个个都感激他，乐意出力。他说从前听见罗素说：中国穿短衣服的农人、工人，个个都有极美的人生观。他前次不懂这句话怎么解，现在懂得了。他说，住在都市的人都是天性已泯。他这两个月和工人打伙，打得滚热，才懂得中国的真国民性。我想二叔这话很含至理，但非其人，也遇着看不出罢了。

二叔说他这两个月用他的科学智识和工人的经验合并新发明的东西不少，建筑专门家或者还有些地方要请教他哩。思成你写信给二叔，不妨提提这些话，令他高兴。二叔当你妈妈病时，对于你很有点怄气，现在不知气消完了没有。你要趁这机会，大大的亲热一下，令他知道你天性未泯，心里也痛快。你无论功课如何忙，总要写封较长而极恳切的信给二叔才好。

我的祭文也算我一生好文章之一了。情感之文极难工，非到情感剧烈到沸点时，不能表现他（文章）的生命，但到沸点时又往往不能作文。即

---

[1] 丁方：即长宽。

如去年初遭丧时，我便一个字也写不出来。这篇祭文，我做了一天，慢慢吟哦改削，又经两天才完成。虽然还有改削的余地，但大体已很好了。其中有几段，音节也极美，你们姊弟和徽因都不妨熟诵，可以增长性情。

昨天得到你们五个人的杂碎信，令我于悲哀之中得无限欢慰。但这封信完全讲的葬事，别的话下次再说罢。我也劳碌了三天，该早点休息了。

十月三日 旧八月十六日

1925 年 11 月 9 日

致 孩子们 [1]

国内近来乱事 [2] 想早知道了，这回怕很不容易结束，现在不过才发端哩。因为百里 [3] 在南边（他实是最有力的主动者），所以我受的嫌疑很重，城里头对于我的谣言很多，一会儿又说我到上海（报纸上已不少，私人揣测更多），一会儿又说我到汉口。尤为奇怪者，林叔叔 [4] 很说我闲话，说我不该听百里们胡闹，真是可笑。儿子长大了，老子也没有法干涉他们的行动，何况门生和后辈？即如宗孟去年的行动，我并不赞成，然而外人看着也许要说我暗中主使，我从哪里分辩呢？外人无足怪，宗孟很可以拿己身作比例，何至怪到我头上呢？总之，宗孟自己走的路太窄，成了老鼠入

---

[1] 梁启超写给孩子们的信，涉及家庭和社会诸事。该年国内各种政治势力一直处于纷繁复杂的斗争中，梁启超觉得国家前途希望渺茫，但也不曾放弃自己政治上的责任与义务，仍发表各种政论和演说。

[2] 乱事：主要指孙传芳以五省联军攻击盘踞江苏的奉系军队。

[3] 百里：即蒋百里（1882—1938），民国著名军事理论家、军事教育家，保定陆军军官学校校长，梁启超的门生。

[4] 林叔叔：即林徽音的父亲林长民，字宗孟，下面提到他，又称宗孟。

牛角，转不过身来，一年来已很痛苦，现在更甚。因为二十年来的朋友，这一年内都分疏了，他心里想来非常难过，所以神经过敏，易发牢骚，本也难怪，但觉得可怜罢了。

国事前途仍无一线光明希望。百里这回卖怎么大气力（许多朋友亦被他牵在里头），真不值得（北洋军阀如何能合作）。依我看来，也是不会成功的。现在他与人共事正在患难之中，也万无劝他抽身之理，只望他到一个段落时，急流勇退，留着身子为将来之用。他的计划像也是如此。

我对于政治上责任固不敢放弃（近来愈感觉不容不引为己任），故虽以近来讲学，百忙中关于政治上的论文和演说也不少（你们在《晨报》和《清华周刊》上可以看见一部分），但时机总未到，现在只好切实下预备功夫便了。

葬事共用去三千余金。葬毕后忽然看见有两个旧碑很便宜，已经把它买下来了。那碑是一种名叫汉白玉的，石高一丈三，阔六尺四，厚一尺六，驼碑的两只石龟长九尺，高六尺。新买总要六千元以上，我们花六百四十元，便买来了。初买得来很高兴，至商量搬运，乃知丫头价钱比小姐阔的多。碑共四件，每件要九十匹骡，才拖得动，拖三日才能拖到，又卸下来及竖起来，都要费莫大工程，把我们吓杀了。你二叔大大的埋怨自己，说是老不更事，后来结果花了七百多块钱把他拖来，但没有竖起，将来竖起还要花千儿八百块。现在连买碑共用去四千五百余，存钱完全用光，你二叔还垫出八百余元。他从前借我的钱，修南长街房子，尚有一千多未还，他看见我紧，便还出这部分。我说你二叔这回为葬事，已经尽心竭力，他光景亦不佳，何必汲汲，日内如有钱收入，我打算仍还他再说。

今年很不该买北戴河的房子，现在弄到非常之窘，但仍没有在兴业[1]透支。现在在清华住着很省俭，四百元薪水还用不完，年底卖书有收入，

---

[1] 兴业：指天津兴业银行。

便可以还二叔了。日内也许要兼一项职务，月可有五六百元收入，家计更不至缺乏。

现在情形，在京有固定职务，一年中不走一趟天津，房子封锁在那边，殊不妥（前月着贼，王姨得信回去一趟，但失的不值钱的旧衣服）。我打算在京租一屋，把书籍东西全份搬来，便连旧房子也出租，或者并将新房子卖去，在京另买一间，你们意思如何？

思成体子复元，听见异常高兴，但食用如此俭薄，全无滋养料，如何要得？我决定每年寄他五百美金左右，分数次寄去。日内先寄中国银二百元，收到后留下二十元美金给庄庄零用，余下的便寄思成去。

思顺所收薪水公费，能敷开销，也算好了，我以为还要赔呢。你们夫妇此行，总算替我了两桩心事：第一件把思庄带去留学，第二件给思成精神上的一大安慰。这两件事有补于家里真不少。何况桂儿姊弟亦得留学机会，顺自己还能求学呢。一二年后调补较好的缺，亦意中事，现在总要知足才好。留支薪俸若要用时，我立刻可以寄去，不必忧虑。

待文杏如此，甚好甚好。这才是我们忠厚家风哩。

廷灿今春已来。他现在有五十元收入，勉强敷用，还能积存些。你七叔明年或可以做我一门功课的助教，月得百元内外。

现在四间半屋子挤得满满的。我卧房一间，书房一间，王姨占一间，七叔便住在饭厅，阿时和六六住半间，倒很热闹。老白鼻病了四五天，全家都感寂寞，现在全好了，每天拿着亲家相片叫家家，将来见面一定只知道这位是亲家了。

爹爹 十一月九日

1925 年 12 月 27 日

致 思成 [1]

今日报纸上传出可怕的消息，我不忍告诉你，又不能不告诉你，你要十二分镇定着，看这封信和报纸。

我们总还希望这消息是不确的，我见报后，立刻叫王姨入京，到林家探听，且切实安慰徽音的娘，过一两点她回来，或者有别的较好消息也不定。

林叔叔这一年来的行动，实亦有些反常，向来很信我的话，不知何故，一年来我屡次忠告，他都不采纳。我真是一年到头替他捏着一把汗，最后这一着真是更出我意外。他事前若和我商量，我定要尽我的力量扣马而谏，无论如何决不让他往这条路上走。他一声不响，直到走了过后第二日，我才在报纸上知道，第三日才有人传一句口信给我，说他此行是以进为退，请我放心。其实我听见这消息，真是十倍百倍的替他提心吊胆，如何放心得下。当时我写信给你和徽音，报告他平安出京，一面我盼望在报纸上得着他脱离虎口的消息，但此虎口之不易脱离，是看得见的。

前事不必提了，我现在总还存万一的希冀，他能在乱军中逃命出来。万一这种希望得不着，我有些话切实嘱咐你。

第一，你要自己十分镇静，不可因刺激太剧，致伤自己的身体。因为一年以来，我对于你的身体，始终没有放心，直到你到阿图和后，姊姊来信，我才算没有什么挂虑。现在又要挂虑起来了，你不要令万里外的老父为着你寝食不宁，这是第一层。徽音遭此惨痛，惟一的伴侣，惟一的安慰，就只靠你。你要自己镇静着，才能安慰她，这是第二层。

第二，这种消息，谅来瞒不过徽音。万一不幸，消息若确，我也无法用别的话解劝她，但你可以传我的话告诉她：我和林叔叔的关系，她是知

---

[1] 梁启超写给思成的信。12 月某日林长民（林徽因父，曾任民国参议院秘书长、司法总长等）遭到奉军王永清部的袭击，被流弹击中身亡。梁启超从报纸上得知林长民身亡的消息，便写信告知思成，要他自己镇定并安慰徽音。

道的，林叔的女儿，就是我的女儿，何况更加以你们两个的关系。我从今以后，把她和思庄一样地看待她，在无可慰藉之中，我愿意她领受我这种十二分的同情，度过她目前的苦境。她要鼓起勇气，发挥她的天才，完成她的学问，将来和你共同努力，替中国艺术界有点贡献，才不愧为林叔叔的好孩子。这些话你要用尽你的力量来开解她。

人之生也，与忧患俱来，知其无可奈何，而安之若命。你们都知道我是感情最强烈的人，但经过若干时候之后，总能拿出理性来镇住自己，所以我不致受感情牵动，糟蹋我的身子，妨害我的事业。这一点你们虽然不容易学到，但不可不努力学学。

徽音留学总要以和你同时归国为度。学费不成问题，只算我多一个女儿在外留学便了，你们更不必因此着急。

十二月二十七日

1926 年

致 思 成 [1]

思成：

我初二进城，因林家事奔走三天，至今尚未返清华。前星期因有营口安电，我们安慰一会儿。初二晨，得续电又复绝望（立刻电告你并发一信，想俱收。徽音有电来，问现在何处？电到时此间已接第二次凶电，故不覆）。昨晚彼中脱难之人，到京面述情形，希望全绝。今日已发丧了。遭难情形，我也不忍详报，只报告两句话：

（一）系中流弹而死，死时当无大痛苦。（二）遗骸已被焚烧，无从运回了。

我们这几天奔走后事，昨日上午我在王熙农家连四位姑太太都见着了，今日到雪池见着两位姨太太。现在林家只有现钱三百余元，营口公司被张作霖监视中（现正托日本人保护，声称已抵押日款，或可幸全），实则此

---

[1] 梁启超写给思成的信，告知林长民确已身亡这一事实，目前丧事正在办理中，其家庭事务也正在讨论如何处理。梁启超认为，现在处于时局大乱之时，劝思成、徽音不要着急慌乱，要以完成学业为重。

公司即能保全，前途办法亦甚困难。字画一时不能脱手，亲友赙奠[1]数恐亦甚微。目前家境已难支持，此后儿女教育费更不知从何说起。现在惟一的办法，仅有一条路，即国际联盟会长一职，每月可有二千元收入（钱是有法拿到的）。我昨日下午和汪年伯商量，请他接手，而将所入仍归林家，汪年伯慷慨答应了。现在与政府交涉，请其立刻发表。此事若办到，而能继续一两年，则稍为积储，可以充将来家计之一部分。我们拟联合几位朋友，连同他家兄弟亲戚，组织一个抚养遗族评议会，托醒楼及王熙农、卓君庸三人专司执行。因为他们家里问题很复杂，兄弟亲戚们或有见得到而不便主张者，则朋友们代为主张。这些事过几天（待丧事办完后），我打算约齐各人，当着两位姨太太面前宣布办法，分担责成（家事如何收束等等，经我们议定后，谁也不许反抗）。但现在惟一希望，在联盟会事成功，若不成，我们也束手无策了。

徽音的娘，除自己悲痛外，最挂念的是徽音要急杀。我告诉她，我已经有很长的信给你们了。徽音好孩子，谅来还能信我的话。我问她还有什么（特别）话要我转告徽音没有，她说："没有，只有盼望徽音安命，自己保养身体，此时不必回国。"我的话前两封信都已说过了，现在也没有别的话说，只要你认真解慰便好了。

徽音学费现在还有多少，还能支持几个月，可立刻告我，我日内当极力设法，筹多少寄来。我现在虽然也很困难，只好对付一天是一天，倘若家里那几种股票还有利息可分（恐怕最靠得住的几个公司都会发生问题，因为在丧乱如麻的世界中，什么事业都无可做），今年总可勉强支持，明年再说明年的话。天下大乱之时，今天谁也料不到明天的事，只好随遇而安罢了。你们现在着急也无益，只有努力把自己学问学够了，回来创造世界才是。

十五年一月五日晚 爹爹 北海图书馆写

---

[1] 赙奠：办丧事别人送的礼金。赙，音 fù。

致 孩子们 [1]

孩子们：

我从昨天起被关在医院里了。看这神气，三两天内还不能出院，因为医生还没有找出病原来。我精神奕奕，毫无所苦。医生劝令多仰卧，不许用心，真闷杀人。

以上正月初四写。

入医院今已第四日了，医生说是膀胱中长一疙瘩，用折光镜从溺道中插入检查，颇痛苦（但我对此说颇怀疑，因此病已阅半年，小便从无苦痛，不似膀胱中有病也）。已照过两次，尚未检出，检出后或须用手术。现已电唐天如 [2] 速来。但道路梗塞，非半月后不能到。我意非万不得已不用手术，因用麻药后，体子总不免吃亏也。

阳历新年前后顺、庄各信次第收到。庄庄成绩如此，我很满足了。因为你原是提高一年，和那按级递升的洋孩子们竞争，能在三十七人考到第十六，真亏你了。好乖乖，不必着急，只须用相当的努力便好了。

寄过两回钱，共一千五百元，想已收。日内打算再汇二千元。大约思成和庄庄本年费用总够了。思永转学后谅来总须补助些，需用多少，即告我。徽音本年需若干，亦告我，当一齐筹来。

庄庄该用的钱就用，不必太过节省。爹爹是知道你不会乱花钱的，再不会因为你用钱多生气的。思成饮食上尤不可太刻苦。前几天见着君劢的弟弟，他说思成像是滋养品不够，脸色很憔悴。你知道爹爹常常记挂你，这一点你要令爹爹安慰才好。

徽音怎么样？我前月有很长的信去开解她，我盼望她能领会我的意思。

---

[1] 梁启超写给孩子们的信。谈自己因病住院，仍查不出原因；很满意思庄的成绩，学业不必着急；告诉思庄、思成不要太节省、要保养身体。并询问徽音近况。

[2] 唐天如（1877—1961）：字恩溥，广东新会人，名医，梁启超好友。

"人之生也，与忧患俱来，知其无可奈何，而安之若命"，是立身第一要诀。思成、徽音性情皆近狷急，我深怕他们受此刺激后，于身体上、精神上皆生不良的影响。他们总要努力镇摄自己，免令老人担心才好。

我这回的病总是太大意了，若是早点医治，总不至如此麻烦。但病总是不要紧的，这信到时，大概当已痊愈了。但在学堂里总须放三两个月假，觉得有点对不住学生们罢了。

前几天在城里过年，很热闹，我把南长街满屋子都贴起春联来了。

军阀们的仗还是打得一塌糊涂。王姨今早上送达达回天津，下半天听说京、津路又不通了（不知确否），若把她关在天津，真要急杀她了。

二月十八日 爹爹 德国医院三十四号

1926年2月27日
致 孩子们 [1]

孩子们：

我住医院忽忽两星期了，你们看见七叔信上所录二叔笔记，一定又着急又心疼，尤其是庄庄只怕急得要哭了（忠忠真没出息，他在旁边看着出了一身大汗，随后着点凉，回学校后竟病了几天，这样胆子小，还说当大将呢。那天王姨送达达回天津没有在旁，不然也许要急出病来）。其实用那点手术，并没什么痛苦，受麻药过后也没有吐，也没有发热，第二天就和常人一样了。检查结果，既是膀胱里无病，于是医生当作血管破裂（极微细的）医治，每日劝多卧少动作，说"安静是第一良药"。两三天以来，

---

[1] 梁启超写给孩子们的信。（2月梁启超因患严重尿血病，在北京德国医院治疗。写此信时，他正在接受治疗）在病中仍然考虑儿女未来的前程和发展。担心思成日后谋生问题，故询问他毕业后能否再转学到容易就业的实用性学科，希望思成仔细考虑此事。对于思永、思庄，则希望他们将来做自己的助手。

颇见起色，惟血尚未能尽止（比前好多了）。而每日来看病的人络绎不绝（因各报皆登载我在德医院，除《晨报》外），实际上反增劳碌。我很想立刻出院，克礼说再住一礼拜才放我，只好忍耐着。许多中国医生说这病很寻常，只须几服药便好。我打算出院后试一试，或奏奇效，亦未可知。

天如回电不能来，劝我到上海，我想他在吴佩孚处太久，此时来北京，诚有不便。打算吃谭涤安的药罢了。

忠忠、达达都已上学去，惟思懿原定三月一号上学，现在京、津路又不通了，只好留在清华。他们常常入城看我，但城里流行病极多（廷灿染春温病极重），恐受传染，今天已驱逐他们都回清华了，惟王姨还常常来看（二叔、七叔在此天天来看），其实什么病都没有，并不须人招呼，家里人来看亦不过说说笑笑罢了。

前两天徽音有电来，请求彼家眷属留京（或彼立归国云云）。得电后王姨亲往见其母，其母说回闽属既定之事实，日内便行（大约三五日便动身），彼回来亦不能料理家事，切嘱安心求学云云。她的叔叔说十二月十五（旧历）有详信报告情形，她得信后当可安心云云。我看她的叔叔很好，一定能令她母亲和她的弟妹都得所。她还是令她自己学问告一段落为是。

却是思成学课怕要稍为变更。他本来想思忠学工程，将来和他合作。现在忠忠既走别的路，他所学单纯是美术建筑，回来是否适于谋生，怕是一问题。我的计划，本来你们姊妹弟兄个个结婚后都跟着我在家里三几年，等到生计完全自立后，再实行创造新家庭。但现在情形，思成结婚后不能不迎养徽音之母，立刻便须自立门户，这便困难多了。所以生计问题，刻不容缓。我从前希望他学都市设计，只怕缓不济急。他毕业后转学建筑工程何如？我对专门学科情形不熟，思成可细细审度，回我一信。

我所望于思永、思庄者，在将来做我助手。第一件，我做的中国史非一人之力所能成，望他们在我指导之下，帮我工作。第二件，把我工作的结果译成外国文。永、庄两人当专作这种预备。

正在偷偷写信，被克礼闯进来看见，又唠叨了好些话，不写了。

二月二十七日 爹爹

今日是元宵，外边花爆声很热闹。

1926 年 6 月 11 日
致 思顺 [1]

顺儿：

前次以为失掉了你一封信，现在也收到了，系封在阿时信内，迟了一水船才到。

弟弟们把我的信扣留，我替你出个法子，你只写信给他们说，若不肯将信寄回来，以后爹爹有信到，你便藏着不给他们看，他们可就拗你不过了。

你们不愿意调任及调部也是好的，知足不辱，知止不殆，只要不至冻馁，在这种半清净、半热闹的地方，带着孩子们读书最好，几个孙子叫他们尝尝寒素风味，实属有益。试拿他们在菲律宾过的生活和你们在日本时比较，实在太过分了。若再调到热带殖民地去，虽多得几个钱，有什么用处呢？

你们也不必变更计划，打算早回来，我这病绝不要紧，已经证明了。你们还是打四五年后回来的主意最好，总之到我六十岁生日时算来全部都回来了，岂不大高兴？

这一两年内，我终须要到美国玩一趟，你们等着罢。再过一星期就去北戴河了。

六月十一日 爹爹

---

[1]　梁启超写给思顺的信。当时北洋政府欲调周希哲到热带殖民地某个国家去任领事一职，
　　虽薪水高，但他们宁愿继续留在加拿大。梁启超也认可他们的打算，认为在加拿大任职虽
　　然清贫，但对他们的成长有益。

1926 年 9 月 4 日

致 孩子们 [1]

孩子们：

今天接顺儿八月四日信，内附庄庄由费城去信，高兴得很。尤可喜者，是徽音待庄庄那种亲热，真是天真烂熳好孩子。庄庄独立的多走些地方，多认识些朋友，性质格外活泼些，甚好，甚好。但择交是最要紧的事，宜慎重留意，不可和轻浮的人多亲近。庄庄以后离开家庭渐渐的远，要常常注意这一点。大学考上没有？我天天盼这个信，谅来不久也到了。

忠忠到美，想你们姊弟兄妹会在一块，一定高兴得很，有什么有趣的新闻，讲给我听。

我的病从前天起又好了，因为碰着四姑的事 [2]，病翻了五天（五天内服药无效）。这两天哀痛过了，药又得力了。昨日已不红，今日很清了，只要没有别事刺激，再养几时，完全断根就好了。

四姑的事，我不但伤悼四姑，因为细婆太难受了，令我伤心。现在祖父祖母都久已弃养，我对于先人的一点孝心，只好寄在细婆身上。千辛万苦，请了出来，就令她老人家遇着绝对不能宽解的事（怕的是生病）。怎么好呢？这几天全家人合力劝慰她，哀痛也减了好些，过几日就全家入京去了。

清华八日开学，我六日便入京，在京（城里）还有许多事要料理，王姨及细婆等迟一礼拜乃去。

张孝若丁忧，已辞职，我三日前写一封信给蔡廷幹讲升任事，能成与否，入京便见分晓。

---

[1] 梁启超写给孩子们的信。思庄该年 9 月从加拿大渥太华中学毕业后，到美国赴哥哥思成处游玩，梁启超对她即将开启独立生活、学习略有担心，特别提醒她交友一事是最要紧的事，最当谨慎，不可和轻浮之人多亲近。并提及目前国内时局变化，待到自己病好后要痛发言论。

[2] 四姑的事：指梁启超的四妹病故。

思永两个月没有信来，他娘很记挂，屡屡说"想是冲气吧"，我想断未必，但不知何故没有信。你从前来信说不是悲观，也不是精神异状，我很信得过是如此，但到底是年轻学养未到，我因久不得信，也不能不有点担心了。

国事局面大变，将来未知所届，我病全好之后，对于政治不能不痛发言论了。

九月四日 爹爹

1926年9月14日

致 孩子们 [1]

孩子们：

我本月六日入京，七日到清华，八日应开学礼讲演，当日入城，在城中住五日，十三日返清华。王姨奉细婆亦以是日从天津来，我即偕同王姨、阿时、老白鼻同到清华。此后每星期大抵须在城中两日，余日皆在清华。北院二号之屋（日内将迁居一号）只四人住着，很清静。

此后严定节制，每星期上堂讲授仅二小时，接见学生仅八小时，平均每日费在学校的时刻，不过一小时多点。又拟不编讲义，且暂时不执笔属文，决意过半年后再作道理。

我的病又完全好清楚，已经十日没有复发了。在南长街住那几天，你二叔天天将小便留下来看，他说颜色比他的还好，他的还像普洱茶，我的

---

[1] 写给孩子们的信。该年2月，梁启超因身患尿血病，进北京德国医院治疗。3月转协和医院，割去右肾（实为误诊，此次医疗事故导致梁启超三年后早逝），但仍未查出病原所在，但同时梁启超又面临一项重大任务，民国政府此年准备成立司法储才馆，希望聘请梁启超担首任馆长一职。他曾任民国司法总长，又是民国初期著名的法学家，担任馆长可谓众望所归。于是只好挑起这一重任。

简直像雨前龙井了。自服天如先生药后之十天，本来已经是这样，中间遇你四姑之丧，陡然复发，发得很厉害。那时刚刚碰着伍连德到津，拿小便给他看，他说"这病绝对不能不理会"，他入京当向协和及克礼等详细探索实情云云。五日前在京会着他，他已探听明白了。他再见时，尿色已清，他看着很赞叹中药之神妙（他本来不鄙薄中药）。他把药方抄去。天如之方以黄连、玉桂、阿胶三药为主（近闻有别位名医说，敢将黄连和玉桂合在一方，其人必是名医云云）。他说很对很对，劝再服下去。他说本病就一意靠中药疗治便是了。却是因手术所发生的影响，最当注意。他已证明手术是协和孟浪错误了，割掉的右肾，他已看过，并没有丝毫病态，他很责备协和粗忽，以人命为儿戏，协和已自承认了。这病根本是内科，不是外科。在手术前克礼、力舒东、山本乃至协和都从外科方面研究，实是误入歧途。但据连德的诊断，也不是所谓"无理由出血"，乃是一种轻微肾炎。西药并不是不能医，但很难求速效，所以他对于中医之用黄连和玉桂，觉得很有道理。但他对于手术善后问题，向我下很严重的警告。他说割掉一个肾，情节很是重大，必须俟左肾慢慢生长，长到大能完全兼代右肾的权能，才算复原。他说"当这内部生理大变化时期中（一种革命的变化），左肾极吃力，极辛苦，极娇嫩，易出毛病，非十分小心保护不可。惟一的戒令，是节劳一切工作，最多只能做从前一半，吃东西要清淡些"等等。我问他什么时候才能生长完成？他说"没有一定，要看本来体气强弱及保养得宜与否，但在普通体气的人，总要一年"云云。他叫我每星期验一回小便（不管色红与否），验一回血压，随时报告他，再经半年才可放心云云。连德这番话，我听着很高兴。我从前很想知道右肾实在有病没有，若右肾实有病，那么不是便血的原因，便是便血的结果。既割掉而血不止，当然不是原因了，若是结果，便更可怕，万一再流血一两年，左肾也得同样结果，岂不糟吗？我屡次探协和确实消息，他们为护短起见，总说右肾是有病（部分腐坏），现在连德才证明他们的谎话了。我却真放心了，所以连德忠告我的话，我总努力自己节制自己，一切依他而行（一切劳作比前折半）。

　　但最近于清华以外，忽然又发生一件职务，令我欲谢而不能，又已经答应了。这件事因为这回法权会议的结果，意外良好，各国代表的共同报告书，已承诺撤回领事裁判权，只等我们分区实行。但我们却有点着急了，不能不加工努力。现在为切实预备计，立刻要办两件事：一是继续修订法律，赶紧颁布；二是培养司法人才，预备"审洋鬼子"。头一件要王亮俦担任。第二件要我担任（名曰司法储才馆）。我入京前一礼拜，亮俦和罗钧任几次来信来电话，催我入京。我到京一下车，他们两个便跑来南长街，不由分说，责以大义，要我立刻允诺。这件事关系如此重大，全国人渴望已非一日，我还有什么话可以推辞，当下便答应了。现在只等法权会议签字后（本礼拜签字），便发表开办了。经费呢，每月有万余元，确实收入可以，不必操心（在关税项下每年拨十万元，学费收入约四万元）。但创办一学校事情何等烦重，在静养中当然是很不相宜，但机会迫在目前，责任压在肩上，有何法逃避呢？好在我向来办事专在"求好副手"上用功夫，我现在已得着一个人替我全权办理，这个人我提出来，亮俦、钧任们都拍手，谅来你们听见也大拍手。其人为谁？林宰平便是。他是司法部的老司长，法学湛深，才具开展，心思致密，这是人人共知的。他和我的关系，与蒋百里、蹇季常相仿佛，他对于我委托的事，其万分忠实，自无待言。储才馆这件事，他也认为必要的急务，我的身体要静养，又是他所强硬主张的（他屡主张我在清华停职一年），所以我找他出来，他简直无片词可以推托。政府原定章程，是"馆长总揽全馆事务"。我要求增设一副馆长，但宰平不肯居此名，结果改为学长兼教务长，你二叔当总务长兼会计。我用了这两个人，便可以"卧而治之"了。初办时教员、职员之聘任，当然要我筹划，现在亦已大略就绪。教员方面因为经费充足，兼之我平日交情关系，能网罗第一等人才，如王亮俦、刘崧生等皆来担任功课，将来一定声光很好。职员方面，初办时大大小小共用二十人内外，一面为事择人，一面为人择事，你十五舅和曼宣都用为秘书（月俸百六十元，一文不欠），乃至你姑丈（六十元津贴）及黑二爷（二十五元）都点缀到了。藻孙若愿意回北京，我也可以给他二百元的事去办（我比较撙节[1]地制成个预算，每月尚敷余三千至四千）。大概这件事我当初办时，虽不免一两月劳苦，以后便可以清闲了。你们听见了不必忧虑（这一两个月却工作不轻。研究院新生有三十余人，加以筹划此事，恐对于伍连德的话，须缓期实行）。

做首长的人，"劳于用人而逸于治事"，这句格言真有价值。我去年任图书馆长以来，得了李仲揆及袁守和任副馆长及图书部长，外面有范静生替我帮忙，我真是行所无事。我自从入医院后（从入德医院起），从没有到馆一天，忠忠是知道的。这回我入京到馆两个半钟头，他们把大半年办事的纪录和表册等给我看，我于半年多大大小小的事都了然了。真办得好，真对得我住！杨鼎甫、蒋慰堂二人从七月一日起到馆，他们在馆办了两个月事，兴高采烈，觉得全馆朝气盎然，为各机关所未有，虽然薪水微薄（每人每月百元），他们都高兴得很。我信得过宰平替我主持储才馆（亮俦在外面替我帮忙，也和范静生之在图书馆差不多），将来也是这样。

希哲升任智利的事，已和蔡耀堂面言，大约八九可成，或者这信到时已发表亦未可知（若未发表，却恐是无望了）。

思顺八月十三日信，昨日在清华收到。忠忠抵美的安电，王姨也从津带来，欣慰之至。正在我写这信的时候，想来你们姊弟五人正围着高谈阔论，不知多少快活哩。庄庄入美或留坎[2]问题，谅来已经决定，下次信可得报告了。

思永给思顺的信说"怕我因病而起的变态心理"，有这种事吗？何至如是！你们从我信上看到这种痕迹吗？我决不如是，忠忠在旁边看着是可以证明的。就令是有，经这回唐天如、伍连德诊视之后，心理也豁然一变了。你们大大放心罢。写得太多了，犯了连德的禁令了，再说罢。

九月十四日 爹爹

老白鼻天天说要到美国去，你们谁领他，我便贴四分邮票寄去。

---

[1] 撙节：节约、节省。撙，音 zǔn。

[2] 坎：全称"坎拿大"，即加拿大。

1926 年 9 月 26 日

致 孩子们 [1]

孩子们:

今日二叔寄来二十四日来电,嘱电汇学费六百元,今日星期,明晨即办(汇美金六百),大约须二十七八乃能收到也。

计日期,忠忠早已到 [2],你们姊弟兄妹想都欢会过,现在分途上学去了。这电大约是庄庄决定留美之结果,我看着很喜欢,但也有点惦念,喜欢是我的庄庄居然入大学了,惦念是她完全离开家庭,一个小女孩子孤孤零零怪可怜的。庄庄,你以后每月务须有一封回家来报告你日常生活情形,免得家人悬望。饮食最要当心,若有点不舒服,便立刻请医生,万不可惹出病来,交朋友最当谨慎,一切事都常常请姊姊哥哥们当顾问,我就放心了。

我这几天小便异常之清,大约病完全好了。伍连德叫我每星期验血压,前日已开始往验,验得一百十四度,极中和。一切可放心。

今日已由北院二号迁到一号。许多话下次再说。

九月二十六晚 爹爹

---

[1] 写给孩子们的信。思庄打算赴美国读书,梁启超并不多加干涉,只是关心与叮嘱:"庄庄,你以后每月务须有一封回家来报告你日常生活情形,免得家人悬望。"

[2] 按:1926 年 7 月思忠启程赴美留学,计日期,当已早到了。

1926 年 9 月 29 日

致 孩子们 [1]

孩子们：

今天从讲堂下来，接着一大堆信——坎拿大三封，内夹成、永、庄寄坎的好几封，庄庄由纽约来的一封，又前日接到思永来一封，忠忠由域多利 [2] 来的一封，令我喜欢得手舞足蹈。我骤然看见域多利的信封，很诧异！哪一个跑到域多利去呢？拆开一看，才知忠忠改道去先会姊姊。前接阿图和电说忠忠十一日到，我以为是到美境哩，谁知便是那天到阿图和！忠忠真占便宜，这回放洋，在家里欢天喜地的送他，比着两位哥哥，已经天渊之别了；到了那边，又分两回受欢迎，不知多少高兴。

我最喜欢的是庄庄居然进了大学了。尤其喜欢是看你们姊弟兄妹们来往信，看出那活泼样子。我原来有点怕庄庄性情太枯寂些，因为你妈妈素来管得太严；她又不大不小夹在中间，挨着我的时候不多——不能如老白鼻的两亲家那样——所以觉得欠活泼。这一来很显出青年的本色，我安慰极了。

回坎进大学，当然好极了。我前次信说赞成留美，不过怕顺儿们有迁调时，她太寂寞。其实这也不相干。满地可 [3] 我也到过，离坎京 [4] 极近，暂时我大大放心了。过得一两年，年纪更长大，当然不劳我挂念了。我很不愿意全家变成美国风。在坎毕业后往欧洲入研究院，是最好不过的。

---

[1] 写给孩子们的信。思庄决定放弃在美留学计划返回加拿大，在蒙特利尔麦基尔大学读书。梁启超得知此事十分高兴，并告知思庄在加拿大毕业后，希望她赴欧洲深造。梁启超希望儿女们感受不同国家的学风，学习不同国家的学问与知识。

[2] 域多利：即加拿大维多利亚。

[3] 满地可：即加拿大蒙特利尔。

[4] 坎京：即加拿大首都渥太华。

我的"赤祸"[1]大概可以扫除净尽了，最近已二十多天没有再发。实际上讲，自忠忠动身时，渐渐肃清，中间惟四姑死后发了一礼拜，初到清华发了三天（中秋日小发，但不甚，过一天便好），此外都是极好。今年我不编讲义（叫周传儒笔记，记得极好，你们在《周刊》上可以看见），工夫极轻松。每星期只上讲堂两点钟，在研究室接见学生五点钟（私宅不许人到）。我从来没有过这样清闲。我恪守伍连德的忠告，决意等半年后完全恢复，再行自由工作。

时局变化极剧，百里所处地位极困难，又极重要。他最得力的几个学生都在南边，蒋介石三番四覆拉拢他，而孙传芳又卑礼厚币，要仗他做握鹅毛扇的人。孙、蒋间所以久不决裂，都是由他斡旋。但蒋军侵入江西，逼人太甚（俄国人迫他如此），孙为自卫，不得不决裂。我们的熟人如丁在君、张君劢、刘厚生等，都在孙幕参与密勿，他们都主战，百里亦不能独立异，现在他已经和孙同往前敌去了。老师打学生（非寻常之师弟），岂非笑话？好在唐生智所当的是吴佩孚方面（京汉路上吴已经是问题外的人物），孙军当面接触的是蒋介石。这几天江西的战争，关系真重大。若孙败（百里当然跟着毁了），以后黄河以南便全是赤俄势力；若孙胜蒋败，以后便看百里手腕如何。百里的计划，是要把蒋、唐分开，蒋败后谋孙、唐联合。果能办到此着，便将开一斩（崭）新局面。国事大有可为，能成与否，不能不付诸气数了。

顺儿们窘到这样，可笑可怜，你们到底已经负债多少（看这情形，你们是博览会都看不成了）？这回八月节，使馆经费一文也发不出！将来恐亦无望，我实在有点替你们心焦！调任事一时更谈不到了（现在纯陷于无政府状态）。我想，还是勉强支持一两年（到必要时，我可以随时接济些），招呼招呼弟妹们，令我放心，一面令诸孙安定一点，好好的上学，往后看情形再说罢。

前所言司法储才馆事，现因政府搁浅，也暂时停顿，但此事为收回法

---

[1] 赤祸：指梁启超所患的尿血症。

权的主要预备，早晚终须办，现时只好小待。

小老白鼻今天该洗三[1]了。别人还不怎么，独有细婆，欢喜得连嘴都合不拢来。自从四姑的事情以后，细婆没有过笑容，这两天异常高兴，令我们也都安慰。

王姨产后经过极良好，不消远念。

老白鼻爱小弟弟爱到无以复加，隔几分钟就去摸一回，整天价说"背背驼驼他"。老白鼻新近又长进一种学问，昨日起阿时教他认五个字，今日居然完全记得。

你们大的都不在跟前，很有点感寂寞。现在就是阿时挨着我。我回到天津时，南开中学本来要请他当教习，月脩七十元，他倒很想去（他很想找点钱帮补姑丈）。我一来怕他学问太浅，交代不过，二来也要他跟着我，所以暂留他一年，明年也不能不让他去了。

九月二十九日 爹爹

1926 年 10 月 4 日

致 孩子们 [2]

孩子们：

我昨天做了一件极不愿意做之事——去替徐志摩证婚。他的新妇是王受庆[3]夫人，与志摩恋爱上，才和受庆离婚，实在是不道德之极。我屡次

---

[1] 洗三：中国传统诞生礼，婴儿出生第三日，举行祝贺仪式。

[2] 写给孩子们的信。前一日在北海画舫斋，徐志摩和陆小曼举行婚礼，梁启超作为他们的证婚人，在婚礼上却发表训词，教训二人一番。梁启超写信将此事告知儿女们，同时为徐志摩未来的婚姻生活担忧。

[3] 王受庆：即王赓（1895—1942），字受庆，民国时期高级军官，陆小曼前夫，也是梁启超的学生。

告诫志摩而无效。胡适之、张彭春苦苦为他说情，到底以姑息志摩之故，卒徇其请。我在礼堂演说一篇训词，大大教训一番，新人及满堂宾客无一不失色，此恐是中外古今所未闻之婚礼矣。今把训词稿子寄给你们一看。青年为感情冲动，不能节制，任意决破礼防的罗网，其实乃是自投苦恼的罗网，真是可痛！真是可怜！

徐志摩这个人其实聪明，我爱他不过，此次看着他陷于灭顶，还想救他出来，我也有一番苦心。老朋友们对于他这番举动，无不深恶痛绝，我想他若从此见摈于社会，固然自作自受，无可怨恨，但觉得这个人太可惜了，或者竟弄到自杀。我又看着他找得这样一个人做伴侣，怕他将来苦痛更无限，所以想对于那个人当头一棒，盼望他能有觉悟（但恐甚难），免致将来把志摩弄死，但恐不过是我极痴的婆心罢了。

闻张歆海近来也很堕落，日日只想做官（志摩却是很高洁，只是发了恋爱狂——变态心理——变态心理的犯罪），此外还有许多招物议之处，我也不愿多讲了。品性上不曾经过严格的训练，真是可怕。我因昨日的感触，专写这一封信给思成、徽音、思忠们看看。

十月四日 爹爹

附：徐志摩婚礼上的训词[1]

徐志摩！陆小曼！你们的生命，从前很经过些波澜，当中你们自己感受不少的痛苦！社会上对于你们还惹下不少的误解。这些痛苦和误解，当然有多半是别人给你们的；也许有小半由你们自招吧？别人给你们的，当然你们管不着；事过境迁之后，也可以无需再管。但是倘使有一部分是由你们自招吗，那，你们从今以后，真要有谨严深切的反省和勇猛精勤的悔悟——如何把苦痛根芽，划除净尽，免得过去的创痕，遇着机会，便为变

---

[1] 梁启超在徐志摩、陆小曼婚礼上的训词。后来训词还被梁启超裱成手卷交徐志摩保存，希望弟子能以此常常提醒自己。但徐志摩婚后生活更加糟糕。

态的再发，如何使社会上对我们误解的人，得着反证，知道从前的误解，真是误解。我想这一番工作，在今后你们的全生命中，很是必要。这种工作，全靠你们自己，任何相爱的人，都不能相助。这种工作，固然并不难，但也不十分容易，你们努力罢！

你们基于爱情，结为伴侣，这是再好不过的了。爱情神圣，我很承认；但是须知天下神圣之事，不止一端，爱情以外，还多着哩。一个人来这世界上一趟，住几十年，最少要对于全世界人类和文化，在万仞岸头添上一撮土。这便是人之所以为人之最神圣的意义和价值。徐志摩！你是有相当天才的人，父兄师友，对于你有无穷的期许，我要问你，两性爱情以外，还有你应该做的事情没有，从前因为你生命不得安定，父兄师友们对于你，虽一面很忧虑，却一面常常推情原谅，苦心调护，我要问你，你现在，算得着安定没有，我们从今日起，都要看你重新把坚强意志树立起，堂堂的做个人哩！你知道吗？陆小曼，你既已和志摩做伴侣，如何的积极地鼓舞他，做他应做的事业，我们对于你，有重大的期待和责备，你知道吗？就专以爱他而论，爱情的本体是神圣，谁也不能否认，但是如何才能令神圣的本体实现，这确在乎其人了。徐志摩！陆小曼！你们懂得爱情吗？你们真懂得爱情，我要等着你们继续不断的，把它体现出来。你们今日在此地，还请着许多亲友来，这番举动，到底有什么意义呢？这是我告诉你们对于爱情神，负有极严重的责任，你们至少对于我证婚人梁启超，负有极严重的责任，对于满堂观礼的亲友们，负有更严重的责任。你们请永远的郑重的记着吧！

徐志摩！陆小曼！你们听明白我这一番话没有？你们愿意领受我这一番话吗？你们能够时时刻刻记得起我这一番话吗？那么，很好！我替你们祝福！我盼望你们今生今世勿忘今日，我盼望你们从今以后的快乐和幸福常如今日。

1926 年 10 月 7 日

致 思 顺 [1]

顺儿：

九月七日、十日信收到，计发信第二日忠忠便到阿图和，你们姊弟相见，得到忠忠报告好消息，一切可以释然了。

我的信有令你们难过的话吗？谅来那几天忠忠正要动身，有点舍不得，又值那几天病最厉害（服天如药以前，小便觉有点窒塞），所以不知不觉有些感慨的话。其实，我这个人你们还不知道吗，我有什么看不开，小小的病何足以灰我的心？我现在早已兴会淋漓地做我应做的工作了，你们不信，只要问阿时便知道了。

我现在绝对的不要你回来，即使这点小病未愈也不相干，何况已经完好了呢！你回来除非全眷回来，不然隔那么远，你一心挂两路，总是不安。你不安，我当然也不安，何必呢！现在几个孙子已入学校，若没别的事，总令他们能多继续些时候才好。

我却不想你调别处，若调动就是回部补一个实缺参事，但不容易办到不（部中情形我不熟）？又不知你们愿意不？来信顺便告诉我一声。现在少川又回外部，本来智利事可以说话，但我也打算慢点再说（因为我根本不甚愿意你们远调），好在外交总长总离不少这几个人，随时可以说的。

我倒要问你一件事，一月前我在报纸上看见一段新闻，像是说明年要在加拿大开万国教育大会，不知确否？你可就近一查，若确，那时我决定要借这名目来一趟，看看我一大群心爱的孩子。你赶紧去查明，把时日先告诉我，等我好预备罢。

我现在新添了好些事情——司法储才馆和京师图书馆（去年将教育部之旧图书馆暂行退还不管，现在我又接过来），好在我有好副手替我办——

---

[1] 梁启超写给思顺的信。告诉思顺在自己肾脏手术出院以后，现早已全身心投入工作了，"小小病何足以灰我的心"，同时叫思顺不要回来看望他。

储才馆托给林宰平，你二叔帮他；旧图书馆托给罗孝高，何擎一帮他。我总其大成，并不劳苦我一天，还是在清华过我的舒服日子。

曾刚父年伯病剧，他的病和你妈妈一样，数月前已发，若早割尚可救，现在已溃破，痛苦万状，看情形还不能快去。我数日前去看他，联想起你妈妈的病状，伤感得很。他穷得可怜，我稍微送他的钱，一面劝他无须找医生白花钱了。

陈伯严老伯也患便血病，但他很痛苦，比我差多了。年纪太大（七十二了），怕不容易好。中年以后，亲友们死亡、疾病的消息常常络绎不绝，这也是无可奈何的事（伯严的病由酒得来，我病后把酒根本戒绝，总是最好的事）。

二叔和老白鼻说，把两个小妹妹换他的小弟弟，他答应了。回头忽然问："哪个小弟弟？"二叔说："你们这个。"他说："不，不，把七叔的小弟弟给你。"你们看他会打算盘吗？

十月七日 爹爹

1926 年 10 月 14 日

致 孩子们 [1]

孩子们：

忠忠到阿图和的信收到了。你们何以担心我的病担心到如此厉害，或者因我在北戴河那一个多月去信太少吗？或者我的信偶然多说几句话，你们神经过敏疑神疑鬼吗？但忠忠在家天天跟着我，难道还看不出我的样子

---

[1] 梁启超写给孩子们的信，告诉儿女们不要为他的病伤神，他并未受疾病太多影响。但实际梁启超自手术失败之后，一直受到疾病的摧残。

来，我心里何尝有不高兴呢？大抵我这个人太闲也是不行，现在每日有相当的工作，我越发精神焕发了。

美洲我是时时刻刻都想去的，但这一年内能否成行，仍是问题。因为新近兼兜揽着两件事——京师图书馆（重新接收过来）、司法储才馆都是创办，虽然有好帮手，不致甚劳，但初期规划仍是我的责任，我若远行，恐怕精神焕散，难有成绩，且等几个月后情形如何再说。又欲筹游费，总须借个名目，若自己养病玩耍，却不好向任何方面要钱，所以我很想打听明年的万国教育会是否开在阿图和，若是在暑假期间开，我无论如何总要想法来一趟的。

明日是重阳，我打算带着老白鼻去上坟，我今年还没有到过坟上哩！小老白鼻也很结实，他娘娘体子也很好。再过两礼拜，打算带着他回津一行。

十月十四日 爹爹

1926 年 12 月 10 日

致 思永 [1]

思永：

得十一月七日信，喜欢之极。李济之 [2] 现在山西（非陕西）乡下，正采掘得兴高采烈，我已立刻写信给他，告诉以你的志愿及条件，大约十日

---

[1] 写给思永的信。[1926 年 10 月山西省夏县西阴村进行田野考古发掘开始，此次发掘由清华国学研究院和美国弗利尔艺术馆共同组织，李济（时任清华国学院讲师，与梁启超同事）、袁复礼主持发掘工作。]当时思永在哈佛大学读考古学和人类学专业，并曾参与过印第安人遗址的发掘，梁启超希望思永参与这次考古发掘，通过发掘实践工作进一步锻炼自己的专业技能。

[2] 李济之：即李济（1896—1979），湖北钟祥人，中国现代考古学家、人类学家。

内外可有回信。我想他们没有不愿意的，只要能派你实在职务，得有实习机会，盘费、食住费等等都算不了什么大问题，家里景况，对于这点点钱还担任得起也。

你所问统计一类的资料，我有一部分可以回答你，一部分尚须问人。我现在忙极，要过十天半月后再回你，怕你悬望，先草草回此数行。

我近来真忙，本礼拜天天有讲演（城里的学生因学校开不了课，组织学术讲演会，免不了常去讲演），又著述之兴不可遏，已经动手执笔了（半月来已破戒，亲自动笔）。还有司法储才馆和国立图书馆都正在开办，越发忙得要命。最可喜者，旧病并未再发，有时睡眠不足，小便偶然带一点黄或粉红，只须醋睡一次，就立刻恢复了。因为忙，有好多天没有给你们信（只怕十天八天内还不得空），你这信看完后立刻转给姊姊她们，免得姊姊又因为不得信挂心。

十二月十日 爹爹

你娘娘身体很好，"小无名氏"非常之乖，食、睡、哭都有一定时候。细婆天天催要他的名字，我还不得空。

致 孩子们 [1]

孩子们：

寄去美金九十元做压岁钱，大孩子们每人十元，小孩子们共二十元，

---

[1] 写给孩子们的信。涉及生活多事，主要是他计划将新著《王阳明知行合一之教》印出后寄给儿女读。梁启超晚年看到现代学校缺乏人格修养的学问，学生精神无处寄托。他认为阳明的"知行合一""致良知"之教，是解决这些问题的良方，同样也是学界"独一无二之良药"。

可分领买糖吃去。

我近来因为病已痊愈，一切照常工作，渐渐忙起来了。新近著成一书，名曰《王阳明知行合一之教》，约四万余言，印出后寄给你们读。

前两礼拜几乎天天都有讲演，每次短者一点半钟，多者继续至三点钟，内中有北京学术讲演会所讲三次，地点在前众议院（法大第一院），听众充满全院（约四千人），在大冷天并无火炉（学校穷，生不起火），讲时要很大声，但我讲了几次，病并未发，可见是痊愈了。

前几天耶路大学[1]又有电报来，再送博士，请六月二十二到该校，电辞极恳切，已经覆电答应去了。你二叔不甚赞成，说还要写信问顺儿以那边详细情形，我想没有什么要紧的，只须不到唐人街（不到西部），不上杂碎馆，上落船时稍微注意，便够了。我实在想你们，想得很，借这机会来看你们一趟，最好不过，我如何肯把它轻轻放过。

时局变迁非常剧烈，百里联络孙、唐、蒋的计划全归失败，北洋军阀确已到末日了。将此麻木不仁的状态打破，总是好的，但将来起的变症如何，现在真不敢说了。

希哲的生活方向现真成了问题，北京政府看着是要塌了，使领经费绝对的不会有办法（顾少川虽然在那里打主意，我想都不会成功）。从前欠薪，恐怕也没甚希望，似此赔累下去，如何能久？若不能调到有收入的地方，便须另走一条路。国内混乱状态未知所极，生意是无从做起的。除非在海外想方法，此虽非一时立决之事。但不能不早为之备，请注意为幸。

去年，徽音有明年二月归国之说，不知现在已改变否？我想大可以不必。现在回来北京是无用的，徒增伤心，福州现亦在混乱时代，回来恐省亲之愿亦不易达到，何苦跋涉呢？只要学费勉强可以支持，等到和思成一齐归来最好。这句话我屡次写信都忘了，今补说。

思庄近来还常常想家吗？我看你的来信及你给姊姊的信最高兴。我最希望你特别注重法文，将来毕业后最少也留法一年，你愿意吗？

---

[1]　耶路大学：即耶鲁大学。

思忠来信叙述入学后情形，我和你娘娘都极高兴。你既学政治，那么进什么团体是免不了的，我一切不干涉你，但愿意你十分谨慎，须几经考量后方可加入。在加入前先把情形告诉我，我也可以做你的顾问。

思永回来的事，李济之尚未回信，听说他这回采掘很有所得，不久也要回京一次。

小老白鼻有了名字了，我看他的面孔很像大同的"同"字，就叫他做思同（胖的那脸成个正方形，眼孔小小的，连眉毛像一画，张开口像个口字），我不大理会他，比老白鼻那时候差多了。

十二月二十日 爹爹

1927 年

致 孩子们 [1]

孩子们：

今天总算我最近两个月来最清闲的日子，正在一个人坐在书房里拿着一部杜诗来吟哦。思顺十一月二十九、十二月四日，思成十二月一日的信，同时到了，真高兴。

今天是阳历年初二，又是星期，所有人大概都进城去了。我昨天才从城里回来。达达、司马懿、六六三天前已经来了。今天午饭后他们娘娘带他们去逛颐和园，老郭、曹五都跟去，现在只剩我和小白鼻看家。

写到这里，他们都回来了。满屋子立刻喧闹起来，和一秒钟以前成了两个世界。

你们十个人，刚刚一半在那边，一半在这边，在那边的一个个都大模大样，在这边的都是"小不点点"，真是有趣。

---

[1] 写给孩子们的信。当时社会时局动荡、谋生艰难。梁启超极力想办法解决家人们的经济和生计困难。由于司法储才馆开学、大学课业工作增加，梁启超又进入极为忙碌的工作状态。他认为自己身体已无碍。

　　相片看见了，很高兴。庄庄已经是个大孩子了，为什么没有戴眼镜？比从前漂亮得多。思永还是那样子。思成为什么这样瘦呢？像老了好些。思顺却像更年轻了。桂儿、瞻儿那幅不大清楚，不甚看得出来。小白鼻牵着冰车好玩极了，老白鼻绝对不肯把小儿子让给弟弟，和他商量半天，到底不肯，只肯把烂名士让出一半（老白鼻最怕爹爹去美国，比吃泻油还怕）。他把这小干儿子亲了几亲，连冰车一齐交给老郭替他"收收"了。

　　以下说些正经事。

　　思成信上说徽音二月间回国的事，我一月前已经有信提过这事，想已收到。徽音回家看她娘娘一趟，原是极应该的，我也不忍阻止，但以现在情形而论，福州附近很混乱，交通极不便，有好几位福建朋友们想回去也回不成。最近几个月中，总怕恢复原状的希望很少，若回来还是蹲在北京或上海，岂不更伤心吗？况且她的娘，屡次劝她不必回来，我想还是暂不回来的好。至于清华官费，若回来考，我想没有考不上的。过两天我也把招考章程叫他们寄去，但若打定主意不回来，则亦用不着了。

　　思永回国的事，现尚未得李济之回话。济之三日前已经由山西回到北京了，但我刚刚进城去，还没有见着他。他这回采掘大有所获，捆载了七十五箱东西回来，不久便在清华考古室（今年新成立）陈列起来了，这也是我们极高兴的一件事。思永的事，我本礼拜内准见着他，下次的信便有确答。

　　忠忠去法国的计划，关于经费这一点毫无问题，你只管预备着便是。

　　思顺们的生计前途，却真可忧虑，过几天我试和少川切实谈一回，但恐没有什么办法，因为使领经费据我看是绝望的，除非是调一个有收入的缺。

　　司法储才馆下礼拜便开馆，以后我真忙死了，每礼拜大概要有三天住城里。清华功课有增无减（因为清华寒假后兼行导师制，这是由各教授自愿的，我完全不理也可以，但我不肯如此。每教授担任指导学生十人，大学部学生要求受我指导者已十六人，我不好拒绝），又在燕京担任有钟点（燕京学生比清华多，他们那边师生热诚恳求我，也不好拒绝），真没有一刻空闲了。但我体子已完全复原，两个月来旧病完全不发，所以很放心工作去。

上月为北京学术讲演会作四次公开的讲演，讲坛在旧众议院，每次都是满座，连讲两三点钟，全场肃静无哗，每次都是距开讲前一两点钟已经人满。在大冷天气，火炉也开不起，而听众如此热诚，不能不令我感动。我常感觉我的工作，还不能报答社会上待我的恩惠。

我游美的意思还没有变更，现在正商量筹款，大约非有万金以上不够（美金五千），若想得出法子，定要来的，你们没有什么意见吧？

时局变迁极可忧，北军阀末日已到，不成问题了。北京政府命运谁也不敢做半年的保险，但一党专制的局面谁也不能往光明上看，尤其可怕者是利用工人鼓动工潮。现在从汉口、九江，大大小小铺子，十有九不能开张，车夫要和主人同桌吃饭（我想他们到了北京时，我除了为党派观念所逼，不能不亡命外，大约还可以勉强住下去，因为我们家里的工人老郭、老吴、曹五三位，大约还不至和我们捣乱，你二叔那边只怕非二叔亲自买菜，二婶亲自煮饭不可了），结果闹到中产阶级不能自存，而正当的工人也全部失业。放火容易救火难，党人们正不知如何以善其后也。现在军阀游魂尚在，我们殊不愿对党人宣战，待彼辈统一后，终不能不为多数人自由与彼辈一拼耳。

思顺们的留支似已寄到十一月，日内当再汇上七百五十元，由我先垫出两个月，暂救你们之急。

寄上些中国画给思永、忠忠、庄庄三人挂在书房。思成处来往的人，谅来多是美术家，不好的倒不好挂，只寄些影片，大率皆故宫所藏名迹也。

现在北京灾官[1]们可怜极了。因为我近来担任几件事，穷亲戚、穷朋友们稍微得点缀。十五舅处东拼西凑三件事，合得二百五十元（可以实得到手），勉强过得去。你妈妈最关心的是这件事，我不能不尽力设法。其余如杨鼎甫也在图书馆任职得百元，黑二爷（在储才馆）也得三十元（玉衡表叔也得六十元），许多人都望之若登仙了。七叔得百六十元，廷灿得

---

[1]　灾官：被辞退、失业的官员。

百元，和别人比较，其实都算过分了。

细婆近来心境渐好，精神亦健，是我们最高兴的事。现在细婆、七婶都住南长街，相处甚好，大约春暖后七叔或另租屋住。

老白鼻一天一天越得人爱，非常聪明，又非常听话，每天总逗我笑几场。他读了十几首唐诗，天天教他的老郭念，刚才他来告诉我说："老郭真笨，我教他念《少小离家》，他不会念，念成'乡音无改把猫摔'！"（他一面说一面抱着小猫就把那猫摔下地，惹得哄堂大笑）他念："两人对酌山花开，一杯一杯又一杯。我醉欲眠君且去，明朝有意抱琴来。"总要找一个人和他对酌，念到第三句便躺下，念到第四句便去抱一部书当琴弹。诸如此类每天趣话多着哩。

我打算寒假时到汤山住几天，好生休息，现在正打听那边安静不安静。我近来极少打牌，一个月打不到一次，这几天司马懿来了，倒过了几回桥。酒是久已一滴不入口，虽宴会席上有极好的酒，看着也不动心。写字倒是短不了，近一个月来少些，因为忙得没有工夫。

十六年一月二日 爹爹

1927 年 1 月 10 日

致 思永 [1]

思永读：

今天李济之回到清华，我给他商量你归国事宜，那封信也是昨天从山西打回头他才接着，怪不得许久没有回信。

---

[1] 写给思永的信。此日，虽然思永无法赶上已经结束的山西考古发掘工作。但梁启超依旧希望儿子回国参与相关领域的科研活动。对于称赞思永是"中国第一位考古专门学者"的说法，梁启超既欣喜又惶恐，故叮嘱思永努力用功，更要对得起这一名誉。

他把那七十六箱成绩平平安安运到本校，陆续打开，陈列在我们新设的考古室了。今天晚上他和袁复礼（是他同伴，学地质学的）在研究院茶话会里头做长篇的报告演说，虽以我们门外汉听了，也深感兴味。他们演说里头还带着讲"他们两个人都是半路出家的考古学者（济之是学人类学的），真正专门研究考古学的人还在美国——梁先生之公子"。我听了替你高兴又替你惶恐，你将来如何才能当得起"中国第一位考古专门学者"这个名誉，总要非常努力才好。

他们这回意外的成绩，真令我高兴。他们所发掘者是新石器时代的石层，地点在夏朝都城——安邑的附近一个村庄，发掘得的东西略分为三大部分：（一）陶器，（二）石器，（三）骨器。此外，他们最得意的是得着半个蚕茧，证明在石器时代已经会制丝。其中陶器花纹问题最复杂，这几年来（民国九年以后），瑞典人安迪生在甘肃、奉天发掘的这类花纹的陶器，力倡中国文化西来之说，自经这回的发掘，他们想翻这个案。

最高兴的是，这回所得的东西完全归我们所有（中华民国的东西暂陈设在清华），美国人不能搬出去，将来即以清华为研究的机关，只要把研究结果报告美国那学术团体便是，这是济之的外交手段高强，也是因为美国代表人卑士波到中国三年无从进行（他初到时我还请他吃过一顿饭），最后非在这种条件之下和我们合作不可，所以只得依我们了。这回我们也很费点事，头一次去算是失败了（我曾有两封信给阎锡山，此外还有好几位的信），第二次居然得意外的成功（听说美国国务总理还有电报来贺卑士波成功哩）。

他们所看定采掘的地方，开方八百亩，已经采掘的只有三分——一亩十分之三——竟自得了七十六箱，倘若全部掘完，只怕故宫各殿的全部都不够陈列了。以考古学家眼光看，中国遍地皆黄金，可惜没有人会捡，真是不错。

关于你回国一年的事情，今天已经和济之仔细商量。他说可采掘的地方是多极了，但是时局不靖，几乎寸步难行，不敢保今年秋间能否一定有机会出去，即如山西这个地方，本来可继续采掘，但几个月后变迁如何，谁也不敢说。还有一层，采掘如开矿一样，假使另觅一个新地方的话，也许失败，白费几个月工夫，毫无所得。你老远跑回来，或者会令你失望。但是有一样，现在所掘得七十六箱东西，整理研究便须莫大的工作，你回来后看时局如何（还有安迪生所掘得的有一部分放在地质调查所中，也要整理），若可以出去，他便约你结伴，若不能出去，你便在清华帮他整理研究（跟着李、袁两人同做工作，一定很有益）。两者任居其一也，断不至白费这一年光阴云云，你的意思如何？据我看是很好的，回来后若不能出去，除在清华做这种工作外，我还可以介绍你去请教几位金石家，把中国考古学的常识弄丰富一点，再往美两年，往欧一两年，一定益处更多（城里头几个博物院你除看过武英殿外，故宫博物院、历史博物馆都是新近成立或发展的，回来实地研究所益亦多）。

关于美国团体出川资或薪水这一点，我和济之商量，不提为是。因为这回和他们订的条件是他们出钱我们出力，东西却是全归我们所有。所以这两次出去一切费用由他们担任，惟济之及袁复礼却是领学校薪俸，不是他们的雇佣，将来我们利用他这个机关的日子正长（这机关钱极多，济之说他的名字，我不懂英文，写不出来），犯不着贬低身份，受他薪水，别人且然，何况你是我的孩子呢？只要你决定回来，这点来往盘费，家里还拿得出，我等你回信便立刻汇去。

至于回来后，若出去便用他的费用，若在清华便在家里吃饭，更不成问题了。

我们散会已经十一点钟。这封信第二页以下都是点洋蜡写的，我因为极高兴，写完了才睡觉，别的事都改日再说罢。

济之说要直接和你通信，已经把你的信封要去，想不日也到。

十六年一月十日 爹爹

老白鼻这几天闹牙痛，娘娘昨天带他到北京拔了一个牙，只怕还要拔第二个，好不令人心疼。

使领经费或者有点办法，替思顺稍微放心一点。

1927 年 1 月 27 日

致 孩子们 [1]

孩子们：

昨天正寄去一封长信，今日又接到思顺十二月二十七日（内夹成、永信）、思忠二十二日信。前几天正叫银行待金价稍落时汇五百金去，至今未汇出，得信后立刻叫电汇，大概总赶得上交学费了。

寄留支事已汇去三个月的七百五十元，想早已收到。

调新加坡事倒可以商量，等我打听情形后再说罢。调智利事幸亏没有办到，不然才到任便裁缺，那才狼狈呢！大抵凡关于个人利害的事只是"随缘"最好，若勉强倒会出岔子。希哲调新加坡时，若不强留那一年，或者现在还在新加坡任上，也未可知。这种虽是过去的事，然而经一事长一智，正可作为龟鉴。所以我也不想多替你们强求。若这回二五附加税项下使领经费能够有着落，便在冷僻地方——人所不争的多蹲一两年也未始不好。顺儿着急和愁闷是不对的，到没有办法时卷起铺盖回国，既已打定这个主意，便可心安理得。凡着急愁闷无济于事者，便不值得急它愁它，我向来对于个人境遇都是如此看法。顺儿受我教育多年，何故临事反不得力，可见是平日学问没有到家。你小时候虽然也跟着爹妈吃过点苦，但太小了，全然不懂。及到长大以来，境遇未免太顺了。现在这种困难境遇，正是磨练身心最好机会，在你全生涯中不容易碰着的，你要多谢上帝玉成的厚意，在这个档口做到"不改其乐"的功夫，才不愧为爹爹最心爱的孩子哩。

---

[1] 写给孩子们的信（略有删节）。其中重要内容是教导思顺更好地看待周希哲调动事件，认为思顺不应为希哲调动事过分着急和愁闷。在梁启超看来，眼下的困难境遇，正是磨练自己身心的最好机会。

忠忠的信很可爱，说的话很有见地，我在今日若还不理会政治，实是对不起国家，对不起自己的良心。不过出面打起旗帜，时机还早，只有秘密预备便是。我现在担任这些事业，也靠着它可以多养活几个人才（内中固然有亲戚故旧，勉强招呼不以人才为标准者）。近来多在学校演说，多接见学生，也是为此——虽然你娘娘为我的身子天天唠叨我，我还是要这样干——中国病太深了，症候天天变，每变一症，病深一度，将来能否在我们手上救活转来，真不敢说。但国家生命、民族生命总是永久的（比个人长的），我们总是做我们责任内的事，成效如何，自己能否看见，都不必管。

庄庄很乖，你的法文居然赶过四哥了，将来我还要看你的历史学等赶过三哥呢。

思永的字真难认识，我每看你的信，都很费神，你将来回国跟着我，非逼着你写一年九宫格不可。

达达昨日入协和，明日才开刀，大概要在协和过年了。我拟带着司马懿、六六们在清华过年（先令他们向你妈妈相片拜年），元旦日才入城，向祖宗拜年，过年后打算去汤山住一礼拜，因为近日太劳碌了，寒假后开学恐更甚。

每天老白鼻总来搅局几次，是我最好的休息机会（他又来了，又要写信给亲家了）。

我游美的事你们意见如何？我现在仍是无可无不可，朋友们却反对得厉害。

一月二十七日 旧历十二月二十四日 爹爹

1927 年 2 月 10 日

致 思 庄 [1]

　　前信未写完，昨天又接到思顺一月四日、八日两信，庄庄一月四日信，趁现在空闲，一总回信多谈些罢。

　　庄庄功课样样及格，而且副校长很夸奖她，我听见真高兴。就是你姊姊快要离开加拿大，我有点舍不得你独自一人在那边，好在你已成了大孩子了，我一切都放心。你去年的钱用得很省俭，也足见你十分谨慎。但是我不愿意你们太过刻苦，你们既已都是很规矩的孩子，不会乱花钱，那么便不必太苦，反变成寒酸。你赶紧把你预算开来罢！一切不妨预备松动些，暑假中到美国旅行和哥哥们会面是必要的。你总把这笔费开在里头便是，年前汇了五百金去，尚缺多少？我接到信立刻便汇去。

　　张君劢愿意就你们学校的教职，我已经有电给姊姊了，他大概暑期前准到。他的夫人是你们世姊妹，姊姊走了，她来也和自己姊妹差不多。这是我最替庄庄高兴的事。却是你要做衣服以及要什么东西，赶紧写信来，我托她多多的给你带去。

　　思顺调新加坡的事，我明天进城便立刻和顾少川说去，若现任人没有什么特别要留的理由，大概可望成功吧。成与不成，此信到时当已揭晓了。使领经费仍不见靠得住，因为二五附加税问题很复杂，恐怕政府未必能有钱到手。你们能够调任一两年，弥补亏空，未尝不好。至于调任后，有无风波谁也不敢说，只好再看罢。

以上二月十日写

---

[1] 写给孩子们的信中给思庄的部分。思庄留学期间十分勤奋刻苦，并且非常节俭。虽然梁启超要儿女们平常要养成吃苦耐劳、勤奋刻苦的精神，但又认为生活不必太过艰苦，不然反成寒酸。可见梁启超十分疼爱女儿。

致 孩子们 [1]

思成和思永同走一条路，将来互得联络观摩之益，真是再好没有了。思成来信问有用无用之别，这个问题很容易解答，试问唐开元、天宝间李白、杜甫与姚崇、宋璟比较，其贡献于国家者孰多？为中国文化史及全人类文化史起见，姚、宋之有无，算不得什么事，若没有了李、杜，试问历史减色多少呢？我也并不是要人人都做李、杜，不做姚、宋。要之，要各人自审其性之所近何如，人人发挥其个性之特长，以靖献[2] 于社会，人才经济莫过于此。思成所当自策厉者，惧不能为我国美术界作李、杜耳。如其能之，则开元、天宝间时局之小小安危，算什么呢？你还是保持这两三年来的态度，埋头埋脑做去便对了。

你（按：指思成）觉得自己天才[3] 不能副你的理想，又觉得这几年专做呆板功夫，生怕会变成画匠。你有这种感觉，便是你的学问在这时期内将发生进步的特征，我听见倒喜欢极了。孟子说："能与人规矩，不能使人巧。"凡学校所教与所学总不外规矩方面的事，若巧则要离了学校方能发见。规矩不过求巧的一种工具，然而终不能不以此为教、以此为学者，正以能巧之人，习熟规矩后，乃愈益其巧耳（不能巧者，依着规矩可以无大过）。你的天才到底怎么样，我想你自己现在也未能测定，因为终日在师长指定的范围与条件内用功，还没有自由发挥自己性灵的余地。况且凡一位大文学家、大美术家之成就，常常还要许多环境以及附带学问的帮助。中国先辈屡说要"读万卷书，行万里路"。你两三年来蛰居于一个学校的

---

[1] 写给孩子们的信。主要是教导思成、思永、思忠如何为学。对于困惑思成的成就问题，梁启超认为现在不必担心，只要尽能力学习即可。同时以曾国藩"莫问收获，但问耕耘"来勉励子女。

[2] 靖献：奉献。靖，恭敬。

[3] 天才：此处指天分。

图案室之小天地中，许多潜伏的机能如何便会发育出来？即如此次你到波士顿一趟，便发生许多刺激，区区波士顿算得什么，比起欧洲来真是"河伯"之与"海若"，若和自然界的崇高伟丽之美相比，那更不及万分之一了。然而令你触发者已经如此，将来你学成之后，常常找机会转变自己的环境，扩大自己的眼界和胸次，到那时候或者天才会爆发出来，今尚非其时也。今在学校中只有把应学的规矩，尽量学足，不惟如此，将来到欧洲回中国，所有未学的规矩也还须补学，这种工作乃为一生历程所必须经过的，而且有天才的人绝不会因此而阻抑他的天才，你千万别要对此而生厌倦，一厌倦即退步矣。至于将来能否大成，大成到怎么程度，当然还是以天才为之分限。我生平最服膺曾文正两句话："莫问收获，但问耕耘。"将来成就如何，现在想他则甚？着急他则甚？一面不可骄盈自慢，一面又不可怯弱自馁，尽自己能力做去，做到哪里是哪里，如此则可以无入而不自得，而于社会亦总有多少贡献。我一生学问得力专在此一点，我盼望你们都能应用我这点精神。

思永回来一年的话怎么样？主意有变更没有？刚才李济之来说，前次你所希望的已经和毕士卜谈过，他很高兴，已经有信去波士顿博物院，一位先生名罗治者和你接洽，你见面后所谈如何可即回信告我。现在又有一帮瑞典考古学家要大举往新疆发掘了，你将来学成归国，机会多着呢！

忠忠会自己格外用功，而且埋头埋脑不管别的事，好极，好极。姊姊、哥哥们都有信来夸你，我和你娘娘都极喜欢。西点[1]事三日前已经请曹校长再发一电给施公使，未知如何，只得尽了人事后听其自然。你既走军事和政治那条路，团体的联络是少不得的，但也不必忙，在求学时期内，暂且不以此分心也是好的。

旧历新年期内，我着实玩了几天。许久没有打牌了，这次一连打了三天也很觉有兴。本来想去汤山，因达达受手术，他娘娘离不开，也没有去成。

昨日清华已经开学了，自此以后我更忙个不了，但精神健旺，一点不

---

[1] 西点：即西点军校，当时思忠准备入西点军校留学。

觉得疲倦。虽然每遇过劳时，小便还带赤化，但既与健康无关，绝对的不管它便是了。

阿时已到南开教书。北院一号只有我和王姨带着两个白鼻住着，清静得很。

相片分寄你们，都收到没有？还有第二次照的呢，过几天再寄。

二月十六日 爹爹

思成信上讲钟某的事，很奇怪。现在尚想不着门路去访查，若能得之，则图书馆定当想法购取也。

Lodge 此人为美国参议院前外交委员长之子，现任波士顿博物院采集部长。关于考大学事拟与思永有所接洽。毕士卜已有信致彼，思永或可直往访之。

1927年2月28日、3月1日

致 孩子们 [1]

孩子们：

今年还是过旧历的生日（因为那天是星期），在城里热闹一两天，今日（旧正月二十七）才回到清华。却是这两天有点小小的不幸，小白鼻病得甚危险，这全然为日本医生所误，小白鼻种痘后有点着凉不舒服，已经几天了，二十五日早上同仁医院医生看过，还说绝不要紧（许是吃的药错了，早上还好好的），到晚上十一点钟时病转剧，电召克礼来，已说太迟了，恐怕保不住，连夜由王姨带去医院住，打了无数的药针来"争命"，能否

---

[1] 写给孩子们的信。其中主要涉及梁启超对于国家政治责任的承担。此时他正从参与实际的政治活动转向从学术领域，不仅发表政论时评，同时还撰写专著《先秦政治思想史》。

争得回来，尚不可知（但今天已比前天好得多了）。因此生日那天，王姨整天不在家，家里人都有些着急不欢的样子（细婆最甚，因为她特别喜欢小白鼻），今日王姨也未回清华，倘若有救，怕王姨还要在城里住一两礼拜才行哩。

我在百忙中还打了两天牌，十四、十五舅，姑丈们在一块儿玩很有趣，但我并没有吃酒，近一年来我的酒真算戒绝了，看着人吃，并不垂涎。

过两天细婆、二婶、大姑们要请我吃乡下菜，各人亲自下厨房，每人做两样，绝对不许厨子动手，菜单已开好出来了，真有趣。本来预备今日做，一因我在学校有功课，定要回来，二因王姨没有心神，已改到星期五了（今日是星期一），只要那时小白鼻病好，便更热闹了。

回来接着思顺一月二十六、忠忠一月十九的信，和庄庄一月十一日给阿时的信，知道压岁钱已收到了。前几个月我记得有过些时候因功课太忙，许久没有信给你们（难怪你们记挂），最近一两个月来信却像是很多，谅来早已放心了。总之，我体子是好极了，近来精神尤为旺盛，倘使偶然去信少些，也不过是因为忙的缘故，你们万不可以胡猜。

使领经费有无着落，还要看一个月方能定，前信说向外国银行借垫，由外交部承认的办法，希哲可以办到不？目前除此恐无他法。

君劢可以就坎大学之聘，我曾有电报告，并问两事：一问所授科目（君劢意欲授中国哲学），二问有中国书籍没有，若没有请汇万元来买（华银）。该电发去半月以上了，我还把回电的（十个字）电费都付过，至今尚未得回电，不知何故。

忠忠信上说的话很对，我断不至于在这个档口出来做什么政治活动，亲戚朋友们也并没有哪个怂恿我，你们可以大大放心。但中国现在政治前途，像我这样一个人，绝对的消极旁观，总不是一回事，非独良心所不许，事势亦不容如此。我已经立定主意，于最近期间内发表我政治上全部的具体主张，现在先在清华讲堂上讲起，分经济制度问题、政治组织问题、社会组织问题、教育问题四项。每礼拜一晚在旧礼堂讲演，已经讲过两回，今日赶回学校，也专为此。以这两回听讲情形而论，像还很好。第二次比前一次听众增加，内中国民党员乃至共产党员听了像都首肯（研究院便有共产党二人，国民党七八人）。现在同学颇有人想自组织一精神最紧密之团体（周传儒、方壮猷[1] 等），一面讲学，一面做政治运动，我只好听他们做去再看。我想忠忠听着这话最高兴了。

庄庄给时姊的信（时姊去南开教书了），娘娘看见了很高兴。娘娘最记挂的是你，我前些日子和她说笑话，你们学校要请我教书，我愿意带着她和老白鼻们去，把达达们放在家里怎么样？他说很愿意去一年看看你，却是老郭听着着急到了不得，因为舍不得离开老白鼻，真是好笑。

从讲堂下来，不想用心，胡乱和你们谈几句天，便睡觉去了。

二月二十八日 旧正月二十七日 晚十一时 爹爹

今天打电话往城里问小白鼻的病，转剧，恐怕不会好，只得听其自然。

三月一日下午

1927年3月9日
致 孩子们 [2]

孩子们：

有件小小的不幸的事情报告你们，那小同同 [3] 已经死了。他的病是肺炎，在医院住了六天，死得像很辛苦很可怜。这是近一个月来京、津间的

---

[1] 方壮猷（1902—1970）：历史学家，我国民族史和宋辽金元史专家。1923年考入北京师范大学，两年后入清华国学研究院，师从梁启超。

[2] 写给孩子们的信。此信主要是告诉儿女们思同得流行性肺炎死了，而大一点的思礼（老白鼻）因发现得早救过来了；此外是告诉他们目前国内时局的动乱，叫希哲先在国外找工作，思永也暂不要回国。然而，梁启超自己却不因外境而悲观，抱着"有一天做一天"主义的想法生活反而没有特别痛苦。

[3] 小同同：即思同，梁启超最小的儿子，又称"小白鼻"，1岁多即夭折。

流行病，听说因这病死的小孩，每天总有好几个，初起时不甚觉得重大，稍迟已无救了。同同大概被清华医生耽搁了三天（一起病已吃药，但并不对症），克礼来看时已是不行了。我倒没有什么伤感（几乎一点也没有，除却他病重时去看他，觉得不忍。我自始对于他便没有特别爱惜，不知何故），他娘娘在医院中连着五天五夜，几乎完全没有睡觉，辛苦憔悴极了。还好她还能达观，过两天身体以及心境都完全恢复了，你们不必担心。

当小同同病重时，老白鼻也犯同样的病，当时他在清华，他娘在城里，幸亏发现的早，立刻去医，也在德国医院住了四天，现在已经出院四天，完全安心了。克礼说若迟两天医也很危险哩。说起来也奇怪，据老郭说，那天晚上他做梦，梦见你们妈妈来骂他道："那小的已经不行了，老白鼻也危险，你还不赶紧抱他去看，走！走！快走！快走！"就这样的把他从睡梦里打起来了。他第二天来和我说（没有说做梦，这些梦话是他到京后和王姨说的），老白鼻夜里咳嗽得颇厉害，但是胃口很好，出恭很好，谅来没什么要紧罢（本来因为北京空气不好，南长街孩子太多，不愿意他在那边住，所以把他带回清华）。我叫到清华医院看，也说绝不要紧，到底有点不放心，那天我本来要进城，于是把他带去，谁知克礼一看，说正是现在流行最危险的病，叫在医院住下。那天晚上小同便死了。他娘还带着老白鼻住院四天，现在总算安心了。你们都知道，我对于老白鼻非常之爱，倘使他有什么差池，我的刺激却太过了，老郭的梦虽然渺茫，但你妈妈在天之灵常常保护她一群心爱的孩子，也在情理之中。这回把老白鼻救转来，老郭一梦，实也功劳不小哩。

使领经费看着丝毫办法没有，真替思顺们着急，前信说在外国银行自行借垫，由外交部承认担保，这种办法希哲有方法办到吗？望速进行，若不能办到，恐怕除回国外无别路可走。但回国也很难，不惟没有饭吃，只怕连住的地方都没有。北京因连年兵灾，灾民在城圈里骤增十几万，一旦兵事有变动（看着变动很快，怕不能保半年），没有人维持秩序，恐怕京城里绝对不能住。天津租界也不见安稳得多少，因为洋鬼子的纸老虎已经戳穿，那里还能靠租界做避世桃源呢？现在武汉一带，中产阶级简直无生存之余地，你们回来又怎么样呢？所以我颇想希哲在外国找一件职业，暂行维持生活，过一两年再做道理，你们想想有职业可找吗？

前信颇主张思永暑期回国，据现在情形，还是不来的好，也许我就要亡命出去了。

这信上讲了好些悲观的话，你们别要以为我心境不好，我现在讲学正讲得起劲哩，每星期有五天讲演，其余办的事，也兴会淋漓，我总是抱着"有一天做一天"的主义（不是"得过且过"，却是"得做且做"），所以一样的活泼、愉快，谅来你们知道我的性格，不会替我担忧。

三月九日 爹爹

1927年3月21日
致 孩子们 [1]

孩子们：

今日正写起一封短信给思顺，尚未发，顺的二月十八、二十两封信同时到了，很喜欢。问外交部要房租的事，等我试问问顾少川有无办法，若得了此款，便能将就住一年倒很好，因为回国后什么地方能安居，很是渺茫。

今日下午消息很紧，恐怕北京的变化意外迅速，朋友们多劝我早为避地之计（上海那边如黄炎培及东南大学稳健教授都要逃难），因为暴烈分子定要和我过不去，是显而易见的。更恐北京有变后，京、津交通断绝，那时便欲避不能。我现在正在斟酌中。本来拟在学校放暑假前作一结束，现在怕等不到那时了。

在这种情形之下，思永回国问题当然再无商量之余地，把前议完全打

---

[1] 写给孩子们的信，主要是告知孩子们眼下现状混乱，全国各地闹革命、金融业破产，但他自己却是能吃得苦的人，随遇而安。

消罢。

再看一两星期怎么样，若风声加紧，我便先回天津；若天津秩序不乱，我也许可以安居，便屏弃百事，专用一两年工夫，做那《中国史》；若并此不能，那时再想方法。总是随遇而安，不必事前干着急。

南方最闹得糟的是两湖，比较好的是浙江。将来北方怕要蹈两湖覆辙，因为穷人太多了（浙江一般人生活状况还好，所以不容易赤化），我总感觉着全个北京将有大劫临头，所以思顺们立刻回来的事，也不敢十分主张。但天津之遭劫，总该稍迟而且稍轻。你们回来好在人不多，在津寓或可以勉强安居。

还有一种最可怕的现象——金融界破裂，我想这是免不了的事。很难挨过一年，若到那一天，全国中产阶级真都要饿死了。现在湖南确已到这种田地，试举一个例：蔡松坡家里的人已经饿饭了，现流寓在上海。他们并非有意与松坡为难（他们很优待他家），但买下那几亩田没有人耕，迫着要在外边叫化[1]，别的人更不消说了。

恐怕北方不久也要学湖南榜样。

我本来想凑几个钱汇给思顺，替我存着，预备将来万一之需，但凑也凑不了多少，而且寄往远处，调用不便，现在打算存入花旗银行，做一两年维持生活之用（连兴业的透支可凑万元）。

这些话本来不想和你们多讲，但你们大概都有点见识，有点器量，谅来也不至因此而发愁着急，所以也不妨告诉你们。总之，我是挨得苦的人，你们都深知道全国人都在黑暗和艰难的境遇中，我当然也该如此（只有应该比别人加倍，因为我们平常比别人舒服加倍），所以这些事我满不在意，总是老守着我那"得做且做"主义，不惟没有烦恼，而且常时兴会淋漓。

电灯要灭了，睡觉去，再谈。

三月二十一晚 爹爹

---

[1] 叫化：乞讨。

1927 年 4 月 21 日、25 日、27 日

致 思永 [1]

（一）

永儿：

前两封信叫你不必回来，现在又要叫你回来了。因为瑞典学者斯温·哈丁——他在中亚细亚、西藏等地过了三十多年冒险生涯，谅来你也闻他名罢——组织一个团体往新疆考古，有十几位欧洲学者和学生同去，到中国已三个多月了。初时中国人反对他、抵制他——十几个学术团体曾联合发表宣言，清华研究院、国立图书馆也列名。但我自始即不主张这种极端排外举动——直到最近才决定和他合作，彼此契约。今天或明天可以签字了，中国方面有十人去——五位算是学者，余五位是学生，其中自然科学方面只有清华所派的一位教授袁复礼（他和李济之同去山西，我们研究院担任他这回旅行的经费，不用北京学术团体的钱）。去的人我是大大不满意的——我想为你的学问计，这是千载难逢的机会，若错过了，以后想自己跑新疆沙漠一趟，千难万难。因此要求把你加入去，自备资斧——因为犯不着和那些北京团体分这点钱（钱少得可怜）——今日正派人去和哈丁接洽，明后日可以回信，大约十有九可望成功的。他们的计划时间一年半到两年，研究范围本来是考古学、地质学、气象学三门。后来因为反对他们拿古物出境，结果考古学变成附庸，由中国人办，他们立于补助地位——能否成功，就要看袁君和你的努力了（其他的人都怕够不上）——

---

[1] 梁启超写给思永的三封信合而为一。4 月梁启超得到瑞典学者斯温·哈丁组织一个团体前往新疆沙漠考古的消息，他认为这是让二子向欧洲学者学习的绝佳机会，于是和哈丁联系，希望思永参加考古。但最后因为思永回国赶不上同行等原因，只好作罢。不过，梁启超仍希望思永回国参加李济主持的于山西考古的工作。此年暑假，思永回国担任清华助教。因时局的关系，思永无法到山西进行考古发掘，但他用约一年时间在清华整理挖掘材料，并撰写出获得同行高度称赞的研究报告。一年后，思永返哈佛大学继续求学。

我想你这回去，能够有大发见固属莫大之幸，即不然，跟着欧洲著名学者作一度冒险吃苦的旅行，学得许多科学的研究方法，也是于终身学问有大益的。所以我不肯把机会放过，要求将你加入。他们预定一个月内（大约须一个月后）便动身，你是没有法子赶得上同行了。但他们沿途尚有逗留，你从后面赶上去，就令赶不上第一站（迪化[1]），总可以赶得上第二站（哈密）——不同行当然是很麻烦的，但在迪化或哈密以东，我总可以托沿途地方官照料你——我明天入城和哈丁交涉妥洽，把路程日期计算清楚之后，也许由清华发电给监督处[2]及哈佛校长，要求把你提前放假。果尔，则此信到时，你或者已经动身了。若此信到时还未接有电报，那么或是事情有变动，或是可以等到放暑假才回来还赶得上，总之，你接到这封信时便赶紧预备罢！

　　我第二封信跟着就要来的（最多三天后），你若能成行——无论提前放假或暑假时来——大约到家只能住一两天便须立刻赶路。我和他们打听清楚，该预备什么东西，一切替你预备齐全，你回来除见见我和你娘娘及一二长辈，及上一上坟之外，恐怕一点不能耽搁了。我想你一定赞成我所替你决定的计划，而且很高兴吧！别的话下次再说。

四月二十一日 爹爹

　　这封信本来想直寄给你，因为怕电报先到，你已动身，故仍由姊姊处转。

（二）

永儿：

　　今日接你三月二十九日信。那两幅画你竟如此喜欢，很有点诧异，你喜欢送人，随便拿去送便是。

---

[1]　迪化：今乌鲁木齐。

[2]　监督处：指美国庚子赔款使用监督处。

昨天有一长信，寄给你姊姊那里转（说叫你去新疆做冒险考古的事业），想已收到。今日我和李济之、袁复礼两君商量，结果已经决定不发电报叫你提前放假了，却是还主张你暑假回国，理由略述如下：

新疆之游并没有取消，但无论如何你到底赶不上和大帮人同行，既赶不上，那么一个人赶路却困难极了。我要过几天和斯温·哈丁切实研究一番到底可能不可能，因为那边道路不靖，恐怕单独一人是绝对行不得的（要和盗贼、猛兽及气候作战）。

假使勉强可行，我还是愿意你冒险前去，但是也不必提前放假，因为他们在迪化很有耽搁，大概本年十月还在迪化（若赶得上同行，当然提前放假最好，既无论如何总赶不上，故不争一两个月）。你便放暑假回来——若还可以行的话——尽可以在十月前赶到迪化。

假使新疆不能去，你还是照三个月以前原定计划回来便是了，决不会白费你一年光阴，我中间有两封信，叫你终止回来的计划。因为时局剧变，怕下半年我不能住北京，连清华也有变动，怕你回来扑一个空，但据现在情形，北京也许有一年左右的时间可以苟安——我下半年再来清华与否却未定，这事另信再谈——而李济之再到山西采掘的计划亦已大略决定（总算决定了，因为经费所需不多，已有着落）。你本来的意思，不外想到外边采掘，回来时若能到新疆固好，不然即山西亦何尝不好呢。所以我还是主张你照依最初计划，一放暑假便立刻起程回来。

你若想买些东西需钱用时，问姊姊在庄庄学费内挪用些便是，我不久当再汇点钱到姊姊那里去。

这封信若到在前两天所寄那封之前，你看着一定莫名其妙。但不久你姊姊就会把前信寄到了。

你来信所讲的中国时局，大半是隔靴搔痒，不知真相，我过几天打算再写一封长信告诉你们。

四月二十五日 爹爹

你娘娘回天津去一个礼拜了，明天当回京，老白鼻的病全好了。

（三）

永儿：

这是第三封信，我很不愿意写的。因为要报告你以失望消息。

我今天会着斯温·哈丁了。他极高兴得你做同伴，然而事实上绝对办不到，因为他们三个礼拜内就动身了。你无论如何赶不上同行，然而单独行断断乎不可，从包头（京绥路终点）到哈密约摸要骑三个月骆驼。那条路大概自玄奘以后，没有单人独马走过的，这回这个冒险队，中外人连夫役合共六十一人，带机关枪一架，手枪二十多支，饶是这样，还要和那边的马贼疏通好，花了不少的保镖钱才能成行。你一人赶上去万万来不得的，哈丁说盼望你从西伯利亚铁路赶到迪化去。但这事谈何容易。无论钱要花得很多，而且中俄邦交已断，在俄国找护照也找不出。这事完全绝望了，令我白高兴几天（若早两个月发动，当然赶得上，但这并不是我怠慢，因为我们和哈丁的协定，昨天才签字，我在签字前五天已经打主意了，所以我并没有一点可懊悔处）。其实难怪，本来第一封信原是我一厢情愿的话，完全没有把实际情形研究清楚，你前后几天工夫连接我三封信，前头所讲的话立刻取消，你们谅也觉得好笑。不过，这也算是我替你们学问前途打算的一段历史。我这几天的热心计划和奔走，我希望在你将来学问的生涯中也得有相当的好印象。

这回失望并不必灰心，因为我和哈丁谈话的结果又得了新希望，他们这回大举旅行，我探问他的费用，也不过预备三十万元便够两年。这点钱我们中国也不至拿不出来。这回我们加入那团体原稍微带一点监督的意思——怕他们把古物偷运出境——也带有跟着学习的意思。所以我和袁复礼说情，他将这回作为我们独立探险考古的预备，细细留意那些地方可以采掘，而且学得些经验（采掘和旅行两种经验），预备第二次自己来，那时你或者够上当一员发起人也未可知哩！

这事既不成，李济之却是还盼望你回来和他合作。据他说，山西的希望也许比新疆还大，他这回所以不肯加入哈丁团体（本来我们清华要派他的），就因为舍不得山西。他说，无论如何今年总要出去。打算七月底就到山西，在那边等着你，所以我还是愿意你回来的，来不来请你斟酌罢，若回来要钱用可问姊姊要。既已不赶新疆的路，那么虽回来也不必赶忙了，还是卒业后从从容容、摇摇摆摆回来就是，我在北戴河等着你。

四月二十七日 爹爹

1927年5月5日

致 孩子们（节选）[1]

三个礼拜前，接忠忠信，商量回国，在我万千心事中又增加一重心事。我有好多天把这问题在我脑里盘旋。因为你要求我秘密，我尊重你的意思，在你二叔、你娘娘跟前也未提起，我回你的信也不由你姊姊那里转。但是关于你终身一件大事情，本来应该和你姊姊、哥哥们商量（因为你姊姊、哥哥不同别家，他们都是有程度的人）。现在得姊姊信，知道你有一部分秘密已经向姊姊吐露了，所以我就在这公信内把我替你打算的和盘说出，顺便等姊姊、哥哥们都替你筹划一下。

你想自己改造环境，吃苦冒险，这种精神是很值得夸奖的，我看见你信非常喜欢。你们谅来都知道，爹爹虽然是挚爱你们，却从不肯姑息溺爱，常常盼望你们在困苦危险中把人格力磨练出来。你看这回西域冒险旅行，我想你三哥加入，不知多少起劲，就这一件事也很可以证明你爹爹爱你们是如何的爱法了。所以我最初接你的信，倒有六七分赞成的意思，所费商量者，就只在投奔什么人——详情见前信，想早已收到——我当时回你信

---

[1] 梁启超写给孩子们的信中给思忠的部分。思忠认为自己目前处于舒服的环境中会消磨志气，所以希望归国参军以锻炼自己。梁启超则认为当时各路军阀火拼混战，左右两派也相互残杀，此时从军并不能锻炼自己并且无异于去送命。同时梁启超认为不该因环境的困苦或舒服而堕落，更应该锻炼自己的心志。

过后，我便立刻找蒋慰堂，叫他去商量白崇禧那里，又找林宰平商量李济深那里。你的秘密我就只告诉这两个人（前天季常来问起这事，我大吃一惊，连你二叔都不知道，他怎么会知道呢？原来是宰平告诉他，宰平也颇赞成）。现在都还没有回信——因为交通梗塞，通信极慢——但现在我主张已全变，绝对的反对你回来了。因为三个礼拜前情形不同，对他们还有相当的希望，觉得你到那边阅历一年总是好的。现在呢？对于白、陈[1]两人虽依然不绝望——假使你现在国内，也许我还相当的主张你去——但觉得老远跑回来一趟，太犯不着了。头一件，现在所谓北伐，已完全停顿，参加他们军队，不外是参加他们火拼，所为何来？第二件，自从党军发展之后，素质一天坏一天，现在已迥非前比。白崇禧军队算是极好的，到上海后纪律已大坏，人人都说远不如孙传芳军哩。跑进去不会有什么好东西学得来。第三件，他们正火拼得起劲——李济深在粤，一天内杀左派二千人，两湖那边杀右派也是一样的起劲——人人都有自危之心，你们跑进去，立刻便卷在这种危险旋涡中，危险固然不必避，但须有目的才犯得着冒险。像这样不分皂白切葱一般杀人，死了真报不出账来。冒险总不是这种冒法。这是我近来对于你的行止变更主张的理由，也许你自己亦已经变更了。我知道你当初的计划，是几经考虑才定的，并不是一时的冲动。但因为你在远，不知事实，当时几视党人为神圣，想参加进去，最少也认为是自己历练事情的唯一机会。这也难怪，北京的智识阶级，从教授到学生，纷纷南下者，几个月以前不知若干百千人，但他们大多数都极狼狈、极失望而归了。你若现成在中国，倒不妨去试一试（他们也一定有人欢迎你），长点眼识，但老远跑回来，在极懊丧、极狼狈中白费一年光阴，却太不值了。

　　至于你那种改造环境的计划，我始终是极端赞成的，早晚总要实行的，但不争在这一时。你说："照这样舒服几年下去，便会把人格送掉。"这是没出息的话！一个人若是在舒服的环境中会消磨志气，那么在困苦懊丧的环境中也一定会消磨志气。你看你爹爹困苦日子也过过多少，舒服日子

---

[1]　"陈"，疑"李"之误。

也经过多少，老是那样子，到底志气消磨了没有？——也许你们有时会感觉爹爹是怠惰了（我自己常常有这种警惧），不过你再转眼一看，一定会仍旧看清楚不是这样——我自己常常感觉我要拿自己做青年的人格模范，最少也要不愧做你们姊姊弟兄的模范。我又很相信我的孩子们，个个都会受我这种遗传和教训，不会因为环境的困苦或舒服而堕落的。你若有这种自信力，便"随遇而安"的做现在所该做的工作，将来绝不怕没地方、没有机会去历练，你放心罢。

你明年能进西点便进去，不能也没有什么可懊恼，进南部的"打人学校"也可，到日本也可，回来入黄埔也可（假使那时还有黄埔），我总尽力替你设法。就是明年不行，把政治经济学学得可以自信回来，再入哪个军队当排长，乃至当兵，我都赞成。但现在殊不必牺牲光阴，太勉强去干。所以无论宰平们回信如何，我都替你取消前议了。你试和姊姊、哥哥们切实商量，只怕也和我同一见解。

这封信前后经过十几天，才陆续写成，要说的语还不到十分之一。电灯久灭了，点着洋蜡，赶紧写成，明天又要进城去。

你们看这信，也该看出我近来生活情形的一斑了。我虽然为政治问题很绞些脑髓，却是我本来的工作并没有停。每礼拜四堂讲义都讲得极得意（因为《清华周刊》被党人把持，周传儒们不肯把讲义笔记给他们登载），每次总讲两点钟以上，又要看学生们成绩，每天写字时候仍极多。昨今两天给庄庄、桂儿写了两把小楷扇子，每天还和老白鼻玩得极热闹，陆续写给你们的信也真不少。你们可以想见爹爹精神何等健旺了。

五月五日 爹爹

1927年5月13日

致 思顺 [1]

顺儿：

我看见你近日来的信，很欣慰。你们缩小生活程度，暂在坎挨一两年，是最好的。你和希哲都是寒士家风出身，总不要坏自己家门本色，才能给孙子们以磨练人格的机会。生当乱世，要吃得苦，才能站得住（其实何止乱世为然）。一个人在物质上的享用，只要能维持着生命便够了。至于快乐与否，全不是物质上可以支配。能在困苦中求出快活，才真是会打算盘哩。何况你们并不算穷苦呢？拿你们（两个人）比你们的父母，已经舒服多少倍了，以后困苦日子，也许要比现在加多少倍，拿现在当作一种学校，慢慢磨练自己，真是最好不过的事，你们该感谢上帝。

你好几封信提小六还债事，我都没有答复。我想你们这笔债权只好算拉倒罢。小六现在上海，是靠向朋友借一块两块钱过日子，他不肯回京，即回京也没有法好想，他因为家庭不好，兴致索然，我怕这个人就此完了。除了他家庭特别关系以外，也是因中国政治太坏，政客的末路应该如此（八百猪仔，大概都同一命运吧）。古人说"择术不可不慎"，真是不错。但亦由于自己修养功夫太浅，所以立不住脚，假使我虽处他这种环境，也断不至像他样子。他还没有学下流，到底还算可爱，只是万分可怜罢了。

我们家几个大孩子大概都可以放心，你和思永大概绝无问题了。思成呢？我就怕因为徽音的境遇不好，把他牵动，忧伤憔悴是容易消磨人志气的（最怕是慢慢的磨）。即如目前因学费艰难，也足以磨人，但这是一时的现象，还不要紧，怕将来为日方长。我所忧虑者还不在物质上，全在精

---

[1] 写给思顺的信。思顺原本希望丈夫解决眼前家庭经济困难的问题，能通过调到更好的地方来提高收入，所以之前为调动工作之事烦心焦虑，但现在决定继续留在加拿大过苦日子。梁启超为女儿这样的想法感到很欣慰。他仍然依然强调子女要保持艰苦寒士家风，要在艰难困苦的环境中磨练人格。

神上。我到底不深知徽音胸襟如何，若胸襟窄狭的人，一定抵当不住忧伤憔悴，若忧伤憔悴影响到思成，便把我的思成毁了。你看不至于如此吧。关于这一点，你要常常帮助着思成注意预防。总要常常保持着元气淋漓[1]的气象，才有前途事业之可言。

思忠呢，最为活泼，但太年轻，血气未定，以现在情形而论，大概不会学下流（我们家孩子断不至下流，大概总可放心）。只怕进锐退速，受不起打击。他所择的术——政治、军事——又最含危险性，在中国现在社会做这种职业很容易堕落。即如他这次想回国，原是一种极有志气的举动，我也很夸奖他，但是发动得太孟浪[2]了。这种过度的热情，遇着冷水浇过来，就会抵不住。从前许多青年的堕落，都是为此。我对于他这种志气，不愿高压，所以只把事业上的利害慢慢和他解释，不知他听了如何？这种教育方法，很是困难，一面不可以打断他的勇气，一面又不可以听他走错了路（走错了本来没有什么要紧，聪明的人会回头另走，但修养功夫未够，也许便因挫折而堕落），所以我对于他还有好几年未得放心，你要就近常常察看情形，帮着我指导他。

今日没有功课，心境清闲得很，随便和你谈谈家常，很是快活，要睡觉了，改天再谈罢。

五月十三日 爹爹

你们的留支稍微迟点再寄去，因为汇去美金五千，此间已无余钱，谅来迟一两个月还不碍事吧。

---

[1] 元气淋漓：指人精神饱满，充满生命活力。元气，指人的精神与生命力的本原。

[2] 孟浪：鲁莽，轻率。

1927 年 5 月 26 日

致 孩子们 [1]

孩子们：

我近来寄你们的信真不少，你们来信亦还可以，只是思成的太少，好像两个多月没有信来了，令我好生放心不下。我很怕他感受什么精神上刺激苦痛，我以为一个人什么病都可医，惟有"悲观病"最不可医，悲观是腐蚀人心的最大毒菌。生当现在的中国人，悲观资料太多了。思成因有徽音的连带关系，徽音这种境遇尤其易趋悲观，所以我对思成格外放心不下。

关于思成毕业后的立身，我近几个月来颇有点盘算，姑且提出来供你们的参考——论理毕业后回来替祖国服务，是人人共有的道德责任。但以中国现情而论，在最近的将来，几年以内敢说绝无发展自己所学的余地，连我还不知道能在国内安居几时呢（并不论有没有党派关系，一般人都在又要逃命的境遇中）。你们回来有什么事可做呢？多少留学生回国后都在求生不能、求死不得的状态中，所以我想思成在这时候先打打主意，预备毕业后在美国找些职业，蹲三两年再说。这话像是"非爱国的"，其实也不然，你们若能于建筑美术上实有创造能力，开出一种"兼综中西"的宗派，就先在美国试验起来，若能成功，则发挥本国光荣，便是替祖国尽了无上义务。我想可以供你们试验的地方，只怕还在美国而不在中国。中国就令不遭遇这种时局，以现在社会经济状况论，哪里会有人拿出钱来做你们理想上的建筑呢？若美国的富豪在乡间（起平房的）别墅，你们若有本事替他做出一两所中国式最美的样子出来，以美国人的时髦流行性，或竟可以轰动一时，你们不惟可以解决生活问题，而且可以多得试验机会，令自己将来成一个大专门家，岂不是"一举而数善备"吗？这是我一个人如此胡

---

[1]　写给孩子们的信。此信主要内容是关心思成的精神状态、职业问题和婚姻问题。梁启超担心徽音因父亲身亡、家庭困顿而悲观，从而影响到思成的心理精神状态，他告诫思成惟有"悲观病"不可医，"悲观是腐蚀人心的最大毒菌"。

猜乱想，究竟容易办到与否，我不知那边情形，自然不能轻下判断，不过提出这个意见备你们参考罢了。

我原想你们毕业后回来结婚，过年把再出去。但看此情形（指的是官费满五年的毕业）你们毕业时我是否住在中国还不可知呢？所以现在便先提起这问题，或者今年暑假毕业时便准备试办也可以。

因此，连带想到一个问题，便是你们结婚问题。结婚当然是要回国来才是正办，但在这种乱世，国内不能安居既是实情。你们假使一两年内不能回国，倒是结婚后同居，彼此得个互助才方便，而且生活问题也比较的容易解决。所以，我颇想你们提前办理，但是否可行，全由你们自己定夺，我断不加丝毫干涉。但我认为这问题确有研究价值，请你们仔细商量定，回我话罢。

你们若认为可行，我想林家长亲也没有不愿意的，我便正式请媒人向林家求婚，务求不致失礼。那边事情有姊姊替我主办，和我亲到也差不多，或者我特地来美一趟也可以。

问题就在徽音想见她母亲，这样一来又暂时耽搁下去了，我实在替她难过。但在这种时局之下回国，既有种种困难，好在她母亲身体还康强，便迟三两年见面也还是一样，所以也不是没有商量的余地。

至于思永呢，情形有点不同。我还相当的主张他回来一年，为的是他要去山西考古。回来确有事业可做，他一个人跑回来便是要逃难也没有多大累赘。所以回来一趟也好，但回不回仍由他自决，我并没有绝对的主张。

学校讲课上礼拜已完了，但大考在即，看学生成绩非常之忙（今年成绩比去年多，比去年好）。我大约还有半个月才能离开学校，暑期住什么地方尚未定。旧病虽不时续发，但比前一个月好些，大概这病总是不要紧的，你们不必忧虑！

五月二十六日 爹爹

1927 年 6 月 14 日

致 孩子们 [1]

孩子们：

三个多月不得思成来信，正在天天悬念，今日忽然由费城打回头相片一包——系第一次所寄者（阴历新年），合家惊惶失措。当即发电坎京询问，谅一二日即得复电矣。你们须知你爹爹是最富于情感的人，对于你们的爱情，十二分热烈。你们无论功课若何忙迫，最少隔个把月总要来一封信，便几个字报报平安也好。你爹爹已经是上年纪的人，这几年来，国忧家难，重重叠叠，自己身体也不如前，你们在外边几个大孩子，总不要增加我的忧虑才好。

我本月初三离开清华，本想立刻回津，第二天得着王静安 [2] 先生自杀的噩耗，又复奔回清华，料理他的后事及研究院未完的首尾，直至初八才返到津寓。现在到津已将一星期了。

静安先生自杀的动机，如他遗嘱上所说："五十之年，只欠一死，遭此世变，义无再辱。"他平日对于时局的悲观，本极深刻。最近的刺激，则由两湖学者叶德辉、王葆心之被枪毙。叶平日为人本不自爱（学问却甚好），也还可说是有自取之道。王葆心是七十岁的老先生，在乡里德望甚重，只因通信有"此间是地狱"一语，被暴徒拽出，极端棰辱，卒致之死地。静公深痛之，故效屈子沉渊，一暝不复视。此公治学方法，极新极密，今年仅五十一岁，若再延寿十年，为中国学界发明，当不可限量。今竟为恶社会所杀，海内外识与不识莫不痛悼。研究院学生皆痛哭失声，我之受

---

[1] 写给孩子们的信。该月 2 日，王国维于颐和园中昆明湖鱼藻轩自沉，结束自己的生命。梁启超写信告诉孩子们此事，认为王国维的自杀的原因是对时局的悲观，故效仿屈原自沉。对于王氏的自杀，作为同事的梁启超是十分难过的，同时因为子女不在身边增添了对这一事的忧思。

[2] 王静安：即王国维（1877—1927），字静安，清华四大导师之一，梁启超同事，著名学者。

刺激更不待言了。

半月以来，京、津已入恐慌时代，亲友们颇有劝我避地日本者，但我极不欲往，因国势如此，见外人极难为情也。天津外兵云集，秩序大概无虞。昨遣人往询意[1]领事，据言意界必可与他界同一安全。既如此，则所防者不过暴徒对于个人之特别暗算。现已实行"闭门"二字，整日将外园铁门关锁，除少数亲友外，不接一杂宾，亦不出门一步，决可无虑也。

以上六月十四写

1927年8月29日

致 孩子们 [2]

孩子们：

一个多月没有写信，只怕把你们急坏了。

不写信的理由很简单，因为向来给你们的信总在晚上写的，今年热得要命，加以蚊子的群众运动比武汉民党还要利害，晚上不是在院子外头，就是在帐子里头，简直五六十晚没有挨着书桌子，自然没有写信的机会了。加以思永回来后，谅来他去信不少，我越发落得躲懒了。

关于忠忠学业的事情，我新近去过一封电，又思永有两封信详细商量，想早已收到。我的主张是叫他在威士康逊[3]把政治学告一段落，再回到本

---

[1] 意：指意大利，后面"意界"指意大利租界。

[2] 写给孩子们的信。信件内容是谈学问与生活的关系问题。梁启超认为儿女们所学专业不能太过专门，以致把生活弄得很单调，如此易生厌倦，厌倦再生苦恼，便是人生堕落的根源。例如他希望思成除了攻读其本专业建筑学以外，应该多学些常识，尤其是文学或人文科学中领域；对思庄则说除了学专门科学之外，还要学一两门娱乐性的学问，如音乐、文学、美术等。

[3] 威士康逊：即美国威斯康星大学。

国学陆军。因为美国决非学陆军之地，而且在军界活动，非在本国有些"同学系"的关系不可以，所以"打人学校"[1] 决不要进。至于国内何校最好，我在这一年内切实替你调查预备便是。

　　思成再留美一年，转学欧洲一年，然后归来最好。关于思成学业，我有点意见。思成所学太专门了，我愿意你趁毕业后一两年，分出点光阴多学些常识，尤其是文学或人文科学中之某部门，稍微多用点功夫。我怕你因所学太专门之故，把生活也弄成近于单调，太单调的生活，容易厌倦，厌倦即为苦恼，乃至堕落之根源。再者，一个人想要交友取益，或读书取益，也要方面稍多，才有接谈交换或开卷引进的机会。不独朋友而已，即如在家庭里头，像你有我这样一位爹爹，也属人生难逢的幸福。若你的学问兴味太过单调，将来也会和我相对词竭，不能领着我的教训，你全生活中本来应享的乐趣，也削减不少了。我是学问趣味方面极多的人，我之所以不能专精有成者在此，然而我的生活内容异常丰富，能够永久保持不厌不倦的精神，亦未始不在此。我每历若干时候，趣味转过新方面，便觉得像换个新生命，如朝旭升天，如新荷出水，我自觉这种生活是极可爱的，极有价值的。我虽不愿你们学我那泛滥无归的短处，但最少也想你们参采我那烂漫向荣的长处（这封信你们留着，也算我自作的小小像赞）。我这两年来对于我的思成，不知何故常常像有异兆的感觉，怕他渐渐会走入孤峭冷僻一路去。我希望你回来见我时，还我一个三四年前活泼有春气的孩子，我就心满意足了。这种境界，固然关系人格修养之全部，但学业上之熏染陶镕，影响亦非小。因为我们做学问的人，学业便占却全生活之主要部分。学业内容之充实扩大，与生命内容之充实扩大成正比例。所以我想医你的病，或预防你的病，不能不注意及此。这些话许久要和你讲，因为你没有毕业以前，要注重你的专门，不愿你分心，现在机会到了，不能不慎重和你说。你看了这信，意见如何（徽音意思如何）？无论校课如何忙迫，是

[1]　打人学校：指美国弗吉尼亚军事学院。因训练严格、体罚学生，被人称为"打人学校"。

必要回我一封稍长的信，令我安心。

你常常头痛，也是令我不能放心的一件事。你生来体气不如弟妹们强壮，自己便当自己格外撙节补救，若用力过猛，把将来一身健康的幸福削减去，这是何等不上算的事呀！前在费校[1]功课太重，也是无法，今年转校之后，务须稍变态度。我国古来先哲教人做学问方法，最重优游涵饮，使自得之。这句话以我几十年之经验结果，越看越觉得这话亲切有味。凡做学问总要"猛火熬"和"慢火炖"两种工作循环交互着用去。在慢火炖的时候，才能令所熬的起消化作用，融洽而实有诸己。思成，你已经熬过三年了，这一年正该用炖的工夫。不独于你身子有益，即为你的学业计，亦非如此不能得益。你务要听爹爹苦口良言。

庄庄在极难升级的大学中居然升级了，从年龄上你们姐妹弟兄们比较，你算是最早一个大学二年级生，你想爹爹听着多么欢喜。你今年还是普通科大学生，明年便要选定专门了，你现在打算选择没有？我想你们弟兄姊妹，到今还没有一个学自然科学，很是我们家里的憾事，不知道你性情到底近这方面不？我很想你以生物学为主科，因为它是现代最进步的自然科学，而且为哲学、社会学之主要基础，极有趣而不须粗重的工作，于女孩子极为合宜，学回来后本国的生物随在可以采集试验，容易有新发现。截到今日止，中国女子还没有人学这门（男子也很少），你来做一个"先登者"不好吗？还有一样，因为这门学问与一切人文科学有密切关系，你学成回来可以做爹爹一个大帮手，我将来许多著作，还要请你做顾问哩！不好吗？你自己若觉得性情还近，那么就选它，还选一两样和它有密切联络的学科以为辅。你们学校若有这门的好教授，便留校，否则在美国选一个最好的学校转去，姊姊、哥哥们当然会替你调查妥善，你自己想想定主意罢。

专门科学之外，还要选一两样关于自己娱乐的学问，如音乐、文学、美术等。据你三哥说，你近来看文学书不少，甚好，甚好。你本来有些音

---

[1]　费校：即位于费城的宾夕法尼亚大学。

乐天才，能够用点功，叫它发荣滋长最好。

姊姊来信说你因用功太过，不时有些病。你身子还好，我倒不十分担心。但做学问原不必太求猛进，像装罐头样子，塞得太多太急，不见得便会受益。我方才教训你二哥，说那"优游涵饮，使自得之"，那两句话，你还要记着受用才好。

你想家想极了，这本难怪，但日子过得极快，你看你三哥转眼已经回来了，再过三年你便变成一个学者回来帮着爹爹工作，多么快活呀！

思顺报告营业情形的信已到。以区区资本而获利如此其丰，实出意外，希哲不知费多少心血了。但他是一位闲不得的人，谅来不以为劳苦。永年保险押借款剩余之部及陆续归还之部，拟随时汇到你们那里经营。永年保险明年秋间便满期，现在借款认息八厘，打算索性不还他，到明年照扣便了。又国内股票公债等，如可出脱者（只要有人买），打算都卖去，欲再凑美金万元交你们（只怕不容易）。因为国内经济界全体破产即在目前，旧物只怕都成废纸了。

我们爷儿俩常打心电[1]，真是奇怪。给他们生日礼一事，我两月前已经和王姨谈过，写信时要说的话太多，竟忘记写去，谁知你又想起来了。耶稣诞我却从未想起。现在可依你来信办理。几个学生都照给他们压岁钱、生日礼、耶稣诞各二十元。桂儿姊弟压岁、耶稣各十元，你们两夫妇却只给压岁钱，别的都不给了，你们不说爹爹偏心吗？

我数日前因闹肚子，带着发热，闹了好几天，旧病也跟着发得利害。新病好了之后，唐天如替我制一药膏，方服了三天，旧病又好去大半了。现在天气已凉，人极舒服。

这几天几位万木草堂老同学韩树园、徐君勉、伍宪子都来这里共商南海[2]先生身后事宜，他家里真是八塌糊涂，没有办法。最糟的是他一

---

[1]　打心电：即所谓心灵感应。

[2]　南海：即康有为（1858—1927），广东南海人。

位女婿（三姑爷），南海生时已经种种捣鬼，连偷带骗，南海现在负债六七万，至少有一半算是欠他的（他串通外人来盘剥）。现在还是他在那里把持，二姨太是三小姐的生母，现在当家，惟女儿女婿之言是听，外人有什么办法。君勉任劳任怨想要整顿一下，便有"干涉内政"的谤言，只好置之不理。他那两位世兄和思忠、思庄同庚，现在还是一点事不懂（远不及达达、司马懿），活是两个傻大少（人当不坏，但是饭桶，将来亦怕变坏）。还有两位在家的小姐，将来不知被那三姑爷摆弄到什么结果，比起我们的周姑爷和你们弟兄姊妹，真成了两极端了。我真不解，像南海先生这样一个人，为什么全不会管教儿女，弄成这样局面。我们共同商议的结果，除了刊刻遗书由我们门生负责外，盼望能筹些款，由我们保管着，等到他家私花尽（现在还有房屋、书籍、字画等所值不少），能够稍微接济那两位傻大少及可怜的小姐，算稍尽点心罢了。

思成结婚事，他们两人商量最好的办法，我无不赞成。在这三几个月当先在国内举行庄重的聘礼，大约须在北京，林家由徽音的姑丈们代行，等商量好再报告你们。

福鬘来津住了几天，现在思永在京，他们当短不了时时见面。

达达们功课很忙，但他们做得兴高采烈，都很有进步。下半年都不进学校了，良庆（在南开中学当教员）给他们补些英文、算学，照此一年下去，也许抵得过学校里两年。

老白鼻越发好玩了。

爹爹 八月二十九日

两点钟了，不写了。

1927 年 10 月 29 日

致 孩子们 [1]

孩子们：

　　又像许久没有写信了，近一个月内连接顺、忠、庄好多信，独始终没有接到思成的，令我好生悬望。每逢你们三个人的信到时，总盼着一两天内该有思成的一封，但希望总是落空。今年已经过去十个月了，像仅得过思成两封信（最多三封），我最不放心的是他，偏是他老没有消息来安慰我一下。这两天又连得顺、忠的信了，不知三五天内可有成的影子来。

　　我自从出了协和，回到天津以来，每日在起居饮食上十二分注意，食品全由王姨亲手调理，睡眠总在八小时以上，心思当然不能绝对不用，但常常自己严加节制，大约每日写字时间最多，晚上总不做什么工作，"赤化"虽未能骤绝，但血压逐渐低下去，总算日起有功。

　　我给你们每人写了一幅字，写的都是近诗，还有余越园给你们每人写一幅画，都是极得意之作。正裱好付邮，邮局硬要拆开看，认为贵重美术品要课重税，只好不寄，替你们留在家中再说罢。别有扇子六把——希哲、思顺、思成、徽音、忠忠、庄庄各一。已经画好，一两天内便写成，即当寄去。

　　思成已到哈佛没有？徽音又转学何校？我至今未得消息，不胜怅望，你们既不愿意立即结婚，那么总以暂行分住两地为好，不然生理上、精神上或者都会发生若干不良的影响。这虽是我远地的幻想，或不免有点过忧，但这种推理也许不错，你们自己细细测验一下，当与我同一感想。

　　我在这里正商量替你们行庄重的聘礼，已和卓君庸[2]商定，大概他正去信福州，征求徽音母亲的意见，一两星期内当有回信了，届时或思永、

---

[1]　写给孩子的信。主要提到对于思成的婚事和思忠前途的考虑，因为思成近一年来信少。建议思成与徽音留学回国前先结婚，之后赴欧洲考察，然后再回国。同时建议思忠在新学校多磨练自己的德性，教导思忠不必担忧，年纪很轻，未来机会仍然很多。

[2]　卓君庸：卓定谋（1882—1965），字君庸。林长民的妹夫，林徽音的姑父。

福鬘的聘礼同时举行亦未可知。

成、徽结婚的早晚，我当然不干涉。但我总想你们回国之前，先在欧洲住一年或数月，因为你们学此一科，不到欧洲实地开开眼界是要不得的。回国后再作欧游，谈何容易，所以除了归途顺道之外，没有别的机会。既然如此，则必须结婚后方上大西洋的船，殆为一定不易的办法了。我想明年暑假后，你们也应该去欧洲了，赶紧商议好，等我替你们预备罢。

还有一段事，实不能不告诉你们——若现在北京主权者不换人，你们婚礼是不能在京举行的。理由不必多说，你们一想便知，若换人时恐怕也带着换青天白日旗。北京又非我们所能居了，所以恐怕到底不是你们结婚的地点。

忠忠到维校[1]之后来两封信，都收到了。借此来磨练自己的德性是再好不过的了，你有这种坚强志意，真令我欢喜。纵使学科不甚完备，也是值得的，将来回国后，或再补入（国内）某个军官学校都可以。好在你年纪轻，机会多着呢。

你加入政治团体的问题，请你自己观察，择其合意者便加入罢。我现在虽没有直接做政治活动，但时势逼人，早晚怕免不了再替国家出一场大汗。现在的形势，我们起它一个名字，叫做"党前运动"——许多非国民党的团体要求拥戴领袖做大结合（大概除了我，没有人能统一他们）。我认为时机未到，不能答应，但也不能听他们散漫无纪。现在办法，拟设一个虚总部（秘密的）——不直接活动而专任各团体之联络——大抵为团体（公开的），如美之各联邦，虚总部则如初期之费城政府，做极稀松的结合，将来各团事业发展后，随时增加其结合之程度。你或你的朋友也不妨自立一"邦"，和现在的各"邦"同暗隶于虚总部之下，将来自会有施展之处。我现在只能给你这点暗示，你自己斟酌进行罢。

以上十月二十九日写

---

[1] 维校：指弗吉尼亚军校。

1927 年 10 月 31 日

致 孩子们 [1]

　　昨日又得加拿大一大堆信，高兴得我半夜睡不着，虽然思成信还没有来，知道他渐渐恢复活泼样子，我便高兴了。前次和思永谈起，永说："爹爹尽可放心，我们弟兄姊妹都受了爹爹的遗传和教训，不会走到悲观沉郁一路去。"果然如此，我便快乐了。

　　寒假把思成、徽音两人提溜到阿图和玩几天，好极了。他们得大姊姊温暖一度，只怕效力比什么都大。

　　庄庄学生物学和化学，好极了，家里学自然科学的人太少，你可以做个带头马，我希望达达以下还有一两个走这条路，还希望烂名士 [2] 将来也把名士气摆脱些，做个科学家。

　　思永出外挖地皮去不成功，但现在事情也很够他忙了。他所挂的头衔真不少——清华学校助教、古物陈列所审查员、故宫博物院（新改组）审查员——但都不领薪水（故宫或者有些少）。他在清华整理西阴遗物，大约本礼拜可以完功，他现在每礼拜六到古物陈列所，过几天故宫改组后开始办事。他或者有很多的工作，他又要到监狱里测量人体，下月也开始工作，只怕要搬到城里住了。我出医院回津后，就没有看见他。过几天是他生日，要把他提溜回家玩一两天。

　　希哲替我经营，一切顺利，欣慰之至。一月以来，由二叔处寄汇两次，共三千美金，昨天又由天津兴业汇二千美金，想均收到。前后汇寄之款，皆由变卖国内有价证券而来（一部分是保险单押出之款陆续归还者），计

---

[1]　写给孩子们的信。梁启超得知思成恢复了原先活泼的样子，非常欣喜。又听说女儿思庄要学生物和化学十分高兴，且他也希望家里有更多的人选择自然科学，但在这方面他并不做干涉，希望儿女们根据自己的兴趣爱好，自由选择专业和事业。同时告知了远在国外的几个儿女思永近日在国内的工作。

[2]　烂名士：指思礼。

卖去中国银行股票面二万，七年长期票面万八千，余皆以半价卖出——但不算吃亏。因为几年前买入的价格都不过三折余，已经拿了多次利息了——国内百业凋残，一两年后怕所有证券都会成废纸，能卖出多少转到美洲去，也不至把将来饭碗全部摔破。今年内最多只能再寄美金一千，明年下半年保险满期，当可得一笔稍大之款，照希哲这样经营得三两年，将来食饭当不至发生问题了。

以上十月三十一日写

1927 年 11 月 23 日、24 日
致 孩子们 [1]

孩子们：

有顶好消息报告你们。我自出了协和以来，真养得大好而特好，一点药都没有吃，只是如思顺来信所说，拿家里当医院，王姨当看护，严格的从起居饮食上调养。一个月以来，"赤化"像已根本扑灭了，脸色一天比一天好，体子亦胖了些。这回算是思永做总司令，王姨执行他的方略，若真能将宿病从此断根，他这回回家，总算尽代表你们的职守了。我半月前因病已好，想回清华，被他听见消息，来封长信说了一大车唠叨话，现在暂且中止了。虽然著述之兴大动，也只好暂行按住。

思顺这次来信，苦口相劝，说每次写信便流泪。你们个个都是拿爹爹当宝贝，我是很知道的，岂有拿你们的话当耳边风的道理。但两年以来，

---

[1] 写给孩子们的信，回应孩子们对自己身体状况的担心，父亲与子女们之间感情之深令人感动。同时因为目前时局的不稳定和动荡的情况，并及学校里因自己养病出现的风波，告知孩子们未来十年或者更长的时间可能会经历艰难困苦的境遇，希望他们做好应对的准备。

我一面觉得这病不要紧，一面觉得它无法可医，所以索性不理会它，今既证明有法可医，那么我有什么不能忍耐呢？你们放下十二个心罢。

却是因为我在家养病，引出清华一段风潮，至今未告结束。依思永最初的主张，本来劝我把北京所有的职务都辞掉，后来他住在清华，眼看着惟有清华一时还摆脱不得，所以暂行留着。秋季开学，我到校住数天，将本年应做的事，大略定出规模，便到医院去。原是各方面十分相安的，不料我出院后几天，外交部有改组董事会之举，并且章程上规定校长由董事中互选，内中头一位董事就聘了我。当部里征求我同意时，我原以不任校长为条件才应允（虽然王荫泰对我的条件没有明白答复认可），不料曹云祥怕我抢他的位子，便暗中运动教职员反对，结果只有教员朱某一人附和他。我听见这种消息，便立刻辞职。他也不知道，又想逼我并清华教授也辞去，好同清华断绝关系。于是由朱某运动一新来之研究院学生（年轻受骗）上一封书（匿名），说院中教员旷职，请求易人。老曹便将那怪信油印出来寄给我，讽示我自动辞职。不料事为全体学生所闻，大动公愤，向那写匿名信的新生责问，于是种种卑劣阴谋尽行吐露，学生全体跑到天津求我万勿辞职（并勿辞董事）。恰好那时老曹的信正到来，我只好顺学生公意，声明绝不自动辞教授，但董事辞函却已发出，学生们又跑去外交部请求，勿许我辞。他们未到前，王外长[1]的挽留函也早发出了。他们请求外部撤换校长及朱某，外部正在派员查办中，大约数日后将有揭晓。这类事情，我只觉得小人可怜可笑，绝不因此动气。而且外部挽留董事时，我复函虽允诺，但仍郑重声明以不任校长为条件，所以我也断不至因这种事情再惹麻烦，姑且当作新闻告诉你一笑罢。

我近来最高兴的是得着思成长信，知道你的确还是从前那活泼有春气的孩子，又知道身体健康也稍恢复了——但因信中有"到哈佛后已不头痛"那句话，益证明我从前的担心并非神经过敏了。你若要我绝对放心，务要在寒假内找医生精密检查，看是否犯了神经衰弱的病，若有一点不妥，非

---

[1] 王外长：指王荫泰（1886—1947），山西临汾人，时任外交部总长。

把它根本治好不可。你这样小小年纪，若得了一种痼疾，不独将来不能替国家社会做事，而且自己及全家庭都受苦痛。这件事我交给思顺替我监督着办，三个月后我定要一张医生诊断书看着才放心的。

思成的"中国宫室史"[1]当然是一件大事业，而且极有成功的可能，但非到各处实地游历不可——大抵内地各名山、唐宋以来建筑物全都留存的尚不少，前乎此者也有若干痕迹——但现在国内情形真是一步不可行，不知何时才能有这种游历机会。思永这回种种计划都成泡影，恐以后只有更坏，不会往好处看，你回来后恐怕只能在北京城圈内外做工作，好在这种工作也够你做一两年了。

十二点过了，王姨干涉了好几次了，明天再写吧。

以上十一月二十三日

你来信说武梁祠堂[2]，那不过是美术史上重要资料罢了。建筑上像不会看出什么旧型，你着手研究后所得如何？只怕失望罢。

若亲到嘉祥县去实地用科学方法调查废址，也许有所得。

以上仍是二十三日

你们回国后职业问题大不容易解决，现在哪里有人敢修房子呢？学校教授也非易，全国学校除北京外，几乎都关门了，但没法之中也许还是在当教书匠上想法，那么教的什么东西，不能不稍预备，我想你们在西洋美术史上多下一点功夫，何如？

我想你们这一辈青年，恐怕要有十来年——或者更长，要挨极艰难困苦的境遇，过此以往，却不是无事业可做，但要看你对付得过这十几二十年风浪不能。你们现在就要有这种彻底觉悟，把自己的身体和精神十二分注意锻炼、修养，预备着将来历受孟子所谓"苦其心志，劳其筋骨，饿其

---

[1] 中国宫室史：留学期间的梁思成便萌生了研究并写作中国建筑史的想法，后经过多年的调查、研究，于1945年出版《中国建筑史》一书。

[2] 武梁祠堂：即武氏墓群石刻，位于山东嘉祥县纸坊镇，始建于东汉晚期，是中国现存最大、保存最完整的汉碑、汉墓画像石群。

体肤，空乏其身，行拂乱其所为"者，我对于思成身子常常放心不下，就是为此。

以上仍二十三晚写，写到此被王姨捉去了

思成开美术书单甚好，一年内外北京图书馆只能以万元（华币）购美术书，最好在此数目范围内开单，你若能代买更好，便把款汇给你（书单来后便寄款）。我现虽辞去馆长职，但馆中事还常常问我主意。

以上二十四日写

1927 年 12 月 5 日
致 孩子们 [1]

这封信写了前头那几张，一搁又搁下十二天了，这没有什么奇怪，因为王姨不许我晚上执笔。你们猜我晚上做什么事呢？每天吃完晚饭总是和达达、司马懿"过桥"一点钟（十五舅凑脚，他每天总输两三角钱）他们上课后（八点钟上夜课），再和十五舅、王姨打"三人麻雀"一点钟，约摸十点多便捉去睡觉，但还是睡不着的时候多，因为有许多心事在床上便想起（不外政治问题或学问问题，也常常想起你们），大抵十天中有两三天到床便睡着，仍有七八天辗转反侧或到很夜深也不定。但每天总睡足八个钟头（偶然一天不够八钟，小便便变色），早睡着便早起，晚睡着便晚起。所以身子保养得异常之好，一个月以来"赤焰"几乎全熄了。

这回写信真高兴，因为接连得着思成两封长信，头一封还没有详细回答，第二封（今天到）又来了。这几天常常在我脑子里转的就是思成们结

---

[1] 写给孩子们的信。因思成、徽音两人准备于 1928 年回国，按照预先的计划，梁启超安排二人在回国前，在加拿大总领事馆（即周希哲、思顺家）举行婚礼。此信主要谈思成、徽音的婚礼相关事宜。此信可与该月 12 日、18 日信合观。

婚问题。结婚当然是回国后才办最好，这是不消说的。在徽音固然她娘娘只有她一个，应该在跟前郑重举行。即以思成论，虽然姊妹弟兄很多，但你是长子，我还不是十二分不愿意，如此盛典不在我跟前看着办吗？前几天我替南开大学一位教授（研究院毕业生）主婚，他们夫妇都是云南人，没有一个亲属在此。我便充当两边的家长，很觉得他们冷清清的，同时想起我的思成，若在美结婚，只怕还赶不上他们热闹哩！心里老大不自在。但是为你们学业计，非到欧洲一游不可。回国后想在较近期间内再出去，实属千难万难。这种机会如何可以错过呢？你今天来信说的，徽音从太平洋先归省亲，虽然未尝不可，但徽音虽曾到过欧洲，经过这几年学业后，观察眼光当然与前不同，不去再看一趟，到底是可惜。况且两个人同游同看，彼此观摩，当然所得益处比一个人独游好得多。这种利益不消我多说，你们当然都会想到了。还有一层，你们虽然回国结婚，结婚礼也很难在北京举行，因为林家一时不会全眷移回北京，然则回来后，不是在天津办就是在福州办，还不是总不能十分圆满吗？所以，我替你们打算还是在美办的好，徽音乖孩子采纳我的主张罢（林家长亲完全和我同一主张，想也有信去了）。

我替你们出主意，最好是在阿图和办——婚礼即在那边最大的礼拜堂里举行。林叔叔本是基督教信徒，我虽不喜教会，但对于基督当然是崇拜的。既然对于宗教没有什么界限，而又当中国婚礼没有什么满意的仪式的时候，你们用庄严的基教婚仪有何不可呢？一面希哲夫妇用"中国国家代表"的资格参列，再请上该地官长和各国外交官来观礼，也很够隆重的了。你们若定了采用这办法，可先把日期择定，即刻写信回来（或怕赶不上则电告），到那天我和徽音的娘当各有电报给你们贺喜并训勉，岂不是已经相当的热闹和郑重了吗？

有一件事要告诉你们：你们若在教堂行礼，思成的名字便用我的全名，用外国习惯叫做"思成梁启超"，表示你以长子资格继承我全部人格和名誉。

你的腿能够跪拜否？若能，则结婚后第二天新夫妇同到领事馆向两家祖宗及父母双双遥拜，若不能屈膝则双双鞠躬亦得，总之，行最敬礼便是了。

婚礼只要庄严，不要奢靡，不独在外国如是，即回本国举行也不过如是，相当的衣服、首饰（婚礼戒指等），姊姊当然会斟酌着办。

我这几天正在忙着和你们行聘礼，大约定期在本月十八日——若聘物预备未齐，则改迟三两日，我们请的大宾是林宰平先生，林家请的大约是江翊云[1] 先生或陈仲恕[2] 先生（本定翊云，后来林家因他是续婚拟换人）。我们的主要聘仪是玉佩，可以佩在项间者，其佩以翡翠一方，碧玺（红色）一方，缀以小金环联结而成，约费四百元左右，系由陈仲恕先生和你二叔商量购制。我尚未看见，据来信说是美丽极了。林家的主要聘仪是玉印一方，也有翡翠，听说好极了。又据说该玉印原有两方，我不好意思请林家全买，打算我们把那一方也买来添上去。庚帖是两家公请卓君庸先生写。因为他堂上具庆[3]、夫妇齐眉、字又写得极好，合适极了。聘礼行过后，我便请林家将双方聘物一齐汇寄到坎领事馆，要赶上你们婚期。庚帖便在两家家长处，等你们回来才敬谨收藏。

你们结婚后的行程，我也大略一想，在坎住数日后即渡欧，归途从西伯利亚路，先回天津谒祖，我们家郑重请一次客，在津住一个月内外，思成便送徽音回福州谒祖，在福州住一个月内外，徽音若想在家多住些日子，思成便先回津跟着我做学问及其他事业。

我现在有一个小计划，只要天津租界还可以安居时（大约可以），等思成回来，立刻把房子翻盖，重新造一所称心合意的房子为我读书娱老之用。将新房子卖出大约可值四万五乃至五万，日内拟便托仪品公司代卖，卖去时将来全部作为翻盖新房用，先将该款寄坎，托希哲经营，若能多得些赢利更好，总而言之，这部分款项全交思成支配，专充此项之用，思成，你先留心打个腹稿，一回来便试验你的新学问吧。

---

[1] 江翊云：即江庸（1878—1960），福建长汀人，梁启超好友，曾出版《梁启超致江庸书札》。

[2] 陈仲恕：陈汉第（1874—1949），浙江杭州人。陈汉第是梁启超极好的朋友，而陈之子陈植与梁思成同为宾夕法尼亚大学建筑系留学生。

[3] 堂上具庆：指父母均健在。

　　思成职业问题，一时还没有什么把握，但也不必多忧虑。好在用不着你们养家，你们这新立的小家庭极简单，只要徽音愿意在家里住，尽可以三几年内不用分居（王姨是极好处的，你们都知道）。在南开当一教授，功课担任轻些，每月得百儿八十块钱做零用，用大部分光阴在家里跟着我做几年学问，等时局平静后学问也大成了，再谋独立治生，机会也多着哩。

　　思永每次回家和我谈谈学问，都极有趣。我想再过几年，你们都回来，我们不必外求，将就家里人每星期开一次"学术讨论会"，已经不知多快乐了。

　　十一点了，王姨要来干涉了，快写，快写。

　　你们猜思永干什么？他现在住在监狱里！却是每礼拜要进皇宫三次或两次！你们猜他干吗？

　　好了不写了。

　　许多别的话要讲，留待下次罢。先把这十几张纸付邮，不然又怕要耽搁多少天了。

十二月五日 爹爹

1927 年 12 月 12 日

致 孩子们 [1]

孩子们：

　　这几天家里忙着为思成行文定礼 [2]，已定本月十八日（阳历）在京寓

---

[1]　写给孩子们的信，主要告知儿女们思成与徽音订婚礼的细节情况以及交代在美婚礼由思顺夫妇负责。此信可与该月 5 日、18 日信合观。

[2]　文定礼：旧时称订婚为文定，典出《诗经·大雅》："文定厥祥，亲迎于渭。"文定礼即订婚典礼。

举行（日子是王姨托人择定的——那天恰是星期。我们虽不迷信，姑且领受她一片好意）。因婚礼十有八九是在美举行，所以此次文定礼特别庄严郑重些。晨起谒祖告聘，男女两家皆用全帖遍拜长亲，午间宴大宾，晚间家族欢燕。我本拟是日入京，但（一）因京中近日风潮正恶，（二）因养病正见效，入京数日，起居饮食不能如法，恐或再发旧病，故二叔及王姨皆极力主张我勿往，一切由二叔代为执行，也是一样的。今将告庙文写寄，可由思成保藏之做纪念。

聘物我家用玉佩两方，一红一绿，林家初时拟用一玉印，后闻我家用双佩，他家也用双印，但因刻玉好手难得，故暂且不刻，完其太璞。礼毕拟将两家聘物汇寄坎京，备结婚时佩带，惟物品太贵重，深恐失落。届时当与邮局及海关交涉，看能否确实担保，若不能，则仍留两家家长处，俟婚后归来，乃授与保存。

在美婚礼，我远隔不能遥断，但主张用外国最庄严之仪式，可由希哲、思顺帮同斟酌，拟定告我。惟日期最盼早定，预先来信告知，是日仍当在家里行谒祖礼，又当用电报往贺也。

婚礼所需，思顺当能筹划，应用多少可由思顺全权办理。另有三千元（华币），我在三年前拟补助徽音学费者，徽来信请暂勿拨付，留待归途游欧之用，今可照拨。若"捣把"[1] 有余利，当然不成问题，否则在资本内动用若干，亦无妨，因此乃原定之必要费也。

思成请学校给以"留欧"费一事，现曹校长正和我闹意见，不便向他说项（前星期外部派员到校查办风潮起因，极严厉，大约数日内便见分晓），好在校长问题不久便当解决，曹去后大约由梅教务长[2] 代理，届时当为设法。

---

[1]　捣把：本指利用物价涨落，低买高卖，赚取利差的买卖活动。这里所指应是梁思顺夫妇在加拿大所做的投资，所以梁启超在"捣把"二字上加了引号。

[2]　梅教务长：梅贻琦（1889—1962），1916年担任清华大学物理系教授，1931—1948年任国立清华大学校长，为清华大学历史上任期最长的校长。

我的病本来已经痊愈了二十多天，便色与常人无异。惟最近一星期因做了几篇文章（实是万不能不做的，但不应该连着做罢了），又渐渐有复发的形势，如此甚属讨厌，若完全叫我过"老太爷的生活"，我岂不成了废人吗？我精神上实在不能受此等痛苦。

晚饭后打完了"三人六圈"的麻雀，时候尚很早，抽空写这封信，尚有许多话要说，被王姨干涉，改天再写罢。

十二月十二日 爹爹

庄庄那位前辈同学的信收到了，我自己实在开不出书单来，已转托清华一位教授代开，等他回信时便寄上。

1927 年 12 月 13 日

致 思顺 [1]

思顺：

十一月份营业报告收到，希哲真能干，怎么几个月工夫已经弄到加倍以上的利（还除了庄庄一笔学费等等不计）。照这样下去，若资本丰富一点，经营三两年岂不成了富翁吗？我现在极力撙节 [2]，陆续还寄些去。若趁希哲在外的机会，弄到美金五万，寄回来便是十万，我真可以不必更卖气力找饭吃，家里经济问题完全解决了。

保险单明年七月便满期，保的是三万元，但十五年间所纳费已在三万七八千元内外，若只得三万，岂非我们白亏了七八千元，还有复息不

---

[1] 写给思顺的信。此信主要和思顺谈家庭投资问题，并充分肯定思顺为整个家庭的付出，"这样的女孩儿，真是比别人家的男孩还得力十倍"。同时提到希望儿女们不要担心自己的身体，他认为自己此时注意休息，不会过分劳累，身体已经无碍了。

[2] 撙节：节约，节省。撙，音 zǔn。

在内，这不太吃亏吗？不知保险公司章程何如？若只有三万，则除去借款一万五千并利息外，明年所收不过一万三千余了。该公司总部设在加拿大，保险单也押存在总公司，若期满后辗转赎回，乃能领款，又须经几个月。我想和公司交涉，一满期便将该款在坎京^[1] 拨交希哲收。请希哲日内便与总公司交涉，应需何等手续，尽半年内可以办妥，也省得许多事。

思成、徽音婚礼及游欧费所需，只好请希哲努力变把戏^[2] 变些出来，若利息所入不敷，即动些资本，亦无不可，有三千华币给徽音，合以思成在学校所领，或亦已勉强够用罢，我知道他们是不会乱花钱的，你掂酌着不可令他们太刻苦便是。

你自己的生计怎么样？月月赔垫这些钱都是从哪里出？从前的积蓄究竟赔去多少？你下次来信把大概情形告诉我，令我安心一点罢。

你再过三四年才回家，绝不要紧，一个月内总有一两封信，也和见面差不多，我的体气底子本来极强，这点小病算什么。况且我已经绝对采用你们的劝告，把养病当一件大事了，你们还有什么不放心呢？

你虽是受父母特别的爱（其实也不算特别，我近来爱弟妹们也并不下于爱你），但你的报答也算很够了。妈妈几次的病，都是你一个人服侍，最后半年多衣不解带的送妈妈寿终正寝。对于我呢，你几十年来常常给我精神上无限的安慰喜悦，这几年来把几个弟弟妹妹交给你，省我多少操劳，最近更把家里经济基础由你们夫妇手确立，这样女孩儿，真是比别人家男孩还得力十倍。你自己所尽的道德责任，也可以令你精神上常常得无限愉快了。所以我劝你不必思家着急，趁这在外的机会，把桂儿、瞻儿的学业打个深厚的基础。只要私人生计勉强维持得下去，外交部又不调动你们，你便索性等到我六十岁时才回来祝寿也不迟哩。

你们在坎虽清苦，但为桂儿姊弟计，比在菲律宾强多了。第一是养成节俭吃苦的习惯，第二是大陆的教育，到底比殖民地好得多。至于所做帮

---

[1] 坎京：即加拿大首都渥太华。

[2] 变把戏：即想办法。

助我们家里的种种工作，其利益更是计算不出来了。据此说来，很该感谢王正廷的玉成，你们同意吗？

　　近来著述之兴大动，今晚本又想执笔，被王姨捣乱干涉，只好和你闲谈开开心，便去睡觉。

十二月十三日 爹爹

1927 年 12 月 18 日

致 思 成 [1]

思成：

　　这几天为你行聘礼，我精神上非常愉快，你想，从抱在怀里"小不点点"（还经过千灾百难的），一个孩子盘到成人，品性、学问都还算有出息，眼看着就要缔结美满的婚姻，而且不久就要返国，回到我的怀里，如何不高兴呢？今天北京家里典礼极庄严热闹，天津也相当的小小点缀，我和弟弟妹妹们极快乐的玩了半天。想起你妈妈不能小待数年，看见今日，不免起些伤感，但她脱离尘恼，在彼岸上一定是含笑的。除在北京由二叔正式告庙外（思永在京跟着二叔招呼一切），今晨已命达达专在神位前默祷达此诚意。

　　我主张你们在坎京行礼，你们意思如何？我想没比这样再好的了。你们在美国两个小孩子自己实张罗不来，且总觉太草率，有姊姊代你们请些客，还在中国官署内行谒祖礼（婚礼还是教堂内好），才庄严像个体统。

　　婚礼只要庄严不要奢靡，衣服首饰之类，只要相当过得去便够，一切

---

[1]　写给思成的信，告知思成聘礼举行的情况以及打算思成欧洲游学以及归国行程等。此信可与该月 5 日、12 日信合观。

都等回家再行补办，宁可撙节下点钱做旅行费。

你们由欧归国行程，我也盘算到了。头一件我反对由西伯利亚路回来，因为野蛮残破的俄国，没有什么可看，而且入境出境，都有种种意外危险（到满洲里车站总有无数麻烦），你们最主要目的是游南欧，从南欧折回俄京搭火车也太不经济，想省钱也许要多花钱。我替你们打算：到英国后折往瑞典、挪威一行，因北欧极有特色，市政亦极严整有新意（新造之市，建筑上最有意思者为南美诸国，可惜力量不能供此游，次则北欧特可观），必须一往。由是入德国，除几个古都市外，莱因河畔著名堡垒，最好能参观一二。回头折入瑞士看些天然之美。再入意大利，多耽搁些日子，把文艺复兴时代的美彻底研究了解。最后便回到法国，在马赛上船（到西班牙也好，刘子楷在那里当公使，招呼极方便。中世及近世初期的欧洲文化实以西班牙为中心）。中间最好能腾出点时间和金钱到土耳其一行，看看回教的建筑和美术，附带着（替我）看看土耳其革命后政治〔关于这一点，最好能调查得一两部极简明的书（英文的）回来讲给我听听〕。

思永明年回美，我已决定叫他从欧洲走（但是许走西伯利亚路，因为去比来的危难较少）。最好你们哥儿俩约定一个碰头地方，大约以使馆为通信处最便。你们只要大概预定某月到某国，届时思永到那边使馆找你们便是。

从印度洋回来，当然以先到福州为顺路，但我要求你们先回京、津，后去福州。假使徽音在闽预定仅住一月半月，那自然无妨。但我忖度情理，除非她的母亲已回北京，否则徽一定愿意多住些日子，而且极应该多住，那么必须先回津，将应有典礼都行过之后，你才送去。你在那边住个把月便回来，留徽在娘家一年半载，则双方仁至义尽。关于这一点，谅来你们也都同意。

十二月十八日 爹爹

1927 年 11 月 25 日、12 月 19 日

致 思 顺 [1]

　　达达、司马懿半年来进步极速（六六亦有相当进步）。当初他们的先生将一年功课表定了来问我，我觉得太重些，他先生说可以。现在做下去，他们兴味越来越浓。大概因为他先生教法既好，又十二分热心，所以把他们引上路了。他们——尤其是达达，对于他的先生又恭敬又亲热，每天得点零碎东西吃，总要分给先生。先生偶然出门去便替他留下，看达达样子像觉得除爹爹、娘娘外，天下可敬可爱之人没有过他的先生了。

以上几行是十一月二十五日写的

　　这几行写了二十多天，还没有寄，今日得空闲谈，还继续这方面的话。

　　今年偶然高兴，叫达达们在家读书，真是万幸，不然达达早已等于失学了。南开中学有七八个党人，专为捣乱而入校（高一高二两班捣得最厉害，达达今年若入校正在高一），秋季开学后一个月便捣起，一直捣到如今。初时在班上搅局，专叫先生教不成，学生听不成。前两个月大举起来，以"反对旷课扣分"（可骇不可骇）的旗号鼓动多数懒学生罢课，迫得张伯苓辞职。闹了将近一个月，好容（易）才得伯苓承认复职了，复职不到半个月，又闹起来。前礼拜学校革除他们，算是最后手段了。谁知他们竟赖着不走，至今尚无办法，半年来的南开，功课就这样消磨完了。稍微血气不定的学生，在这种环境之下（倒不在乎党不党），还有不学坏的吗？现在党军势力范围下，各省的学校既已全部关门，其余地方也是这种现象，照这样下去，现在的学龄儿童非全数变成盲牛不可。党人万恶滔天，此恶真为万恶之首了。我初意本叫达达们在家学一年，明年再进校。照此情形，明年怕未必有校可进，便有我也不愿叫他们去。好在他们既得着一位这样好先生，

---

[1]　写给思顺的信。因为这一年全国各地闹学潮，教学得不到保障。所以梁启超决定让思达、思懿、思宁在家读书，并聘请家教。三人进步飞快，梁启超感到非常高兴。并且准备让他们赴日本留学，就此事征询思顺等人的意见。同时告知了子女们国内搞学潮运动的乱象。

那先生又是寒士，梦想去日本留学而不得，我的意思想明年暑假或寒假后，请那先生带着他们到东京去。达、懿两人补习一年或两年便可望考进大学，六六便正式进中学。这种办法你们赞成吗（回信务陈意见）？

司马懿非常聪明，逼着和达达同一样功课（英文不同），居然跟得上。达达自受手术后，身体比从前好多了，没有病过一次，记性也加增。六六当然在弟兄姊妹中算是个饭桶，但自从割了喉咙后也很见进步，这都是可以令你们高兴的新闻。

思永说你们都怪爹爹信中只说老白鼻，不说别的弟妹，太偏心，这次总算说了一大段了。

他们先生真好玩，完全像家里子弟一样了，出了书房便和他们淘气，一进书房便板着面孔，他羡慕我们的家庭到极点了，常和他的同学说要学先生，须从家庭学起，但是谈何容易。

以上十二月十九日写

1928 年

致 孩子们 [1]

我这封信叫思永写的，你们不要奇怪，为什么我自己不写，因为才从医院出来，要拿笔怕你们干涉，所以口讲叫思永写。又因为我就想著一本小书，口述叫思永写，现在练习试试。

你们这些孩子真是养得娇，三个礼拜不接到我的信就�‍嘴了，想外面留学生两三个月不接家信不算奇怪。我进医院有三个礼拜了，再不写信，你们又不知道怎么抱怨了，所以乘今天过年时，和你们谈谈。

这回在医院里经过的情形，思永已报告过了。本来前四天已要退院，忽然有点发烧，被医生留着，昨天还是像前年达达那样要求医生放假出来过年，因为热度没有十分退，不过出来很好，坐火车后，热度反退了一度，一直到今天，人非常精神。这回住医院的结果，他们治疗的方针

---

[1] 写给孩子们的信。信中提到自己出院养病，由思永为其代笔写此封家书。以及自己生病时的情况。之后主要内容是关于思成、徽音赴欧洲游学之事。主要任务是考察欧洲各国的建筑和美术等，目的在于开阔两人在学术上的眼界。

很有点变更，专注重补血。自从灌了两回血之后，很有功效，我最高兴的是他们不叫我吃素了，连鸡蛋都一天给我两个吃了。但是他们虽说蛋白质可吃，却劝不要吃太多，却是算来在家里所吃的肉品比在医院里还少，所以往后养病，对食品没有什么克苦，还与从前一样。

医生说工作是可以做的，不过要很自由的，要放下就放下，但是有固定的职务的事，是不相宜的，所以我决计把清华都辞脱了。以后那就依着医生的话，要做什么工作，高兴一天做三两点钟。总之，极力从"学懒"的方面来做，虽然不甘心当这"老太爷的生活"，只好勉强一年几个月再说。

我想忠忠和庄庄两人要格外噘嘴，因为我前几封几乎完全讲关于思成的事，完全没有理会到他们。不过这封信还是从思成他们的事说起。

思成、徽音婚礼的事，定了没有？我希望还是依我前头几封信那样办。思成这回的信说是要五千国币或三千美金，我可以给他。前头寄去给思顺的钱，通共一万六千，现在把最末的一千提出来，剩下一万五千做资本就是了。过一两天我再寄一千美金去，共二千，还有一千就请希哲变把戏，谅来他总有本事可以变出来！至于庄庄今年的学费，不久我这边还可筹资本过来，大概两三个月内，或者再汇一二千添上资本去。到下半年保险费也来了，得到手之后，也要全部寄希哲经理的，谅来虽然现在提开二千美金，我看希哲有办法了得了罢。

思成这回去游欧洲，是你的学问上一部分很重要的事业，所以我无论怎样困难，你们的游费总想供给得够才行。这回之后，我做爹爹的义务就算尽完了。我想你到去的地方，除了美、德、法之外，是北部的瑞典、挪威，南部的西班牙、土耳其。只要能去，虽然勉强，我还是希望你到这几个地方看看。回来的时候，不要搭西伯利亚铁路，总是走印度洋的好。因为（由俄国来的）入境时青年男女极危险的，所以这笔钱是省不了的。你们细细打听，做通盘预算，看要用多少钱。我想有了三千，再加清华一千，你们旅行中要过苦点的日子，或者可以够了。若是徽音家里，依着成的信，可以贴补点钱，那是更好了，就是不能，勉强这四千何如？实在不够时我再勉力，我看也未尝不可以罢。

北京图书馆要买的书，我已叫他们把书单和支票赶紧寄加拿大总领事馆了。钱在伦敦银行才可以支。我想这些书大多在欧洲买，而且钱到时，你们已快离美洲了，美洲的书不用买了。书单是三个人开来的，只是供你参考，最后还是你决定。我的意思，以买美术基本常识的书为主，或者稀见难得的书碰机会买些。总而言之，以买基本书为主，无论英、法、德文都可以。

希哲真能干，他若是依着思顺来的信，在那边三年，我们家里以后的生计问题都可以解决了。股份的去留都完全由他，无须写信来问，问了我也不清楚。

思顺，你现在在有身的时候，要自己格外保养，因为前一回的时候，你妈妈可以跑去，现在你一个（人）在外面，我同王姨都很担心。你来信说希哲很管你，我说很该。你说老白鼻和你，爹爹是不会骂的，不过老白鼻最怕爹"瞪眼"，你以后要不听希哲话，他写信来告你时，我也要"瞪眼"哩！

庄庄，你胖到这样怎么了？我们现在都想象你的身圆溜溜的样子。前几天娘娘还给你寄些衣服去，你穿得穿不得？你现在功课比从前忙多了。过了暑假后，也渐渐格外专门，怕比从前更忙。你的体子本来还好，我也不十分担心，不过也要节制。每日要拿出几点钟来，每礼拜拿出一点时间来玩玩。因为做学问，有点休息，从容点，所得还会深点，所以你不要只埋头埋脑做去。暑假后，你若想到美国去，三哥也已回去了，跟着你三哥也很好，若是你觉得你们这学校很好，不愿离开，或者你学校的先生们都愿你在那儿毕业，就在那儿读完也可以的。因为想来你姊姊一两年内不会离开加拿大。这样，你或留坎、留美，在那边开个家庭会议决定罢。

忠忠挨打想该挨完了罢？你到底预备在维校几年？我想你在威校学的政治，总要弄到毕业才好。维校完了之后，还回去威校一年，你的意思怎样？我不久就要出一本小册子，讲我政治上的主张，其中讲军事的也很多，大概在暑假前后就可以出来，你看见之后一定加增许多勇气，还可以指导你一条路。你要的书，因为灿哥[1]在北京的时候多，没有交他寄去，以后看见这些书时，给你寄去就是了。

好几年都是在外边过的"野年"，今年可算是在家过年，险些儿被医院扣留了。现在回到家很高兴，孩子们（这边这半）得了压岁钱，十分高兴，不过"过了几回桥"，又给我得回来不少，还要赶绵羊，老白鼻坐庄，输了钱，大声哭起来了。

桂儿[2]，你们孟城好玩不好玩？老白鼻有一天问公公说："我的干姑娘为什么用我做干爹？"这是老白鼻自己的话。公公实在答不出来，你写封"安禀"来，详细地把理由告诉他罢。

瞻儿[3]，我听说你在学校里，老把第一把交椅把着不肯让给别人，公公高兴得很。你每天在学校里出来多玩会儿罢，不然以后真要变成书呆子了。

斐儿[4]，我听说你会弹琴了。你快弹一个，用无线电打回来，公公这里有收音机，我同老白鼻也要听听。

一月二十二日

---

[1] 灿哥：即梁廷灿，梁启超的侄子。年轻时帮梁启超收集、整理图书资料，后成为一代图书馆学家。

[2] 桂儿：思顺的长女周念慈，桂儿是她小名。

[3] 瞻儿：思顺的长子周同轼，瞻儿是他小名。

[4] 斐儿：思顺的次子周有斐，斐儿是他小名。

致 思成 [1]

得姊姊电，知你们定三月行婚礼，想是在阿图和吧？不久当有第二封信了。故宫委员事，等第二电来再定办法。

国币五千或美金三千可以给你，详信已告姊姊。在这种年头，措此较大之款，颇觉拮据。但这是你学问所关，我总要玉成你，才尽我的责任。除此间划拨那二千美金外，剩下一千，若姊姊处凑不出这数目，你们只好撙节着用，或少到一两处地方罢了。我前几封信都主张你们从海道回国，反对走西伯利亚铁路，但是若为省钱计，我也无可无不可。若走西伯利亚，要先期告我，等我设法，令你们入境无阻滞。

你脚踏到欧陆之后，我盼望你每日有详细日记，将所看的东西留个印象（凡注意的东西都留一张照片），可以回来供系统研究的资料。若日记能稍带文学的审美的性质，回来我替你校阅后可以出版，也是公私两益之道。

今寄去名片十数张，你到欧洲往访各使馆时可带着投我一片，问候他们，托其招呼，当较方便些。你在欧洲不能不借使馆做通信机关，否则你几个月内不会得着家里人只字了。

你到欧后，须格外多寄些家信（明信片最好），令我知道你一路景况。

此外，还有许多话叫思永告诉你，想已收到了。

二月十二日 爹爹

---

[1] 写给思成的信。梁启超特别交代思成、徽音在赴欧游学期间，日日要记录日记，对于能够引起自己注意的都要拍照以留存，以供日后回忆和研究所用。同时叮嘱对于日记的具体要求，以便出版，也为之后的科研收集资料。

1928年4月3日
致 思永 [1]

思永：

复信收到。你再留学机会万不容失掉，因为你所学还未大成哩。不知延迟一年能否再得清华官费，若能，倒不妨。因为你年纪尚轻，迟一年算不了什么。若过了今年便失官费，则只好把广西之行牺牲了（若想去几个月，仍赶上今年放洋，我猜是决办不到的，徒两失之），我的意思如此。你将情形调查清楚后，自己决定罢。

头晕接连两日，呕吐只一次，今日已痊愈了。原因是在四五日前，精神太好，著述兴味太浓，时忘了形，接连两晚破戒（许久没有打牌，因为打牌兴味为著述兴味所夺，前天被你娘娘干涉，才打了几圈），晚上也做些工作，以致睡不着，而早上又已起早惯了。因此睡眠不足，胃的消化力便弱起来（头晕全是胃的关系），昨天放下一切，睡了大半天，今晨又精神焕发了。现在每日上半天在小书房坐，朝阳从窗牖透进，极明丽可喜（将窗户打开约一点钟）。

此信仍寄姊姊们阅，因为我到底没有写信给她们（自从前次寄你那信以后到今日），她们只怕已盼得眼黑眼白了。

四月三日 爹爹

---

[1] 写给思永的信。但梁启超认为已在哈佛大学学习5年的思永所学还未大成，建议他再留学一年。后来思永继续在哈佛读书两年，获得硕士学位。同时说明自己目前的身体状况，希望儿子不要担心。

1928 年 4 月 26 日、28 日

致 思成、徽音 [1]

我将近两个月没有写"孩子们"的信了，今最可以告慰你们的，是我的体子静养极有进步，半月前入协和灌血并检查，灌血后红血球竟增至四百二十万，和平常健康人一样了。你们远游中得此消息，一定高兴百倍。

思成和你们姊姊报告结婚情形的信，都收到了，一家的冢嗣 [2]，成此大礼，老人欣喜之情可想而知。尤其令我喜欢者，我以素来偏爱女孩之人，今又添了一位法律上的女儿，其可爱与我原有的女儿们相等，真是我全生涯中极愉快的一件事。

你们结婚后，我有两件新希望：头一件，你们俩体子都不甚好，希望因生理变化作用，在将来健康上开一新纪元。第二件，你们俩从前都有小孩子脾气，爱吵嘴，现在完全成人了，希望全变成大人样子，处处互相体贴，造成终身和睦安乐的基础。这两种希望，我想总能达到的。近来成绩如何？我盼望在没有和你们见面之前，先得着满意的报告。

你们游历路程计划如何？预定约某月可以到家？归途从海道抑从陆路？想已有报告在途。若还未报告，则得此信时，务必立刻回信详叙，若是西伯利亚路，尤其要早些通知我，当托人在满洲里招呼你们入国境。

你们回来的职业，正在向各方面筹划进行（虽然未知你们自己打何主意），一是东北大学教授（东北为势最顺，但你们去也有许多不方便处，若你能得清华，徽音能得燕京，那是最好不过了），一是清华学校教授，成否皆未可知，思永当别有详函报告。另外还有一件"非职业的职业"——

---

[1] 写给思成、徽音的信，主要内容是对于他们婚后相处模式、未来职业问题的计划。其中希望二人能爱惜自己的身体，并且希望二人互相体贴有成年人对责任的担当。对于职业，由于当时国内时局混乱不堪，导致工作难找，梁启超认为即使他们一时未能得到合适的工作，也不必失望沮丧。同时为二人日后的职业选择做出了多方面的规划和建议。

[2] 冢嗣：长子。

上海有一位大藏画家庞莱臣，其家有六朝唐画十余轴，宋元画近千轴，明清名作不计其数，这位老先生六十多岁了，我想托人介绍你拜他门（已托叶葵初），当他几个月的义务书记，若办得到，倒是你学问前途一个大机会。你的意思如何？亦盼望到家以前先用信表示。

　　你们既已成学，组织新家庭，立刻须找职业，求自立，自是正办，但以现在时局之混乱，职业能否一定找着，也很是问题。我的意思，一面尽人事去找，找得着当然最好，找不着也不妨，暂时随缘安分，徐待机会。若专为生计独立之一目的，勉强去就那不合适或不乐意的职业，以致或贬损人格，或引起精神上苦痛，倒不值得。一般毕业青年中大多数立刻要靠自己的劳作去养老亲，或抚育弟妹，不管什么职业得就便就，那是无法的事。你们算是天幸，不在这种境遇之下，纵令一时得不着职业，便在家里跟着我再当一两年学生（在别人或正是求之不得的），也没什么要紧。所差者，以徽音现在的境遇，该迎养她的娘娘才是正办，若你们未得职业上独立，这一点很感困难。但现在觅业之艰，恐非你们意想所及料，所以我一面随时替你们打算，一面愿意你们先有这种觉悟，纵令回国一时未能得相当职业，也不必失望沮丧。失望沮丧，是我们生命上最可怖之敌，我们须终身不许它侵入。

　　《中国宫室史》诚然是一件大事业，但据我看，一时很难成功，因为古建筑十有八九被破坏，其有现存的，因兵乱影响，无从到内地实地调查，除了靠书本上资料外（书本上资料我有些可以供给你，尤其是从文字学上研究中国初民建筑，我有些少颇有趣的意见，可惜未能成片段，你将来或者因我所举的例继续研究得有更好的成绩），只有北京一地可以着手（幸而北京资料不少，用科学的眼光整理出来，也很够你费一两年工作）。所以我盼望你注意你的副产工作——即《中国美术史》。这项工作，我很可以指导你一部分，还可以设法令你看见许多历代名家作品。我所能指导你的，是将各派别提出个纲领，及将各大作家之性行及其时代背景详细告诉你。名家作品家里头虽然藏得很少（也有些佳品为别家所无），但现在故宫开放以及各私家所藏，我总可以设法令你得特别摩挲研究的机会，这便是你比别人便宜的地方。所以我盼望你在旅行中便做这项工作的预备。所谓预备者，其一是多读欧人美术史的名著，以备采用他们的体例，关于这类书，认为必要时，不妨多买几部；其二是在欧洲各博物馆、各画苑中见有所藏中国作品，特别注意记录。

回来时立刻得有职业固好，不然便用一两年工夫，在著述上造出将来自己的学术地位，也是大佳事。

你来信总是太少了，老人爱怜儿女，在养病中以得你们的信为最大乐事，你在旅行中尤盼将所历者随时告我（明信片也好），以当卧游，又极盼新得的女儿常有信给我。

四月二十六日 爹爹

清华教授事或有成功的希望，若成功，新校长已允力为设法。则你需要开学前到家，届时我或有电报催你回来。

二十八日又书

1928年5月4日
致 思顺 [1]

思顺：

三日前一短信，想收到，外部索欠恐绝对的无办法，因为这一两年来外部全靠船钞收入挹注 [2]，现在船钞已由南方截留净尽，部中已干瘪，你们别要再指望罢。

---

[1] 写给思顺的信，主要是询问女儿对于自己为思成谋求职务的想法，同时批评思成不懂与人相处之道。梁启超之前写信给思成，为了其职业谋划了详细的道路，但是思成回信竟丝毫不提及此事，所以希望通过女儿侧面去教导一下思成。

[2] 挹注：从有余的地方取一些以补不足的地方。

关于思成职业问题，你的意见如何？他有点胡闹，我在几个月以前，已经有信和他商量，及此他来信一字不提（根本就来信太少），因此我绝不知他打何主意，或者我所替他筹划的事，他根本不以为然，我算是白费心了。这些地方，他可谓少不更事，朋友们若是关心自己的事，替自己筹划，也应该急速回信给他一个方针，何况尊长呢（他不愿以自己的事劳我的思虑，也是他的孝心，但我既已屡屡问及他，总要把他意旨所在告诉我才是）？我生性爱管闲事，尤其是对于你们的事，有机会不能不助一臂之力。但本人意思如何，全未明白，那真难着手了。你去信关于这些地方，应该责备他，教导他一下。

五月四日 爹爹

1928 年 5 月 4 日

致 思成 [1]

思成：

你的清华教授闻已提出评议会了，结果如何，两三天内当知道。此事全未得你同意，不过我碰有机会姑且替你筹划，你的主意何在？来信始终未提（因你来信太少，各事多不接头）。论理学了工程回来当教书匠，是一件极不经济的事，尤其是清华园，生活太舒服，容易消磨志气。我本来不十分赞成，朋友里头丁在君、范旭东都极反对，都说像你所学

---

[1] 写给思成的信，主要内容是与他讨论未来工作的选择问题。因考虑迎养徽音母亲的问题，梁启超替思成谋取清华教授的职位，但同时又觉得清华园是"温柔乡"，太安逸舒服容易消磨青年人的志气。所以也在为思成去东北大学的事而做计划打算，以求对儿子前途更好的发展。

这门学问，回来后应该约人打伙办个小小的营业公司，若办不到，宁可在人家公司里当劳动者，积三两年经验，打开一条生活新路。这些话诚然不错，以现在情形论，自组公司万难办到。恐必须亏本。亏本不要紧，只怕无本可亏。且一发手便做亏本营业，也易消磨志气。你若打算过几年吃苦生涯，树将来自立基础，只有在人家公司里学徒弟（这种办法你附带着还可以，跟着我做一两年学问，也很有益）。若该公司在天津，可以住在家里，或在南开兼些钟点。但这种办法为你们计，现在最不方便者是徽音不能迎养其母。若你得清华教授，徽音在燕大更得一职，你们目前生活那真合适极了（为我计，我不时到清华，住在你们那里也极方便）。只怕的是"晏安酖毒"[1]，把你们远大的前途耽误了。两方面利害相权，全要由你们自己决定。不过我看见有机会不能放过，姑且替你预备着一条路罢了。

东北大学事也有几分成功的希望，那边却比不上清华的舒服（徽音觅职较难），却有一样好处——那边是未开发的地方，在那边几年情形熟悉后，将来或可辟一新路。只是目前要挨相当的苦。还有一样——政局不定（这一着虽得清华，也同有一样的危险），或者到那边后不到几个月便根本要将计划取消。

以上我只将我替你筹划的事报告一下，你们可以斟酌着定归国时日。

五月四日 爹爹

---

[1] 晏安酖毒：沉溺于安乐，危害就像饮毒酒自杀一样。酖，同"鸩"。

1928 年 5 月 8 日

致 思 成 [1]

　　昨日杨廷宝来，言东北大学事，该大学理科学长高介清亦清华旧同学，该大学有建筑专系，学生约五十人，秋后要成立本科（前是预科），曾欲聘廷宝，渠不能往（渠在基泰公司），荐汝自代，薪俸月二百八十元，总算甚优。廷宝谓奉天建筑事业极发达，而工程师无一人，汝在彼任教授，同时可以组织一营业公事房，立此基础，前途发展不可限量。渠甚望汝先往开辟，渠将来尚思与汝打伙云云（津、沪等处业此者多，难与竞争）。我虽未得汝同意，已代汝应允矣。惟该系既属创办，汝之职或即是该系主任，故开学前应有许多准备，故盼汝最迟能以阳历八月十号前到家乃好。已别发一电促归（今日寄清华，叫思永英译），恐不明白，故急发此信。

　　清华事亦已提出评议会，惟两事比较，似东北前途开展之路更大，清华园是"温柔乡"，我颇不愿汝消磨于彼中，谅汝亦同此感想。

　　归期既如此匆促，则非走西伯利亚铁路不可，车期定后，务必发一电来（电中须声明日期，我或在北戴河车站迎汝），我当托哈尔滨（祖生在哈尔滨，或托彼往）中国银行或浙江兴业银行特派一人往满洲里招呼入境。我身子极好，便血几将肃清，勿念。

五月八日 爹爹

---

[1]　写给思成的信。之前梁启超为思成联系在清华大学和东北大学任职一事均有实现可能，梁启超认为东北大学在生活、工作条件上虽然更加艰苦，但可以让青年人得到更好的锻炼。为长远立身计，东北大学要比清华园更好。后来思成、徽音去东北大学任职。

致 思顺 [1]

顺儿：

昨日电汇美金八千，又另一电致思成，想皆收。

保险费只得三万三千，除去借款外，万六千余恰好合八千金，寄坎营业资本拟即从此截止。此后每月尚有文化基金会还我从前保单押款五百元，至明年二月乃满，但此款暂留作家用，不寄去了。

在寄去资本总额中，我打算划出三千或五千金借给你们营业，俾你们得以维持生活，到将来营业结束时，你们把资本还我便是了。因为现在思成婚礼即已告成，美中无须特别用款，津中家用现在亦不须仰给于此，有二万内外资本去营业，所收入已很够了。你在外太刻苦，令我有点难过，能得些贴补，少点焦虑，我精神上便增加愉快。

此信到时，计算你应该免身了，我正在天天盼望平安喜电哩。你和忠忠来信，都说"小加儿"，因此我已经替他取得名字了，大名叫做"嘉平"，小名就叫"嘉儿"，不管是男是女，都可用（若是男孩，外国名可以叫做"查理士"）。新近有人送我一方图章，系明末极有名的美术家蓝田叔（《桃花扇》中有他的名字）所刻"嘉平"两字，旁边还刻有《黄庭经》五句，刻手极精，今随信寄去，算是公公给小嘉儿头一封"利是"[2]。

思成（目前）职业问题，居然已得解决了。清华及东北大学皆请他，两方比较，东北为优，因为那边建筑事业前途极有希望，到彼后便可组织公司，从小规模办起，徐图扩充，所以我不等他回信，径替他做主辞了清华（清华太舒服，会使人懒于进取），就东北聘约了，你谅来也同意吧。

---

[1] 写给思顺的信。谈及家中孩子们的前途规划和自己的身体健康。其中对思成的职业进行谋划、关心思庄的学习状况以及自己的身体情况等。梁启超告说自己无论处何种境遇，常常是快乐的，希望孩子们不用为他的身体担心。

[2] 利是：即红包。

但既已应聘，九月开学前须到校，至迟八月初要到家，到家后办理庙见大礼，最少要十天八天的预备，又要到京拜墓，时日已不大够用了。他们回闽省亲事，只怕要迟到寒假时方能举行。

庄庄今年考试，纵使不及格，也不要紧，千万别要着急，因为她本勉强进大学，实际上是特别提高了一年，功课赶不上，也是应该的。你们弟兄姊妹个个都能勤学向上，我对于你们功课绝不责备，却是因为赶课太过，闹出病来，倒令我不放心了。

看你们来信，像是觉得我体子异常衰弱的样子，其实大不然。你们只要在家看见我的样子，便放下一千万个心了。你们来信像又怕我常常有忧虑，以致损坏体子，那更是误看了。你们在爹爹膝下几十年，难道还不知爹爹的脾气吗？你们几时看见过爹爹有一天以上的发愁，或一天以上的生气？我关于德性涵养的工夫，自中年来很经些锻炼，现在越发成熟，近于纯任自然了。我有极通达、极健强、极伟大的人生观，无论处何种境遇，常常是快乐的，何况家庭环境，件件都令我十二分愉快。你们弟兄姊妹个个都争气，我有什么忧虑？家计虽不宽裕，也并不算窘迫，我又有什么忧虑呢？

此次灌血之后，进步甚显著，出院时医生说可以半年不消再灌了。现在实行"老太爷生活"，大概半年后可以完全复原（现在小便以清为常态，偶然隔十天八天小小有点红，已成例外了），你们放一万个心罢。

时局变化甚剧，可忧正多，但现在也只好静观，待身子完全复原后，再做道理。

北戴河只怕今年又去不成，也只好随缘。天津治安秩序想不成问题，我只有守着老营不动。

五月十三日 爹爹

忠忠要小嘉儿做干孩子，和老白鼻商量不通，他说他是海军大将，要四个小兵，正缺短一个，等着小嘉儿补缺呢！

致 思成、徽音 [1]

思成、徽音：

近日有好几封专给你们的信，由姊姊那边转寄，只怕到在此信之后。

你们沿途的明信片尚未收到。巴黎来的信已到了，那信颇有文学的趣味，令我看着很高兴。我盼望你们的日记没有间断。日记固然以当日做成为最好，但每日参观时跑路极多，晚间疲倦，欲全记甚难，宜记大略，而特将注意之点记起（用一种特别记忆术），备他日重观时得以触发续成，所记范围切不可宽泛，专记你们最有兴味的那几件——美术、建筑、戏剧、音乐便够了，最好能多作"漫画"。你们两人同游有许多特别便利处，只要记个大概，将来两人并着复勘原稿，彼此一谈，当然有许多遗失的印象会复活，许多模糊的印象会明了起来。

能做成一部"审美的"游记，也算得中国空前的著述。况且你们是蜜月快游，可以把许多温馨芳洁的爱感，进溢在字里行间，用点心做去，可成为极有价值的作品。

东北大学和清华都议聘思成当教授，东北尤为合适，今将孝同来书寄阅——杨廷宝前几天来面谈所说略同。关于此事，我有点着急，因为未知你们意思如何（多少留学生回来找不着职业，所以机不宜失）。但机会不容错过，我已代你权且答应东北（清华拟便辞却），等那边聘书来时，我径自替你收下了。

时局变化剧烈，或者你们回来时两个学校都有变动也未可知，且不管他，到那时再说，好在你们一年半载不得职业也不要紧。

但既就教职，非九月初到校不可，欧游时间不能不缩短，很有点可惜。

---

[1] 写给思成、徽音的信。继续为仍在游欧旅途中的两人在今后就业上出谋划策。梁启超对此前自己建议撰写的日记（游记）非常关心，详细交代具体的操作细节。他认为"如果能做成一部审美的游记，将是中国空前的著述。"同时梁启超嘱咐了儿子儿媳关于回国时间和路线等问题。

而且无论如何赶路，怕不能在开学前回福州了，只好等寒假再说。关于此点，我很替徽音着急。又你们既决就东北，则至迟八月初非到津不可。因为庙见大礼万不能不举行，举行必须你们到家后有几天的预备才能办到。庙见后你们又必须入京省墓一次，所以在京、津间最少要有半个月以上的工夫。

赶路既如此忙迫，不必把光阴费在印度洋了，只好走西伯利亚吧。但何日动身，何日到本国境，总要先二十来天发一电来，等我派人去招呼，以免留滞。

我一月来体子好极了，便血几乎全息，只是这一个多月过"老太爷生活"，似乎太过分些，每天无所事事，恰好和老白鼻成一对。

今天起得特别早，太阳刚出，便在院子里徘徊，"绿阴幽草胜花时"，好个初夏天气也。

五月十四日 爹爹

1928年8月5日
致 思庄 [1]

庄庄：

听见你二哥说你不大喜欢学生物学，既已如此，为什么不早同我说。凡学问最好是因自己性之所近，往往事半功倍。你离开我很久，你的思想近来发展方向我不知道，我所推荐的学科未必合你的适。凡学问没有哪样不是好，合自己适（和自己的意兴若相近者），便是最好。你应该自己体

_____

[1] 写给思庄的信。思庄学习生物学一段时间后，发现自己对其并不感兴趣。梁启超原本也欢喜学生物学，望家里能出几个学自然科学的。但在得知此种情况后，他写信安慰思庄，希望她按照自己的兴趣选择专业进行学习。同时担心因为自己的话，影响女儿选择真正喜欢的专业。（思庄最终选择了图书馆学专业，后来成了中国一代图书馆学家。）

察做主，用姊姊、哥哥们当顾问，不必泥定爹爹的话。但是新学期若已经选定生物学，当然也不好再变，只得勉强努力而已。我很怕因为我的话，搅乱了你治学针路，所以赶紧写这封信。

八月五日 爹爹

附

诗二首

娴儿今日生日，作一诗示之 [1]

令娴我娇儿，今始满十七。泥爷乞作诗，用宠渠生日。阿爷尺有短，娴也夙所悉。论文若鮀佞 [2]，说诗遽艾吃 [3]。蚓笛偶一吟，闻者笑哑哑 [4]。何苦学子固，呕心献丑拙。重违此诚求，拉杂聊有述。忆汝初生时，吾方还里阓 [5]。太爷乍抱孙，欢喜乃无匹。平居重生男，诸姑壹靡 [6] 恤。阿好 [7] 独怜汝，旦夕不离膝。一夕扶醉归，仰桷画太乙。醒汝于母怀，摩汝始燥发。吾恃汝承欢，忘忧若怵怵。无何吾适燕，布衣对宣室。末技市

---

[1] 原载于《双涛阁日记》，无题，以"娴儿今日生日，作一诗示之"为题。作于宣统二年（1910）2月18日，思顺满17岁生日时。此诗叙述了思顺的成长过程，并教导其作文做人的方式。

[2] 鮀佞：鮀，即祝，春秋时卫国大夫；佞，口才。

[3] 艾吃：艾，即邓艾，三国时魏国名将，有口吃。

[4] 哑哑：大笑的样子。哑，音 xì。

[5] 里阓：家乡。

[6] 壹靡：一无。

[7] 阿好：即阿爸。

屠龙，客气吐扪蝨。未睹鹏翼举，已遭蛾眉嫉。雪涕出修门，轻身走溟渤。其时汝五龄，念未去梨栗。间关侍母来，省我蛟鼍窟。逃险茧生足，啼饥瘦见骨。却从眉宇间，神理见英发。郁彼璠玙[1]光，葆此蕙兰质。吾方不受命，思挽虞渊日。赢粮走八荒，穷日所出没。屡遭削孔迹，几见黔墨突。迩来又十年，景光驶以疾。汝已如我长，群季又兰茁。君子不教子，诵诗愧贻厥。自从哭鼎湖，世事愈硊硊[2]。悬知连城宝，永受迷邦刖。戢彼南图翼，理我西狩笔。稍从铅椠余，示汝学津筏。颇复雕文心，渐亦解诗律。论史慕膺滂，读左友桥肵。（令娴方补读《左氏传》《后汉书》，将卒业。）劄记日数条，课卷旬一帙。向拓颜欧书，昔昔劬不聿。有时曼声吟，啾唧若秋蟀。程功尚无忒，行此六阅月。堂奥虽未窥，所进已奔轶。当知学问道，有若蛾时术。千里积蹞[3]步，成之在无逸。欲薪文行远，首贵言有物。涓涓蹄涔[4]水，盈易涸亦忽。浩浩江河流，振古挹不竭。方今东西通，诸派竞滂浡[5]。物情自吹万，道际会贯一。傥有哲人兴，兹事吾敢必。汝已解作文，幸不病籒诘。行当渡西海，通邮掇华实。国学苟多荒，虽美终有阙。勉矣锲不舍，希圣究始卒。葆此雏凤声，毋为江北橘。

题艺蘅馆日记第一编[6]

古人于为学，终身与之俱。日计虽不足，月计必有余。业终及行成，

---

[1] 璠玙：音 fán yú，美玉名。

[2] 硊硊：音 niè wù，不安定。

[3] 蹞：同"跬"。

[4] 蹄涔：音 tí cén，容量、体积等微小。

[5] 滂浡：音 pāng bó，形容气势勃发盛大。

[6] 思顺于1910年初开始写日记，一年间得千纸，合订成《艺蘅馆日记第一编》，为此梁启超欣然题诗，曰《题艺蘅馆日记第一编》。作于宣统二年（1910）岁末。此诗强调为学之恒与专。

匪系聪与愚。偶铄旋复舍，不能摧朽株。盈科进无息，溟涬^[1]成尾闾^[2]。程功固要终，辨志良在初。汝于百家学，乃今涉其涂。日记肇庚戌^[3]，借用知所无。卒岁得千纸，占毕亦云劬。吾唯爱汝深，责难与凡殊。文章所固有，相期在道腴^[4]。简编我手答，戢戢^[5]蝇头书。发蒙通德艺，陈义杂精粗。当学岂只此，为汝举一隅。吾学病爱博，是用浅且芜。尤病在无恒，有获旋失诸。凡百可效我，此二毋我如。灯火自亲人，忽忽岁已除。言念圣路邈，益感日月徂^[6]。作诗诰小子，敬哉志弗渝。

词三首

鹊桥仙 自题小影寄思成 ^[7]

也还美睡，也还善饭，忙处此心常暇。朝来点检镜中颜，好像比去年胖些。天涯游子，一年噩梦，多少痛、愁、惊、怕。开缄^[8]还汝百温存，"爹爹里好寻妈妈"。

---

[1] 溟涬：音 mǐng xìng，水势无边际貌。

[2] 尾闾：江河的下游。

[3] 庚戌：1910 年。此年思顺 18 岁，思顺开始写日记，一年得千纸，梁启超为此而诗。

[4] 道腴：道之美，此指大道。

[5] 戢戢：密集貌。戢，音 jí。

[6] 徂：音 cú，往，过去，逝去。

[7] 原载于《饮冰室合集》，未注明写作时间。1924 年 9 月梁夫人李蕙仙去世，故诗中有"爹爹里好寻妈妈"之句。而 1924 年 6 月，思成赴美留学，依据词的内容"一年噩梦"，可知《鹊桥仙》作于 1925 年。此词主要诉说了对儿子的思念。

[8] 开缄：开拆信函。

（末句用来信语意）

虞美人　自题小影寄思顺 [1]

一年愁里频来去，泪共沧波注。悬知一步一回眸，嵌 [2] 著阿爷小影在心头。天涯诸弟相逢道，哭罢应还笑 [3]。海云不碍雁传书，可有夜床俊语寄翁无。

好事近　代思礼题小影寄思顺（滑稽作品） [4]

昨日好稀奇，进出门牙四个。刚把来函撕吃（事实），却正襟危坐。一双小眼碧澄澄，望着阿图和。肚里打何主意，问亲家 [5] 知么？

---

[1] 原载于《饮冰室合集》，未注明写作时间。1925 年 4 月，思顺随夫周希哲赴加拿大，依据词的内容"一年愁里频来去"，可知《虞美人》写作时间为 1926 年。表达了对女儿的思念。

[2] 嵌：音 qiàn，紧紧埋入。

[3] 哭罢应还笑：哭指姐弟们哭母亲之去世，笑是姐弟相逢而笑。

[4] 原载于《饮冰室合集》，未注明写作时间。词中有"进出门牙四个"（婴儿一般 4—10 月开始长门牙），思礼于 1924 年 8 月 24 日出生，而从词中"望着阿图和"一句可知思顺已到加拿大，1925 年 4 月后思顺在加拿大。依据词的内容，《好事近》写作时间大致推定为 1925 年。描写了小思礼之可爱。

[5] 亲家：指思顺的小孩。这里是开玩笑的说法，指思顺的小孩称思礼为干爹，故说亲家，不是常说的儿女亲家之意。

第二篇

致 妻子李蕙仙

1898 年 10 月 29 日

致 李蕙仙 [1]

南海师来，得详闻家中近状，并闻卿慷慨从容，词色不变，绝无怨言，且有壮语。闻之喜慰敬服，斯真不愧为任公闺中良友矣。大人遭此变惊，必增抑郁，惟赖卿善为慰解，代我曲尽子职而已。卿素知大义，此无待余之言，惟望南天叩托而已。令四兄最为可怜，吾与南海师念及之，辄为流涕。此行性命不知何如，受余之累，恩将仇报，真不安也。译局款二万余金存在京城百川通，我出京时，已全交托令十五兄，想百川通不致赖账。令兄等未知吾家所在，无从通信及汇寄银两，卿可时以书告之，需用时即向令兄支取可也。闻家中尚有四百余金，目前想可敷用。我已写信吴小村先生处，托其代筹矣。所存之银，望常以二百金存于大人处，俾随时可以使用，至要。若全存在卿处，略有不妥，因大人之性情，心中有话，口里每每不肯说出，若欲用钱时，手内无钱，又不欲向卿取，则必生烦恼矣。

望切依吾言为盼。卿此时且不必归宁（令十五兄云拟迎卿至湖北）。因我远在外国，大人遭此患难，决不可少承欢之人，吾全以此事奉托矣。卿之与我，非徒如寻常人之匹偶，实算道义肝胆之交，必能不负所托也。

---

[1] 李蕙仙（1869—1924）：梁启超的第一任夫人，同梁启超共育有 3 个孩子，长女梁思顺、长子梁思成、次女梁思庄。

吾在此受彼国政府之保护，其为优礼，饮食起居一切安便。张顺不避危难，随我东来，患难相依，亦义仆也。身边小事，有渠料理，方便如常，可告知两大人安心也。

1898 年 11 月 19 日

致 李蕙仙

前信想已收，吾在此情形，详与二弟信中，可取观。大人当此失意之时，烦恼定不知几多，近日何如？不至生病乎？吾今远在国外，侍奉之事，全托之于卿矣。卿明大义，必能设法慰解，以赎吾不孝之罪，吾惟有拜谢而已。家中情形如何？望常寄信告知。依吾与二弟信中所问各事，详复为盼。吾之起居，家中不必悬念，卿素明达，必能自宽解。二弟亦慷慨激昂，必不忧悲，吾亦不为念。母亲不甚口（编者注：缺字），不知忧悲，亦不足为念。但念父亲之苦楚，不知若何耳。若因念我而生病，则致一电，我当即归，若尚平安，则吾正二月间必归。因现时在东方应办事甚多，未能即行也。卿我之患难交，非犹寻常眷属而已。虽想思甚切，不敢涉私情也，惟望信甚急，乞即写回信，至要。

1898 年 11 月 26 日

致 李蕙仙

九月二十三日书悉一是。吾在此乃受彼中朝廷之供养，一切丰盛，方便非常，以起居饮食而论，尤胜似家居也。来书问有立足之地，当速来接云云。立足之地何处无之，在此即无政府之供养，而著书撰报亦必可自给。然卿之来，则有不方便者数事：

一、今在患难之中，断无接妻子来同住，而置父母兄弟于不问之理，若全家接来，则真太费矣，且搬动甚不易也。

二、我辈出而为国效力，以大义论之，所谓匈奴未灭，何以家为？若以眷属自随，殊为不便。且吾数年来行踪之无定，卿已知之矣。在中国时犹如此，况在异域？当无事时犹如此，况在患难？地球五大洲，随处浪游，或为游学，或为办事，必不能常留一处，则家眷居于远地，不如居于近乡矣。

三、此土异服异言，多少不便，卿来亦必不能安居，不如仍在澳[1]也，此吾所以决意不接来也。此间情形及吾心事，具见于大人安禀及二弟书中，可以取观。

来书谓想吾必非一蹶不振之人，然待吾扬眉吐气时不知卿及见否云云。卿本达人，志气不同凡女子，何必作颓唐语乎？此次之变，以寻常理势论之，先生及吾皆应万无生理，而冒此奇险，若有神助，种种出人意外，是岂无故哉？益信天之所以待我者厚，而有以玉成之也。患难之事，古之豪杰无不备尝，惟庸人乃多庸福耳，何可自轻乎？卿固知我，然我愿卿之自此以后，更加壮也。

先生之教，道理极多，吾间未以语卿，卿如有向学之志，盍暇日常与二弟讲论之。卿家居无甚事，经此变后，益当知世俗之荣辱苦乐，富贵贫贱，无甚可喜，无甚可恼，惟有读书穷理，是最快乐事。有时忽有心得，其乐非寻常所可及也。卿盍从事于此乎？若有志则常就二弟及薇君相与讲求，久之当想吾言之不谬也。

---

[1] 澳：澳门。

1898 年 12 月 10 日

致 李蕙仙

　　吾在此创报馆已成，下月十一日出报。现时未领薪，为俟其报销行后乃领也。在此一切起居饮食，皆日本国家所供给，未尝自用一钱，间有用者，惟做衣服数件，买书数种耳。行囊存银尚多，因家中目前敷用，故未寄来，今既大人愁穷，故日间即当先汇四百元归也。庶母弟妇若到，当加意和谐，免触老人之烦恼。二弟尚知大义，无事可与之谈学问，亦足稍解烦闷也。卿日来心绪何如？烦闷否？望告知，想必烦闷，不待问矣。然我深望卿之不烦闷也。

　　　　　　　　　　　　　　　　十二月十日 由横滨大同学校发

1899 年 3 月 13 日

致 李蕙仙

蕙仙鉴：

　　前寄一信，想失落。家中事一切已悉。令四兄得人陪伴，私心稍慰。鄂款既到，家用亦渐可无虑矣。余之心事议论，具于禀帖中，请取观之。……卿近日心事如何？无烦恼耶？余归期稍缓，所见之事，亦只得缓之，请卿暂耐可耳。卿来信不信我十一点能睡，真真被卿料着，盖两月以来，早已一切依旧矣。胡庆能如此尚好，渠若欲求荐地方，则可以荐之。渠现住何处耶？张顺我已收为门生，教渠读书尚好也。令十四兄书已收。望为我谢之，言我不便写信，恐累他也。令十四兄能来东游最善。我等读日本书所得之益极多极多。他日中国万不能不变法，今日正当多读些书，以待用也。望即以此意告之。

1899年5月3日

致 李蕙仙

蕙仙鉴：

三月三日来书具悉。家居愁闷，此是意中事。然境遇如此，无可如何，惟望善自排遣而已。来同居之说，我初接来信时亦有此意，因横滨开女学校，欲请薇君为教习，故我之意欲令卿与同来也。惟昨日忽接先生来一书，极言美洲各埠同乡人人忠愤，相待极厚，大有可为。而金山人极仰慕我，过于先生。今为大局计，不得不往，故又不能接卿来矣。

广东人在海外者五百余万人，人人皆有忠愤之心，视我等如神明，如父母，若能联络之，则虽一小国不是过矣。今欲开一商会，凡入会者每人课两元，若入会者有一半，则可得五百万元矣。以此办事，何事不成？今即以横滨一埠论之，不过二千余人，而愿入会者足二千人，其余各埠亦若此耳。此事为中国存亡之一大关键，故我不辞劳苦以办之。美洲各埠情形，先生来信详之，可向仲策取阅也。

先生与我，志在救世，不顾身家而为之，岂有一跌灰心之理。望以此意写信告十四哥，并言吾因避嫌不写信与彼云云可也。

岳母年高，卿之乡思，不问可知。今大人及家人皆团聚澳门，卿虽离膝下，亦无不可。惟此时安得有人送卿归宁乎？若再以劳诸令兄，窃恐甚难，若能有人来接，则归宁甚善也。吾已禀诸大人，惟须卿写信往问定乃可耳。寄来照相一片，衣冠虽异，肝胆不移，贻此相对，无殊面见矣。

致 李蕙仙

本埠自西五月初一日，始弛疫禁，余即遍游各小埠演说。现已往者两埠，未往者尚三埠。檀山乃八岛布列于太平洋中，欲往小埠，必乘轮船，航海而往，非一月不能毕事，大约西六月杪始能他行也。来檀不觉半年矣，可笑。

女郎何蕙珍者，此间一商人之女也。其父为保皇会会友。蕙珍年二十，通西文，尤善操西语，全檀埠男子无能及之者，学问、见识皆甚好，喜谈国事，有丈夫气。年十六即为学校教师，今四年矣。一夕其父请余宴于家中，座有西国缙绅名士及妇女十数人，请余演说，而蕙珍为翻译。明晨各西报即遍登余演说之语，颂余之名论，且兼赞蕙珍之才焉。余初见蕙珍，见其粗头乱服如村姑，心忽略之；及其入座传语，乃大惊，其目光炯炯，绝一好女子也。及临行，与余握手（檀俗华人行西例，相见以握手为礼，男女皆然）。而言曰："我万分敬爱梁先生，虽然，可惜仅敬爱而已，今生或不能相遇，愿期诸来生，但得先生赐以小像，即遂心愿。"余是时唯唯而已，不知所对。又初时有一西报为领事所嘱，诬谤余特甚，有人屡作西文报纸与之驳难，而不著其名，余遍询同志，皆不知。及是夕，蕙珍携其原稿示我，乃知皆蕙珍所作也。余益感服之。虽近年以来，风云气多，儿女情少，然见其事，闻其言，觉得心中时时刻刻有此人，不知何故也。越数日，使赠一小像去（渠报以两扇）。余遂航海往游附属各小埠，半月始返。既返，有友人来谓余曰："先生将游美洲，而不能西语，殊为不便，亦欲携一翻译同往乎？"余曰："欲之，然难得妥当人。"友人笑而言曰："先生若志欲学西语，何不娶一西妇晓华语者，一面学西文，一面当翻译，岂不甚妙？"余曰："君戏我，安有不相识之西人闺秀而肯与余结婚？且余有妇，君岂未知之乎？"友人曰："某何人，敢与先生作戏言？先生所言，某悉知之，某今但问先生，譬如有此闺秀，先生何以待之？"余熟思片时，乃大悟，遂谓友人曰："君所言之人，吾知之，吾甚敬爱之，且特别思之。

虽然，我尝与同志创立一夫一妻世界会，今义不可背，且余今日万里亡人，头颅声价，至值十万，以一身往来险地，随时可死，今有一荆妻，尚且会少离多，不能厮守，何可更累人家好女子。况余今日为国事奔走天下，一言一动，皆为万里人所观瞻，今有此事，旁人岂能谅我？请君为我谢彼女郎，我必以彼敬爱之心敬爱彼，时时不忘，如是而已。"友人未对。余忽又有所感触，乃又谓之曰："吾欲替此人执柯可乎？"盖余忽念及孺博也。友人遽曰："先生既知彼人，余亦不必吞吐其词，彼人目中岂有一男子足当其一盼？彼于数年前已誓不嫁矣，请先生勿再他言。"遂辞去。

今日（距友人来言时五日也）又有一西人请余赴宴，又请蕙珍为翻译，其西人即前日在蕙珍家同宴者，乃蕙珍之师也。余于席上与蕙珍畅谈良久，余不敢道及此事，彼亦不言，却毫无爱恋抑郁之态。但言中国女学不兴为第一病源，并言当如何整顿小学校之法以教练儿童，又言欲造切音新字，自称欲以此两事自任而已。又劝余入耶稣教，盖彼乃教中人也。其言滔滔汩汩，长篇大段，使几穷于应答。余观其神色，殆自忘为女子也，我亦几忘其为女人也。余此次相会，以妹呼之，余曰："余今有一女儿，若他日有机缘，当使之为贤妹女弟子。"彼亦诺之不辞。彼又谓余曰："闻尊夫人为上海女学堂提调，想才学亦如先生，不知我蕙珍今生有一相见之缘否？先生有家书，请为我问好。"余但称惭愧而已。临别，伊又谓余曰："我数年来，以不解华文为大憾事，时时欲得一通人为师以教我，今既无可望，虽然，现时为小学校教习，非我之志也。我将积数年来束脩所入，特往美洲就学于大学堂，学成归国办事。先生他日维新成功后，莫忘我，但有创办女学堂之事，以一电召我，我必来，我之心惟有先生。"云云。遂握手珍重为别。

余归寓后，愈益思念蕙珍，由敬重之心，生出爱恋之念来，几于不能自持。明知待人家闺秀，不应起如是念头，然不能制也。酒阑人散，终夕不能寐，心头小鹿，忽上忽落，自顾生平二十八年，未有如此可笑之事者。今已五更矣，起提笔详记其事，以告我所爱之蕙仙，不知蕙仙闻此将笑我乎？抑恼我乎？吾意蕙仙不笑我，不恼我，亦将以我敬爱蕙珍之心而敬爱之也。我因蕙仙得谙习官话，遂以驰骋于全国；若更因蕙珍得谙习英语，将来驰骋于地球，岂非绝好之事？而无如揆之天理，酌之人情，按之地位，皆万万有所不可也。吾只得怜蕙珍而已。然吾观蕙珍磊磊落落，无一点私情，我知彼之心地，必甚洁净安泰，必不如我之可笑可恼。故我亦不怜之，惟有敬爱之而已。蕙珍赠我两扇，言其手自织者，物虽微而情可感，余已用之数日，不欲浪用之。今以寄归，请卿为我什袭藏之。卿亦视为新得一妹子之纪念物，何如？

呜呼！余自顾一山野鄙人，祖宗累代数百年，皆山居谷汲耳。今我乃以二十余岁之少年，虚名振动五洲，至于妇人女子为之动容，不可为非人生快心之事。而我蕙仙之与我，虽复中经忧患，会少离多，然而美满姻缘，百年恩爱，以视蕙珍之言，今生不能相遇，愿期诸来生者，何如？岂不过之远甚！卿念及此，惟当自慰，勿有一分抑郁愁思可也。有檀山《华夏新报》（此报非我同志）所记新闻一段剪出，聊供一览。此即记我第一次与蕙珍相会之事者也。

下田歌手之事，孝高来书言。此人极有名望，不妨亲近之，彼将收思顺为门生云。卿已放缠足否？宜速为之，勿令人笑维新党首领之夫人尚有此恶习也。此间人多放者，初时虽觉痛苦，半月后即平复矣。不然，他日蕙珍妹子或有相见之时，亦当笑杀阿姊也。一笑。家中坟墓无事，可勿念。大人闻尚在香港云。

1900 年 6 月 30 日

致 李蕙仙

蕙仙鉴：

得六月十二日复书，为之大惊，此事亦可以禀堂上？卿必累我挨骂矣；

即不挨骂，亦累老人生气。若未寄禀，请以后勿再提及可也。前信所言不过感彼诚心，余情缱绻，故为卿叙述，以一吐其胸中之结耳。以理以势论之，岂能有此妄想？我之此身，为众人所仰望，一举一动，报章登之，街巷传之，今日所为何来？君父在忧危，家园在患难，今为公事游历，而无端牵涉儿女之事，天下之人岂能谅我？我虽不自顾，岂能不顾新党全邦之声名耶？吾既已一言决绝，且以妹视之。吾因无违背公理，侵犯女权之理。若如蕙珍者，岂可屈以妾媵？但度其本意，无论如何席位，皆愿就也。惟任公何人，肯辱被此不可多得之人才耶？他日若有所成，复归故乡，必迎之家中，择才子相当者为之执柯，设一女学校，使之尽其所长，是即所以报此人也。至于他事，则此心作沾泥絮也久矣。

吾于一月来，述历附近各小埠，日在舟车鞍马上，乡人接待之隆，真使人万万不敢当。然每日接客办事，无一刻之暇，劳顿亦极矣。卿来信所嘱，谓此事若作罢论，请即放过一边，勿常常记念，以保养身子云云。此却是卿过虑之处。曾记昔与卿偶谈及，卿问别后相思否？我答以非不欲相思，但可惜无此暇日耳。于卿且然，何况蕙珍？在昔且然，何况今日？惟每接见西人，翻译者或不能达意，则深自愤恨，辄忆此人不置耳。近亦月余不见此人，因前事颇为外人所传闻，有一问者，我必力言并无其影响，盖恐一播扬，使蕙珍难为情也。因此之故，更避嫌疑，不敢与相见。今将行矣，欲再图一席叙话，不知能否也。

拳匪陷京、津，各国干涉，亡国在即，吾党在南，不识能乘时否？嗟夫！嗟夫！吾独何人，尚喁喁作儿女语耶？……再者，卿来书所论，君非女子，不能说从一而终云云，此实无理。吾辈向来倡男女平权之论，不应作此语。与卿相居十年，分携之日，十居八九，彼此一样，我可以对卿无愧。稍愧者在京一次，在东一次耳。一笑。虽自今以后，学大禹之八年在外，三过其门而不入，卿亦必能谅我。若有新人双双偕游各国，恐卿虽贤达，亦不能无小芥蒂也。一笑！吾虽忙杀，然知卿闲杀闷杀，故于极忙之中，常不惜偷半多之闲，写数纸与卿对语，任公血性男子，岂真太上忘情者哉？其于蕙珍，亦发乎情，止乎礼义而已。

第三篇

家世与亲人

三十自述 [1]

　　"风云入世多，日月掷人急。如何一少年，忽忽已三十。"此余今年正月二十六日在日本东海道汽车中所作《三十初度口占十首》之一也。人海奔走，年光蹉跎，所志所事，百未一就，揽镜据鞍，能无悲惭？擎一 [2]既结集其文，复欲为作小传。余谢之曰："若某之行谊经历，曾何足有记载之一值，若必不获已者，则人知我，何如我之自知？吾死友谭浏阳 [3] 曾作《三十自述》 [4]，吾毋宁效颦焉，作《三十自述》。"

　　余乡人也，于赤县神州，有当秦汉之交，屹然独立群雄之表数十年，用其地，与其人，称蛮夷大长，留英雄之名誉于历史上之一省。于其省也，有当宋元之交，我黄帝子孙与北狄异种血战不胜，君臣殉国，自沉崖山，留悲愤之记念于历史上之一县，是即余之故乡也。乡名熊子，距崖山七里强，当西江入南海交汇之冲，其江口列岛七，而熊子宅其中央，余实中国

---

[1]　梁启超 1902 年作此文，讲述了自己 30 年间受教求学经历，讲述自己童年受教于祖父、父母之情形；以及学习经学、史学、文学之经典教育；同时还讲述了自己如何受到康有为的影响，参加政治运动；以及对于中国未来政治前途的考量。

[2]　擎一：即何擎一，广东人，康有为弟子，第一本梁启超文集的编者。

[3]　谭浏阳：即谭嗣同（1865—1898），字复生，号壮飞，湖南省浏阳人。

[4]　《三十自述》：《谭嗣同全集》作《三十自纪》。

极南之一岛民也。先世自宋末由福州徙南雄，明末由南雄徙新会，定居焉，数百年栖于山谷。族之伯叔兄弟，且耕且读，不问世事，如桃源中人。顾闻父老口碑所述，吾大王父 [1] 最富于阴德，力耕所获，一粟一帛，辄以分惠诸族党之无告者。王父 [2] 讳维清，字镜泉，为郡生员，例选广文，不就。王母氏黎。父名宝瑛，字莲涧，凤教授于乡里。母氏赵。

余生同治癸酉 [3] 正月二十六日，实太平国亡于金陵后十年，清大学士曾国藩卒后一年，普法战争后三年，而意大利建国罗马之岁也。生一月而王母黎卒，逮事王父者十九年。王父及见之孙八人，而爱余尤甚。三岁，仲弟启勋生。四五岁，就王父及母膝下授《四子书》《诗经》，夜则就睡王父榻，日与言古豪杰哲人嘉言懿行，而尤喜举亡宋、亡明国难之事，津津道之。六岁后，就父读，受中国略史，五经卒业。八岁学为文。九岁能缀千言。十二岁应试学院，补博士弟子员，日治帖括，虽心不慊之，然不知天地间于帖括外更有所谓学也，辄埋头钻研。顾颇喜词章，王父、父母时授以唐人诗，嗜之过于八股。家贫无书可读，惟有《史记》一、《纲鉴易知录》一，王父、父日以课之，故至今《史记》之文能成诵八九。父执有爱其慧者，赠以《汉书》一、《姚氏古文辞类纂》一，则大喜，读之卒业焉。父慈而严，督课之外，使之劳作，言语举动稍不谨，辄呵斥不少假借，常训之曰："汝自视乃如常儿乎？"至今诵此语不敢忘。十三岁始知有段、王训诂之学，大好之，渐有弃帖括之志。十五岁，母赵恭人见背，以四弟之产难也。余方游学省会，而时无轮舶，奔丧归乡，已不获亲含殓，终天之恨，莫此为甚。时肄业于省会之学海堂，堂为嘉庆间前总督阮元所立，以训诂词章课粤人者也。至是乃决舍帖括以从事于此，不知天地间于训诂词章之外更有所谓学也。己丑，年十七，举于乡，主考为李尚书端棻 [4]、

---

[1] 大王父：即曾祖父。

[2] 王父：即祖父。

[3] 同治癸酉：即 1873 年。

[4] 李端棻（1833—1907），字苾园，湖南衡阳人，出生于贵州贵筑。清朝著名政治家、改革家。主试广东省乡试时，将堂妹许配给新科举人梁启超。

王镇江仁堪。年十八，计偕[1]入京师，父以其稚也，挈与偕行，李公以其妹许字焉。下第归，到上海，从坊间购得《瀛环志略》，读之，始知有五大洲各国。且见上海制造局译出西书若干种，心好之，以无力不能购也。

其年秋，始交陈通甫[2]。通甫时亦肄业学海堂，以高才生闻。既而通甫相语曰："吾闻南海康先生上书请变法，不达，新从京师归，吾往谒焉，其学乃为吾与子所未梦及，吾与子今得师矣。"于是乃因通甫修弟子礼，事南海先生。时余以少年科第，且于时流所推重之训诂词章学颇有所知，辄沾沾自喜。先生乃以大海潮音，作师子吼，取其所挟持之数百年无用旧学更端驳诘，悉举而摧陷廓清之。自辰入见，及戌始退，冷水浇背，当头一棒，一旦尽失其故垒，惘惘然不知所从事，且惊且喜，且怨且艾，且疑且惧，与通甫联床竟夕不能寐。明日再谒，请为学方针，先生乃教以陆王心学，而并及史学、西学之梗概。自是决然舍去旧学，自退出学海堂，而间日请业南海之门。生平知有学自兹始。

辛卯，余年十九，南海先生始讲学于广东省城长兴里之万木草堂，徇通甫与余之请也，先生为讲中国数千年来学术源流、历史政治、沿革得失，取万国以比例推断之。余与诸同学日札记其讲义，一生学问之得力皆在此年。先生又常为语佛学之精奥博大，余凤根浅薄，不能多所受。先生时方著《公理通》《大同书》等书，每与通甫商榷，辨析入微，余辄侍末席，有听受，无问难，盖知其美而不能通其故也。先生著《新学伪经考》，从事校勘；著《孔子改制考》，从事分纂。日课则宋元明儒学案、二十四史、《文献通考》等。而草堂颇有藏书，得恣涉猎，学稍进矣。其年始交康幼博。十月，入京师，结婚李氏。明年壬辰，年二十，王父弃养。自是学于草堂者凡三年。

甲午，年二十二，客京师，于京国所谓名士者多所往还。六月，日本战事起，惋愤时局，时有所吐露，人微言轻，莫之闻也。顾益读译书，治算学、

---

[1]　计偕：指举人赴京参加会试。

[2]　陈通甫：即陈千秋（1869—1895），通甫为其字，号随生，广东南海人，康有为弟子。

地理、历史等。明年乙未，和议成，代表广东公车百九十人，上书陈时局。既而南海先生联公车三千人，上书请变法，余亦从其后奔走焉。其年七月，京师强学会开，发起之者为南海先生，赞之者为郎中陈炽、郎中沈曾植、编修张孝谦、浙江温处道、袁世凯等，余被委为会中书记员。不三月，为言官所劾，会封禁。而余居会所数月，会中于译出西书购置颇备，得以余日尽浏览之，而后益斐然有述作之志。其年始交谭复生、杨叔峤、吴季清、铁樵子发父子。

京师之开强学会也，上海亦踵起；京师会禁，上海会亦废。而黄公度[1]倡议续其余绪，开一报馆，以书见招，三月去京师，至上海，始交公度。七月《时务报》开，余专任撰述之役，报馆生涯自兹始，著《变法通议》《西学书目表》等书。其冬，公度简出使德国大臣，奏请偕行，会公度使事辍，不果。出使美、日、秘大臣伍廷芳复奏派为参赞，力辞之。伍固请，许以来年往，既而终辞，专任报事。丁酉四月，直隶总督王文韶、湖广总督张之洞、大理寺卿盛宣怀，连衔奏保，有旨交铁路大臣差遣，余不之知也。既而以札来，黏奏折上谕焉，以不愿被人差遣辞之。张之洞屡招邀，欲致之幕府，固辞。时谭复生宦隐金陵，间月至上海，相过从，连舆接席。复生著《仁学》，每成一篇，辄相商榷，相与治佛学，复生所以砥砺之者良厚。十月，湖南陈中丞宝箴、江督学标聘主湖南时务学堂讲席，就之。时公度官湖南按察使，复生亦归湘助乡治，湘中同志称极盛。未几，德国割据胶州湾事起，瓜分之忧震动全国，而湖南始创南学会，将以为地方自治之基础，余颇有所赞画。而时务学堂于精神教育，亦三致意焉。其年始交刘裴邨、林暾谷、唐绂丞，及时务学堂诸生李虎村、林述唐、田均一、蔡树珊等。

明年戊戌，年二十六，春大病，几死，出就医上海，既痊，乃入京师。南海先生方开保国会，余多所赞划奔走。四月，以徐侍郎致靖之荐，总理衙门再荐，被召见，命办大学堂译书局事务。时朝廷锐意变法，百度更新，南海先生深受主知，言听谏行，复生、暾谷、叔峤、斐邨以京卿参与新政，

---

[1] 黄公度：即黄遵宪（1848—1905），字公度，广东嘉应人，近代著名诗人、政治家、外交家。

余亦从诸君子之后，黾勉尽瘁。八月政变，六君子为国流血，南海以英人仗义出险，余遂乘日本大岛兵舰而东。去国以来，忽忽四年矣。

戊戌九月，至日本。十月，与横滨商界诸同志谋设《清议报》。自此居日本东京者一年，稍能读东文，思想为之一变。己亥七月，复与滨人共设高等大同学校于东京，以为内地留学生预备科之用，即今之清华学校是也。其年美洲商界同志，始有中国维新会之设，由南海先生所鼓舞也。冬间美洲人招往游，应之，以十一月首途，道出夏威夷岛，其地华商二万余人相萦留，因暂住焉。创夏威夷维新会，适以治疫故，航路不通，遂居夏威夷半年。至庚子六月，方欲入美，而义和团变已大起，内地消息风声鹤唳，一日百变，已而屡得内地函电，促归国，遂回马首而西。比及日本，已闻北京失守之报。七月急归沪，方思有所效，抵沪之翌日，而汉口难作，唐、林、李、蔡、黎、傅诸烈先后就义，公私皆不获有所救。留沪十日，遂去，适香港。既而渡南洋，谒南海，遂道印度，游澳洲，应彼中维新会之招也。居澳半年，由西而东，环洲历一周而还。辛丑四月，复至日本。

尔来蛰居东国，忽又岁余矣，所志所事，百不一就，惟日日为文字之奴隶，空言喋喋，无补时艰。平旦自思，只有惭悚。顾自审我之才力，及我今日之地位，舍此更无术可以尽国民责任于万一。兹事虽小，亦安得已？一年以来，颇竭棉（绵）薄，欲草一《中国通史》，以助爱国思想之发达，然荏苒日月，至今犹未能成十之二。惟于今春为《新民丛报》，冬间复创刊《新小说》，述其所学所怀抱者，以质于当世达人志士，冀以为中国国民遒铎之一助。呜呼！国家多难，岁月如流，眇眇之身，力小任重。吾友韩孔广 [1] 诗云："舌下无英雄，笔底无奇士。"呜呼！笔舌生涯，已催我中年矣。此后所以报国民之恩者，未知何如？每一念及，未尝不惊心动魄，抑塞而谁语也。

孔子纪元二千四百五十三年壬寅十一月任公自述。

---

[1] 韩孔广：即韩文举（1864—1944），字树园，号孔广，广东番禺人，康有为弟子。

从军日记 [1]

当云南首义之初，广西之响应久为全国所期待，凡曾与陆幹卿将军接者，共信其无变也。荏苒两月，音响转寂，于是渐或窃窃焉忧之。正月下旬，吾致幹卿一书，将三千言，为反复申大义、剖利害。吾与幹卿既未前识，且兹事苟非内断诸心者，即游说，何由进？吾书不敢期于有效，尽道而已。二月十九日，吴柳隅介见一客，曰陈协五（祖虞），自言奉幹卿命相招，且曰："我朝至，桂夕发矣。"其来至突兀，其事亦不中情理，初甚诧焉。同人且咸有戒心，谓将毋阱我，然吾察言观色，觉其情真也。协五复为言，有唐伯珊（绍慧）者，陆之心腹也，三日后行且至，更衔令竭诚致我，且通殷勤于冯将军。翌日，同人来会于静安寺路之寓，谓吾行虽不容冒昧，然必以使往，得其情，取进止，觉顿请行，孟曦副焉。约以二十五日丹波丸发，船票既购定矣，而唐伯珊以二十二日果至，述桂中经画至纤悉，更无置疑之余地，幹卿所为必欲致我者，自谓不堪建设之任，非得贤而共之，不轻发也。如所言，幹卿之器识抑过人远矣，吾遂不谋于众，许以立行。然伯珊言，当俟彼行后十日许，我乃发上海而与彼会于海防，且觉顿辈之行，亦须与彼偕，否则道中滋险也。而伯珊尚须如金陵谒冯华甫，以故并觉顿亦不得发。时滇军方与贼相持于泸渝间，状至险艰，待桂之兴，如旱望云。伯珊往返金陵，逾一来复，此一来复之焦灼，殊难为怀也。初吾侪于此事

---

[1] 民国五年（1916年）三月，梁启超应陆荣廷的邀请，绕经香港、越南赶到广西，参加护国运动。五月六日，军务院在广东肇庆成立，梁启超任抚军兼政务委员长。在职期间，军务院的布告、文电大都由梁启超亲自执笔。此文叙述 1916 年 2 月 19 日至 3 月 17 日梁启超的从军经历。

秘之甚坚，与闻者六七人而已，而协五、伯珊之来，藉辗转介绍，其踪迹渐露于外。沪上一派之政客，或喜刺消息而腾播之以夸衔其声气，吾之行止，寝假乃供多士谈柄，日益烂漫，乃至《时事新报》之北京访员以专电见报。吾虑自此不复能行矣。

三月初一日，日本驻沪武官青木中将来谒，亦既有所闻，持以相质，吾告以实，遂乘势托以代筹途旅，盖逆料此行之艰阻，不能免也。青木慨然自任，而使其属官松井者负其责。翌日松井报命，言既与东京、香港往复商定，属乘初四日由上海展轮之横滨丸至香港，更乘妙义山丸入越南之海防。议既定，而伯珊亦至自金陵，遂偕行。此议初发生，最费踟躇者，则告南海先生与否也。原无取隐乎南海，然南海以不能守秘密著闻，吾此行在途二十日，生命常在人掌握中，未当以为戏也。顾两月来，南海以吾凡百专擅，蓄怒既久，今此大举而不以告，他日责备，何以堪者？实则吾之专擅，良非得已，若事事禀承南海，靡特吾精神上常感不断之苦痛，抑凡今之与我共事者，皆将舍我去矣。难言之隐，莫此为甚。虽然，吾终不欲更开罪于长者，故濒行遂决告之。吾在沪本蛰居不出一步，仍使觉顿往谒将意，南海深嘉许，固在意中。然有意外者，则正色大声疾呼，以主张其平昔之复辟论也，且谓吾辈若不相从，后此恐成敌国。其言甚长而厉，觉顿咋舌，唯唯而已。此等不祥之言，本无价值，然正恐有利用之者，劳他日一番收拾也，颇思在舟中作一长书相忠告。其夜君勉至，遂与极陈利害，托其代诤，君勉深然吾言，然亦自审不能匡救也。吾已就睡，君勉始至，剧谈殆至达旦，时三月三日也。南海闻吾不挟仆卫行，则大诧而深忧之。

三月四日午前十时，乘日本邮船会社之横滨丸发上海，从者汤觉顿、黄溯初、黄孟曦、蓝志先、吴柳隅，并吾与唐伯珊都七人。自兹以往，昼伏夜动，作客子畏人之态之者垂两旬，大类剧场中之过昭关，且演之再四，滋可笑也。生平酷嗜海行，今蛰伏舱之最下层，在锅炉旁拓一室，饮食寝处其间，溽闷至不可耐。每深夜群动尽息，窃蹑舷栏，一晌凭眺，谓此乐万钟不易，因悟天下之至乐，但当于至苦中求之耳。舟居既多暇，遂撰重要文告数种备用。先是既为广西草电两通，一致袁氏劝退职之最后通牒，一通电各省申讨，至是复为草致广东龙、张二氏之最后通牒，及檄告广东军民、檄告在粤云南军士二篇。濒行之夕，唐蓂赓[1]书至，极言选举元首、设立临时政府之急务。因思两广既下，兹事信不容再缓，乃覃思其条理，以谓黄陂继任，乃约法上当然之程序，但依法宣言一次已足，无须选举，选举乃反非法也。国务院在法律上无从发生，在事实上仓猝发生，必招恶果。今方当以综核名实救袁氏之敝，若最初即建一指鹿为马之责任内阁，其所以异于袁者几何？故拟在军政时代设一军务院，厉行开明专制，磊磊落落，名实相副。院置抚军无定员，以合议制裁决军国重事，其抚军即以现在首义掌兵之人充之，而主互选一人为抚军长。窃以此为今日临时政府最善之制，与同行诸员往复讨论，佥所赞许，乃草拟关于元首继承军务院组织之宣言书五通、公电四通，军务院组织条例附焉。以其间暇读书，读吉田静致所著《现代与道德》终卷，其学说宗倭铿，殊有精辟语；读《通俗世界全史》第六编尽半部，其书以吉朋之罗马衰亡史为蓝本，用演义体，至可喜。中间又为日本人所嬲，作书十数幅。此横滨丸中海行数日之功课也。

七日，舟抵香港，同行诸人皆登陆，惟吾独留，盖所转乘之妙义山丸尚未至，须待数日也。老父方在港，恐贻惊忧，不敢往朝。初以为抵港后吾据有全舟，恣所游适，而桎拘乃返，逾曩四日间竟不敢登舷一步。盖香港政府似已微审吾踪迹者，诇舟中不已，而觉顿、伯珊同投一逆旅，装甫卸，警吏数辈至，倾筐箧事搜索，且曰："同行三人，其一安在？"时觉顿箧中，片纸只字，纤悉检举，而机要文牍在伯珊小革囊中者独漏网，亦天幸矣。在沪时闻旅行越南之护照甚易得，但费数金耳，故不复厝意。至港乃闻新例至苛，须本人亲到法领事馆验照相，且印手模，虽日本人亦然。此例于初三日始厉行，吾离沪前一日也。其是否专以惎我，盖未可知。然吾得护照之望则既绝，吾力主直越省城冲梧州，盖袁党必不料我敢于出此，似险实稳也。使溯初走商同人，溯初既持不可，而觉顿反对尤烈，余子和之，

---

[1]　唐蓂赓：即唐继尧（1883—1927），字蓂赓，云南会泽人，滇系军阀，1915年与蔡锷一起发动"护国运动"。

议遂辍。七八两日中，日本驻粤武官、驻港领事、邮船会社三井洋行两支店长皆来谒，备极殷勤，港中党人领袖林隐箐（虎）亦至，然百方求护照，终不可得。

八日，谭典虞自省来谒，吾复与商入梧之策，典虞奔走一日，布置就绪，而觉顿持之甚坚，谓安能以我为孤注，彼有死不承？议复寝。于是只能贸贸然仍适海防，作偷渡之计矣。多人则偷渡，更无所施。乃议分道，觉顿与伯珊于初九日入梧州，此原议也；志先、柳隅亦于数日复入梧州，则典虞所为我布置者，彼两人履之；孟曦则依严重繁复之程序取护照，以蹴我于海防；我独与溯初偕，作鼠态也。发沪时服华服，箧中春衣亦数袭，且备衾褥，至是悉屏去，服西服，冒称日本人，行李一小革囊耳。十一日，港中党人领袖李印泉（根源）、杨畅卿（永泰）等四人来访，谈极畅，且极沉漙。盖此次各派皆经淘汰，去莠留良，其良者皆饱受数年来苦痛之教训，客气悉除，误解一扫，人人各自忏悔其前此之所为，温和派有然，激烈派亦有然，此佳朕也。

偷渡之举，今全托诸日本人矣。而日人所规划，信复纤悉周备，数口岸十数人通力合作，全神营注，所以将护者惟力是视，盖受之于彼政府也。所乘之妙义山丸，以十二日正午发香港，盖三井洋行之运煤船也。三井支店长林氏，以小轮由横滨丸伴渡彼舟，登舟即展轮，一刻不淹。船以运煤为职，俭陋狼藉可想，然彼盖临时为我别治一室，一切器用悉新置，饮馔亦腆，舱面特加粪除洗涤，黝光可鉴。三日夜恣我徜徉，呼吸海气。横滨丸为缛丽之地狱，此其朴僿之天堂矣。舟中日与溯初独对，谈燕至乐。因念幹卿此次殷殷相招，期我以粤中善后，初时同人殊不愿我以此自承，谓终不能行其志，徒败名耳。虽然，中国之政治，以省为单位也久矣，今后此种积重之势且有加无已。吾侪自审能否谢事不任，如其不能，宜审所择，欲行其志，恐地方实较中央优也。此当视所以与幹卿相处者何如，若其耦俱无猜，固当任之，即恭敬桑梓，亦宜尔也。溯初深以为然。舟中草《敬告国人》一篇，读民友社出版之《近代文学》、稻毛诅风著之《现代思潮与教育》终卷。

舟宜以十四午达彼岸，阻雾半日，十五晨至焉。彼岸曰洪厓，产煤地也，距防里程未询悉，小轮船程则五小时也。海防有日商曰横山者，驻港日领事以政府之命，命彼于十四日赴洪厓，候妙义山丸入港，受指挥，横山如期至。十五晨，船长告以故，彼一谒我，即折归海防部署。当船将入港时，船长即豫幽我二人于舱底之一室，煤为四壁，以烟养肺，吾蛰其间凡十四小时，畏人见也。其夜三时，横山以游船来，且挟其夫人及夫人之女伴与俱。时风雨凄厉，天黑如磐，游船舣吾舟一里外。吾侪出煤室，随船长颠顿趋陆，别以小筏渡赴游船，盖竟夜不就枕，顾事后闻船长宗像氏乃亘三夜不敢交睫也，吾与溯初和衣假寐。至翌晨，横山来，余起，张目推篷，喜欲起舞，境之幽奇，盖我生所未见也。距洪厓市十里许，石岛棋布海中千数，皆壁立绝蹄攀，而细树杂花，朦胧其上，似笋者，似几者，似鼓者，似盖者，似编磬者，似榻似枕者，似曲屏风者，似盂者，似漏壶者，似蛇蟠者，似鹭立者，似骑士者，似垂冕旒者，似僧入定者，殊态诡状，不可殚纪。童时泝江见小孤山，至今叹奇绝，今小孤千百，耀我心目，安得不狂舞？溯初咄吾旁曰："是未足敌我雁荡也，无极峭耸之峰。"吾曰："天下事岂不付诸机缘？我生能否至雁荡，殊不敢知，觌此既叹天之厚我矣。"于是吾舟穿点群岛间者凡六七小时。正值烟雨迷空，益缥缈动出尘想，吾欲求古人诗名状之不可得，惟魏武《短歌行》"东临碣石，以观沧海。水何澹澹，山岛耸峙"一章，气象庶几仿佛。中间亦舍舟探一洞，溯初殊平视之，我之俭眼，惟赞仰而已。又驾小筏观打鱼，鱼大小垂三十尾，以百二十小钱易之。念此间人生计之觳薄，一为怃然。午后四时，舟乃向海防。自念吾今日所趋何事，所履何涂，乃竟有此半日与此冲夷闲旷之境相会，信乎天之厚我也。

横山岂导我清游？导我偷渡耳。盖力避关吏议察，纡其涂，延其晷，入夜八时，悄然达海防矣。海防有侨商张南生者，云南特派员也，忠纯而密察，以人招之至，商今后进取之路，而以法人受袁之托，讥禁甚严，无所为计，且为言袁政府昨方有电至，专指目我，劝速发勿淹。然吾与伯珊约，待彼相迓，彼最速亦七日后乃能至也，于是横山乃更谋，匿余于其牧场。

越南政府前此颇能中立，不左右袒，最近态度乃一变，袁之魔术乃如将敛之彗，余芒犹熠熠也。综所历地，尚以上海为最自由，若海防者，虽接境滇、桂，而消息一无所通，可慨也。是夜即宿横山家，家殊湫隘，仅一榻，彼夫妇所御者，让我与溯初作大被同眠，此安能适者？更和衣相对一夕而已。时十六日也，夜分，南生以唐蓂赓三书至，促吾往其急也。

吾欲遂入镇南关，逆伯珊于前途，溯初力阻勿蹈险。翌十七晨，卒与横山赴其牧场曰帽溪者，汽车行二时许，适野之乐可想也。牧场与矿区相属，地数十里，皆横山所有，役工徒至七百余人。横山十年前孑身至此，不名一钱，今如中世小侯，拥采地矣。有教育之国民，而能以力自拓其命运，可敬羡也。吾既当隐此间一来复，以待桂使，念光阴蹉跎可惜，乃遣溯初先赴云南。盖云南望我既久，吾既不能往，宜亟以人慰劳之，且待商之事亦至多也。溯初挟日人陈护照，称新闻记者，下午三时，复与横山返海防，今夕行矣。于是同行七人，今惟吾孑身在万山中，一小行箧里十数卷书相伴耳。

自离沪迄今未半月，所历殊变幻复赜，可演小小一部冒险小说也。就中所最感叹者，则日本人之恳切而致密，各种各色人，咸动于其政府默示指挥之下，如身使臂，臂使指，条理井然，而乐于趋功，无倦容，无强态。虽一事也，可以喻大，如此之国民，安往而不优胜者？彼今固无所为而为之，至竟有所为耶？无所为耶？念此抑滋憬也。

吾既坚践溯初之约，誓枯坐六七日待伯珊矣。此间距镇南关，仅汽车程二小时，将以小舟适谅山再偷渡，不复经海防与河内，袁谍纵密，当无如我何也。此六七日不可负，欲利用之著《国民浅训》一书，成否，抑未敢知。

　　　　　　　　　　　三月十七日记于越南帽溪山庄

哀　启 [1]

哀启者，不孝启超，今负人间世无等之重罪，犹复觍然 [2] 视息，更何敢有所述以辱我先君子？虽然，我先君子之潜德，与夫不孝之罪状，固不可不于未死之前一陈述也。呜呼痛哉！先君子往矣，当世贤士大夫其久亲炙于先君子者盖寡，或罕能道其行谊，然吾乡邻族鄸 [3]，乃至附近诸县鄸之耆献，闻先君子之丧，虑无不汍澜 [4] 怆悼。是以知先君子平昔之德业，感人深也。

吾家自始迁新会，十世为农，至先王父教谕公始肆志于学，以宋明儒义理名节之教贻后昆，而先君子以幼子最见钟爱，传家学独劭。少亦治举子业，连不得志于有司，遂谢去，教授于乡。不孝启超、启勋及群从昆弟，自幼皆未尝出就外傅，学业根柢，立身藩篱，一铢一黍，咸禀先君子之训也。先君子常以为所贵乎学者，淑身与济物而已。淑身之道，在严其格以自绳；济物之道，在随所遇以为施。故生平不苟言笑，跬步必衷于礼，恒情嗜好无大小，一切屏绝。取予之间，一介必谨。自奉至素约，终身未尝改其度。不孝等每劝勿太自苦，辄教以家风不可坏，而蠹然 [5] 以后辈之流于淫佚为忧也。

粤濒海，民俗夙剽悍，赌、盗、械斗，视为常业。先君子常疾首痛恨，谓三害不去，乡治无由。而举吾乡凤曾与邻乡曰东甲者，械斗三十年不解。东甲固同宗也，颇挟其科第资财，思以屈我乡，乡人愈积不能平。

---

[1] 1916 年 3 月 14 日，梁父名宝瑛去世，梁启超此时正与蔡锷师徒发动"护国运动"，推翻袁世凯统治，两个多月后才闻讣告，遗憾不已，撰写该文。该文记叙了其父的生平履历、为人处世、德性品格及其自己对于父亲的忏悔之情。

[2] 觍然：觍，音 miǎn，惭愧貌。

[3] 鄸：通"党"。

[4] 汍澜：音 wán lán，流泪的样子。

[5] 蠹然：蠹，音 xì，悲伤、痛惜。

既而不孝启超弱冠登第，稍有声于庠序，乡人咸欲假以伸夙怨。先君子曰："此和解之时，非报复之时也。"率不孝诣东甲，谒其宗祠，遍拜其父老，使执子弟礼加谨。于是东甲大欢，积年乾糇之愆[1]尽蠲，至今敦睦友助，过他乡焉。县之诸乡化之，斗者尽惭，相率请先君子为之解纷，先君子未尝不锐以自任，而所至，盖未尝不宁息。寖假而邻县，若新宁、若香山、若开平、若恩平、若鹤山，其乡之民有悁忿思斗者，辄相语曰："其先质成于梁太公。"先君子则不问祁寒暑雨，必裹粮匍匐以救之。盖近三十年，此数县械斗之风稍息，民命藉以全活者，不知其几，皆先君子心力为之也。先君子谓赌为盗源，欲化盗，必先禁赌。比年以来，治粤者方以奖赌为理财妙用，全粤久成赌国，独吾乡则博簺[2]之具不得入境。盖先君子之于此物，嫉之甚严，而禁之甚周。当初禁时，子弟有不率教者，或于丛箐中辟密室，或匿舟港汊复曲之处，风雨深夜，相聚而嬉。先君子恒踏泥泞，揭沼沚以搜索之。既得，则诲以利害，至于流涕，彻旦不息。先君子尝缘此犯霜露致疾，而受者亦内疚以自澡雪，卒为善士。久之而比闾相戒，以不忍欺矣。粤海滨诸县，为群盗窟宅垂百年。吾乡绾毂厓山之口，称最冲剧，顾比岁乡中无一盗，而外盗亦未或敢一相扰。盖自先君子既任乡政，先绝赌以清盗源，复办团以防盗侵。吾乡虽丁男不满千，然团保之力实足以自固。故三十年来，办清乡之军吏，其足迹未尝一履吾茶坑，而吾茶坑亦未尝一度以盗案劳有司之检护。在乡人固安之若素，而不知皆先君子瘁渍心血以易之也。呜呼！频年来先君子以不孝故，常播越于外乡，风亦稍替矣，而茶坑之乡治犹为最于吾粤。使先君子之业不一中辍，其所大造于乡，宜何如者？使先君子之业扩而充之，其所大造于国，宜何如者？先君子虽排难解纷，日不暇给，事后有言谢者，则掩耳，若将浼踧踖，若无以自容。或强之，则所受以糕饵二纸、盒酒二瓶为常，

---

[1] 乾糇之愆：出自《诗经·小雅·伐木》。诗中有"民之失德，乾糇以愆"之句。乾糇，干粮，糇，音 hóu；愆，音 qiān，过失、过错；乾糇之愆，一口干粮而致的过错。

[2] 簺：音 sài，古代一种赌博性游戏。

自挈以归。糕饵则赉童孺，曰此某乡某某长老所馈也；酒则贮以飨客。瓶累累有标识，视一岁积瓶，而本岁所和息之事，其数可知也。或问："事非切己，何所求？何所为？而劳苦若此。"先君子则曰："吾亦不自知，吾但觉人有困厄，为吾力所能解者，苟吾力不尽，则吾心一息不能自安耳。"直至去年夏秋之间，先君子为林姓与陈姓、周姓与刘姓两械斗案，犹费数月之力为之往复奔走，其老而无倦也若此。孔子称"仁者安仁"。呜呼！吾先君子几近之矣。

先君子之孝友睦慈，其庸德实为人所莫能及。不孝启超生始弥月，而先王母黎见背，不及见其所以孝养者如何，而逮事先王父教谕公者犹二十年。教谕公年七十四，而弃养时，先伯父松涧公先卒已四十年，先仲父梅涧公先卒亦十六年矣。教谕公自六十五以后，无岁不病，两伯母皆异宫以处，唯先君子与先慈实日夜侍。昔人称奉亲懿行，谓衣不解带、目不交睫者若干月。若吾父母之事吾王父，则十年之中若此者，岁必数月也。先慈既以积劳奄逝，其最后五年之役，则先君子一身自任之。自饮食以逮溲溺，息息需人，先君子必躬自操执，子侄仅得间接承事而已，曾未有所假手。教谕公常以先君子之能治乡事为乐，且于诸孙学业责望至切。先君子日则劬劳乡社乡校间，夕则就病榻报告成绩以博欢笑，盖十年如一日。逮教谕公既考终，不孝等稍稍成立，而先君子精力亦渐渐耗瘁矣。先君子同怀六人，其四荐逝，唯家三姑母适赵氏者齿弱于先君子六岁，今又健存而既寡居。故数十年兄妹相依为命，浃旬不见，则结辖[1]不能自解。先大伯母二十五而寡，先君子事之如母；有一子为先兄启昌，字伯蕃，先君子笃爱之过于不孝兄弟，顾授之学，督课甚严，不稍姑息，学成饩于庠，才名籍甚。先君子方稍自慰，而伯蕃遽以二十九岁夭没，妇以哀殉，遗三子，不数年而长、次复继夭，唯幼仅存。先君子深痛极恸，坐是更不忍与先伯母远离。盖先伯母极人生不堪之境遇，晚而失明，能排遣一二以保其天年者，唯先君子是赖。先君子既以友于之爱，不愿斯

---

[1] 结辖：辖，音 sè，用皮革缠叠而成的车旁障蔽物。结，连接起来，比喻心中郁结不畅。

须去乡井。而不孝启超乃自作孽，亡命十余年不返，贻先君子以惊忧播越，至再至三。间岁辄一涉重洋，抚视不孝等而噢咻[1]之。然在家则系念儿孙，远出又萦怀嫂妹。十余年间，心绪未尝一日宁帖。先君子之无量痛苦，一一皆不孝贻之感也。

先君子精力之强，体魄之健，逾于常人，平生极操劳而遘疾殊少。年二十八，遭先王母之丧。先王母之丧，以急病气息既不属，而先君子始躬负以归命于祖屋之正寝，其间相距可半里，因感受医家所谓骹风者。自是每遇暴风雨将至，辄全身筋骨作酸痛，数十年不治，然舍此无他大疾苦。辛亥之冬，尝大病一次，时革命方酣，广东秩序大乱，扶病以适日本。不孝等一见欲号，盖面目几不可认识矣。已而颐养数月，健善似反过其旧。去年三月，不孝等南归介寿，而先君子复率之遍展诸墓，攀崖越岭，步履甚健，不孝等窃窃自喜慰，谓更锡十龄，彼苍其或不有所悋[2]。时帝制之议已寖萌芽，不孝启超乃窃请于先君子，谓将弃官避世，奉亲以终。先君子正色切责曰："汝与项城既已共事，项城苟欲干国纪，汝宜思所以匡救之，阻止之；不得则思所以裁制之，惩治之。不务此二者，而唯思洁其身，非能率吾教也。"遂督促克日北上，不孝等乃皇悚告行。呜呼痛哉！酷哉！使早知彼日即为与吾亲永诀之时，虽日日威以夏楚，何当寸步去左右？使吾亲早知彼爱子自兹以往，即无复更受彼顾复之日，当亦不忍割此心上肉而麾之去也。呜呼痛哉！酷哉！不孝启超岂复能齿于人类？禽兽犹知反哺，不孝乃并禽兽而不如。先王父卧病十年，先君子未尝一日不侍侧，犹常以奉侍不谨，引为大感。不孝之于先君子，乃并未尝得一刹那顷奉侍，受病不知何时，服食不知何药。当吾亲宛转殗殜[3]之日，正不孝指天画地之时，两月不成服，百日不奔丧，日日锦衣美食，华堂宴处，钩心斗角，抗颜抵掌，以谈当世之务，人伦道尽，何以自容！

[1]　噢咻：音ō xiū，安抚、抚慰。

[2]　悋：同"吝"，吝惜。

[3]　殗殜：音yè dié，生病半卧半起。

呜呼痛哉！酷哉！先君子之丧，旧历二月十一日，而今历三月十四也。距丧前半月，不孝奉手谕，告以尝撄小极，旋已痊愈。谕中以陈林械斗将复起，不能卒调停，引为至憾。复谆谆言三舍妹姻事，冀速见其成。末更授不孝以苏子瞻《留侯论》，命终身诵焉。由今思之，语语皆遗命也，使不孝稍有感觉者，以彼时奔归侍养，何患不及事？不孝罪孽积躬天夺之魄，闻亲病而狃于小愈，瞑然不以为意，有噩症而不自知也。呜呼痛哉！酷哉！不孝之罪实通于天。

　　先君子盖病于香港，殁于香港。其时不孝启超身在香港，而乃委死父于不顾也。不孝方应武鸣陆公[1]之召，入桂从军，而取道香港，以三月八日至十二日行。不审以何罪业为鬼瞵弄，自发罪念，妄以所履至险，惧贻老父忧，不敢往朝，且不敢通闻问疾。大渐两日，而不孝乃去港。不孝去港两日，而病遂不起也。闻先君子之病，初本甚微，忽见报纸，谣登不孝启超发狂疾入医院，疑惧相乘，遂以增剧。使不孝能以其时忽诣膝下，安见不霍然病已？即不尔，而更征良医选药物，病殊非不可疗。盖病之加剧，乃在误食汤圆，胀梗胃际，非不治之症。而人事有未尽也，天乎？律以《春秋》许止不尝药之义，不孝启超乃躬弑吾父也。呜呼痛哉！酷哉！先君子弥留之际，乃严责家人，毋得以电召不孝启超，谓不孝方有事于国也。使不孝犹在国中者，无论如何，其必能闻报而奔视含敛。乃万咎所丛，天罚未已，使之越在安南，窎远[2]夐绝之域，蜷伏辗转，经月始达南宁，音信梗断，百无睹闻。由南宁而梧州而肇庆而广州，中更事态万千，所历又复经月。不孝启勋等罪又万死，乃徇亲朋之请，匿不以告。而不孝启超于此两月中，乃食肉衣锦，雍容欢笑，曾不自知其非人。亲朋所以为不孝计者，用心至苦曲，而用情至厚挚，不孝其安敢有怼？独恨不孝天性凉薄，自绝于天，自绝于吾父，遭此大故，阅数十日曾不能于寤寐中得一征兆以自警觉，致陷于旷古未闻之大戾而未由自赎，

---

[1]　武鸣陆公：即陆荣廷（1859—1928），广西武鸣人，桂系军阀领袖。

[2]　窎远：遥望。窎，音 diào。

实自求祸，其又谁尤？犹复不知其罪，嚣然思于役异域，道出港沪之间。不孝启勋始不能更复有所隐，一一告以实，而不孝启超既已成天地间莫大之罪人，而永劫弗克自湔拔矣。呜呼痛哉！酷哉！邦人诸友不知其不肖，或妄以国事相期许，国事丝毫何所裨补，而只此一垂老之亲，生不克养，病不克侍，丧不克亲。悠悠万古，人间何世！彼苍者天，曷其有极！今者干戈满眼，魑魅搏入，奉輀归葬，不知何日？大事未了，安敢祈死以益其罪？有靦苟活，诚知不复能齿于人数，但思乘此苦块余生，一述先君子之盛德大业，庶几海内耆硕长老锡以鸿藻，永其讴思。小之为泉壤之光，大之兴国人之化，则不孝等虽死之日，犹生之年。神志瞀乱，语无伦次，伏唯矜鉴。棘人梁启超、启勋、启文、启雄泣血稽颡。

我之为童子时 [1]

我所爱之童子乎，汝若不知我为谁，问汝先生及汝父兄，或能告汝。汝欲听我为童子时之故事乎？我大半忘记，所记一二，请以语汝。

我为童子时，未有学校也，我初认字，则我母教我。直至十岁，皆受学于我祖父、我父，我祖父母及我父母皆钟爱我，并责骂且甚少，何论鞭挞。然我亦尝受鞭三次，至今犹历历可记，汝等愿闻此老受鞭之故乎？

我家之教，凡百罪过，皆可饶恕，惟说谎话，斯不饶恕。我六岁时，不记因何事，忽说谎一句，所说云何，亦已忘却，但记不久即为我母发觉。时我父方在省城应试也，晚饭后，我母传我至卧房，严加盘诘。我一入房，已惊骇不知所措。盖我母温良之德，全乡皆知，我有生以来，只见我母

---

[1]　梁启超回忆自己儿时受到的家庭教育，其中主要讲述了自己6岁时因说谎而遭到母亲严厉教训的事情。梁启超对母亲的教训常铭记在心，梁母在梁启超15岁时弃世，故回忆此事。

终日含笑，今忽见其盛怒之状，几不复认识为吾母矣。我母命我跪下受考问，我若矢口自承其罪，则此鞭或遂逃却，亦未可知。无奈我忽睹母威，仓皇失措，妄思欺饰以雾母怒。汝等试思，母已知我犯罪，然后发怒，岂复可欺饰者？当时我以童子无识，出此下策，一何可笑。汝等勿笑，可怜我稚嫩温泽之躯，自出胎以来，未尝经一次苦楚。当时被我母翻伏在膝前，力鞭十数。我母当时教我之言甚多，我亦不必一一为汝等告，但记有数语云："汝若再说谎，汝将来便成窃盗，便成乞丐。"汝等试思，我母之言，得毋太过否？偶然说句谎话，何至便成窃盗，便成乞丐？我母旋又教我曰："凡人何故说谎，或者有不应为之事，而我为之，畏人之责，其不应为而为也，则谎言吾未尝为；或者有必应为之事，而我不为，畏人之责，其应为而不为也，则谎言吾已为之。夫不应为而为，应为而不为，已成罪过矣。若己不知其为罪过，犹可言也，他日或自能知之；或他人告之，则改焉而不复如此矣。今说谎者，则明知其为罪过而故犯之也；不惟故犯，且自欺欺人，而自以为得计也。人若明知罪过而故犯，且欺人而以为得计，则与窃盗之性质何异？天下万恶，皆起于是矣。然欺人终必为人所知，将来人人皆指而目之曰：'此好说谎话之人也。'则无人信之，既无人信，则不至成为乞丐焉而不止也。"我母此段教训，我至今常记在心，谓为千古名言。汝等试思，此为名言否耶？最可怜者，我伯姊陪我长跪半宵，犹复独哭一夜。伯姊何为哭？惧我父知之，我所受鞭扑更甚于今夕也。虽然，我伯姊之惧徒惧矣，我母爱我甚，且察我已能受教，遂未尝为我父言也。

呜呼！吾母弃养将三十年矣，吾姊即世亦且十年。吾述此事，吾涕沾纸矣。汝等有母之人，须知天下爱我者，无过于母，而母之教训，实不易多得。长大而思母训，恐母不我待矣。

悼 启 [1]

悼启者：先室李夫人，实贵筑京兆公讳朝仪之季女，累代清门，家学劭茂。夫人以同治己巳生于永定河署，幼而随任京畿山左。京兆公亡于位，乃全眷返家园。光绪己丑，尚书苾园先生讳端棻主广东乡试，夫人从兄也，启超以是年领举，注弟子籍，先生相攸，结婚媾焉。于是夫人以二十三岁归于我。

启超故贫，濒海乡居，世代耕且读，数亩薄田，举家躬耘，获以为恒。夫人以宦族生长北地，嫔炎乡一农家子，日亲井臼操作，未尝有戚容。夫人之来归也，先母见背既六年，先继母长于夫人二岁耳，夫人愉愉色养，大得母欢，笃爱之，过所生。戊戌之难，启超亡命海外，夫人奉翁姑，携弱女，避难澳门。既而随先君省我于日本，因留寓焉。启超素不解治家人生产作业，又奔走转徙，不恒厥居，惟以著述所入给朝夕。夫人含辛茹苦，操家政，使仰事俯畜无饥寒。自奉极刻苦，而常撙节所余，以待宾客，及资助学子之困乏者。十余年间，心力盖瘁焉。夫人厚于同情心而意志坚强，富于常识而遇事果断，训儿女以义方，不为姑息。儿曹七八人，幼而躬自授读，稍长，选择学校，稽督课业，皆夫人任之，启超未尝过问也。幼弟妹三人，各以十龄内外依夫人就学，夫人所以调护教督之者无不至。先姊早世，遗孤甥赵瑞莲、瑞时、瑞敬三人。外家诸侄李桂姝、续忠、福鬘，皆蚤丧母，夫人并饮食教诲之如己子。诸甥侄亦忘其无母也。启超自结婚以来，常受夫人之策厉襄助，以粗自树立。蚤岁贫，无所得书，夫人辄思所以益之。记二十一岁时，所蓄竹简斋石印二十四史，实夫人嫁时簪珥所易也。中岁奔走国事，屡犯险艰，夫人恒引大义鼓其勇。洪宪之难，启超赴护国军，深夜与夫人诀。夫人曰："上自高堂，下逮儿女，我一身任之，

---

[1] 1924年9月13日，梁启超夫人李蕙仙去世，他作《悼启》一文，叙述夫人的生平、为人处世、道德品格。其中涉及夫人对儿女教育作出的贡献，同时并及夫人所患乳癌的痛苦和自己忏悔和怀念之情。

君但为国死，毋反顾也。"辞色慷慨，启超神志为壮焉。至其平日操持内政，条理整肃，使启超不以家事婴心，得专其力于所当务，又不俟言也。

呜呼！天祐不终，夺我良伴，何其速耶！何其酷耶！夫人体气至强，一生无病，民国四年冬，忽患乳癌。乳癌，诸病中最酷毒者，全世界医家迄今未得其病因及救治法，惟恃割治，割必复发，发至不能割，则束手焉。夫人自得病以来，割既两度，今春再发，蔓及项肋之际，与血管相接，割无所施，沉绵半年，卒以不起。然夫人性最能忍，虽痛苦至剧，犹勉自持。儿子思成、思永卒业清华学校，属当适美留学，恋恋不欲行。夫人虑其失学，挥之使去，曰："吾病无害，能待汝曹归也。"呜呼！孰谓竟与其爱子长别耶！夫人夙倔强，不信奉任何宗教，病中忽皈依佛法。没前九日，命儿辈为诵《法华》。最后半月，病入脑，殆失痛觉，以极痛楚之病而没时安隐，颜貌若常，岂亦有夙根耶？哀悼之余，聊用慰藉而已。略陈行谊，不敢溢美，海内君子，宠以哀诔，俾塞儿曹哀思，不胜大愿。

亡妻李夫人葬毕告墓文 [1]

维民国十有四年，岁次乙丑，夏历八月既望，鳏夫启超率哀子思顺、思成、思永、思忠、思庄、思达、思懿、思宁、思礼，奉先室李夫人灵柩永安于京西香山卧佛寺之东原，实夫人周忌之后一日也。既克葬，乃以特牲、

---

[1] 《梁任父先生年谱长编》此文名《祭梁夫人文》，1925 年 10 月《清华文艺》1 卷第 2 号所刊名《亡妻李夫人葬毕告墓文》，兹取后者。文录《长编》所载，并分段。梁启超夫人李蕙仙于去世后次年 10 月 3 日安葬于北京西香山卧佛寺之东原（今香山北京植物园内）。该文为下葬告墓祭文，实作于下葬 5 天前。该文表达自己的忏悔、哀痛之情，赞扬妻子生前的美德，对于自己生活的帮助，对于家庭责任的承担。

清酒、庶羞、果蔌享于墓门而告之曰：

呜呼！君真舍我而长逝耶？任儿女崩摧号恋而一瞑不视耶？其将从君之母，挈君之殇子，日逍遥于彼界耶？其将安稳住涅槃，视我辈若尘芥耶？呜呼哀哉！

自君嫔我，三十三年。仰事父母，俯育儿女，我实荒厥职，而君独任其仔肩。一家之计，上整立规范，下迄琐屑米盐，我都弗恤，君理董之，肃然秩然。君舍我去，我何赖焉？

我德有阙，君实匡之；我生多难，君扶将之；我有疑事，君榷君商；我有赏心，君写君藏；我有幽忧，君噢使康；我劳于外，君煦使忘；我唱君和，我揄君扬。今我失君，只影徬徨！呜呼哀哉！

君我相敬爱，自结发来，未始有忤。七年以前，不知何神魅所弄，而勃谿一度。君之弥留，引疚自忏，如泣如诉。我实不德，我实无礼，致君痼疾，岂不由我之故？天地有穷，此恨不可极，每一沉思，捶胸泪下如雨。呜呼哀哉！

君之疾举世医者知其不瘳，胡乃深自讳匿而驱爱子远游？吾悔不强拂君意使之少留，致彼终天泣血欲赎而末由。去年正月，去年五月，去年七月乃至八月，刹那刹那，千痛万惨，永印我心头。

呜呼！我知君之诸子，实君第二生命。我今语君以彼辈，君其聪听：顺[1]自侍君疾以迄执君丧，几劳毁以灭性；君与我固常忧其病，今幸无恙，随婿挈孙，徜徉大陆，起居殊胜。阿庄[2]，君所最系恋，今从厥姊，学而能竞。成、永[3]长矣，率君之教，无失其恒性。一月以前，同气四人，天涯合并，相持一恸，相看一笑，不知有多少悲愉交迸！君倘曾一临存，——当那边夜深人静？忠、达、懿、宁[4]，正匐伏墓前展敬；君试一煦摩省视，看曾

---

[1] 顺：即思顺。

[2] 阿庄：即思庄。

[3] 成、永：即思成、思永。

[4] 忠、达、懿、宁：即思忠、思达、思懿、思宁。

否比去年淑令！小子礼[1]在怀，君恨不一见而瞑；今已牙牙学唤母，牙牙学唤母，君胡弗应？呜呼哀哉！

君之去我，弹指经年。无情凉月，十三回圆。月兮月兮为谁圆？中秋之月兮，照人弃捐！呜呼！中秋月兮，今生今世与汝长弃捐，年年此夜，碧海青天。呜呼哀哉！

有怀不极，急景相催。寒柯辞叶，斜径封苔；龙蛇素旐[2]，胡蝶纸灰；残阳欲没，灵风动哀；百年此别，送君夜台。尘与影兮不可见，羌蜷局兮余马怀。五里一反顾，十里一徘徊。

呜呼！人生兮若交芦，因缘散兮何有？情之核兮不灭，与天地兮长久。碧云兮自飞，玉泉兮常溜。卧佛兮一卧千年，梦里欠伸兮微笑。郁郁兮佳城，融融兮隧道，我虚兮其左，君宅兮其右。海枯兮石烂，天荒兮地老，君须我兮山之阿，行将与君兮于此长相守。呜呼哀哉！尚飨！（民国十四年九月三十日撰书）

---

[1] 礼：即思礼。

[2] 旐：音 zhào，出丧时，在灵柩前引路的旗幡。

第四篇

家教与讲学

读《孟子》记 [1]

一、孟子略传

　　孟子名轲，邹人（邹为春秋邾国，今山东邹县）。盖生于周烈王时，当周平王东迁后三百八十余年，孔子卒后九十余年，秦始皇并天下前百五十余年，民国纪年前二千二百八十余年。（万斯同《孟子生卒年月辨》定为生于烈王四年己酉，但所据之书不甚古，今不敢武断，但举约数耳。）其时七雄并立，而泗上十二小侯尚存。孟子所尝游居之国，在七雄中曰梁、曰齐，在小侯中曰邹、曰鲁、曰宋、曰滕、曰薛、曰任。孟子受业于子思之门人，而私淑孔子。（受业子思之门人，据《史记·孟荀列传》。而《汉书·艺文志》本注云，子思弟子，赵岐《孟子注序》亦云长师孔子之孙子思，后人遂有谓《史记》门人之人字为衍文者。崔述《孟子事实录》云：孔子之卒，下至孟子游齐、燕人畔时，一百六十六年矣。伯鱼之卒，在颜渊前，则孔子卒时，子思尚不下十岁。而孟子去齐后居邹之宋之薛之滕，复游鲁而后归老，则孟子在齐时，亦不过六十岁耳。即令子思享年八十，距孟子之生尚三十余年，孟子何由受业于子思乎？孟子曰："予未得为孔子徒也，予私淑诸人也。"若亲受业子思，必当明言其人以见其传之者同，何得但

---

[1]　该文是1918年梁启超暑假在家时为儿女讲《孟子》的讲义，生前未全部发表。

云人已乎？孟子之学深远，恐不仅得之于一人，如孔子之无常师者然，故但云私淑诸人耳）。其于古圣人最乐道尧、舜、文王、伊尹、伯夷、柳下惠，而所愿学终在孔子。孔子卒后，儒分为八（据《韩非子·显学篇》）。邹鲁学者多断断于礼容之末节而不见其大，惟子思述家学以作《中庸》，上探本于性与天道，而下及经纶天下之大经，孟子受其传而光大之，儒学一新焉。（孟子虽然亲受业子思，然其得子思之传则无疑，合《中庸》《孟子》两书读之可见也。《荀子·非十二子篇》以子思、孟子连举而并攻之，谓案饰其辞而祗敬之曰："此真先君子之言也，子思倡之，孟轲和之。"观此可知孟子之学所出也。）以为人所以能宏道者，由其有良知良能，故言性善。此善性当务自得而有诸己，故言存养。此善性当博极其量，故言扩充。其教人在先立乎其大者则其小者不能夺。故与曾子一派专务致谨于容貌、辞气、颜色之间者有异，与子夏一派专讲进退应对之节、传章句之文者亦有异，其示人入道之途有二，曰狂，曰狷。狂者进取，故勇于自任，以圣人为必可学，以天下事为必可为；狷者有所不为，故尚名节峻崖岸，不屑不洁，终未尝枉道以徇乎人也。时商鞅方以法术功利之说致秦于富强（商鞅入秦时，孟子约十一二岁，商鞅见杀时，孟子约三十四五岁），而苏秦、张仪、公孙衍之流，复以纵横游说人主，势焰倾天下（苏秦合纵时，孟子约四十岁。孟子游梁时，公孙衍、张仪，皆先后相梁），而诸国数交战无宁岁（齐梁桂陵之战，孟子约二十岁。齐梁马陵之战，秦梁岸门之战，孟子约三十二三岁。梁楚襄陵之战，孟子约五十岁。六国合兵摈秦至函谷，孟子约五十五岁。齐灭燕，燕畔齐，孟子约六十岁。秦楚丹阳之战，孟子约六十一岁。楚灭越时，孟子约四十岁[1]。赵灭中山时，孟子约八十岁），孟子深嫉之。故其论政也，以怀利为大保，以禁民为要义[2]。而非攻寝兵之诜，尤三致意焉。指善战阵工聚敛者为民贼，斥纵人横人为妾妇之道。然其理想之政治固在统一，特谓欲求统一，当以仁政而不以战耳。欲行其

---

[1] 四十岁：此误。或当作"七十岁"。

[2] 此句有误，似当作"以怀利为不保，以禁民为非义"。

道，乃见诸侯，年逾五十始游梁。时梁惠王数败于军旅，卑礼厚币以招贤者，孟子因至焉。以仁义语惠王，不能用也。居三岁，惠王卒，襄王立，孟子去梁。时齐宣王新即位，招致贤士于稷下，孟子往焉。由梁返邹，由邹之任之平陆乃入齐（约五十四五岁），仕齐为客卿，中间以母丧归葬于鲁（约五十六七岁）。既终丧，鲁侯欲礼而用之，以沮不果。复至齐，既而齐伐燕，取之。孟子劝宣王存燕，不听，燕人果畔，宣王惭焉。孟子致为臣而去，年已六十矣。孟子陈义既高，不为时主所悦，又以道自重，不肯下人，故难进易退。所至之国，未尝有所终三年淹。既去齐，返邹，过宋，滕文公为世子，就见焉。文公嗣立（其年不可考），孟子游滕，为制井田。然滕壤地褊小，终不能大有为，孟子亦遂归老于邹。与其弟子万章之徒序《诗》《书》，述仲尼之意，作《孟子》七篇（此据《史记》本传文也。赵岐《孟子题词》则以七篇为孟子所自著。今考其书于时君皆举其谥，其中梁惠王、齐宣王固先孟子卒，若鲁平公、邹穆公、梁襄王、滕文公之类，未必皆先孟子卒。疑此书由孟子发凡起例，而弟子写定之，《史记》之言当矣。书中诸弟子惟万章、公孙丑二人不称子，或即由二子写定耶）。其弟子之著者，曰万章，曰公孙丑，曰乐正子（名克），曰公都子，曰屋庐子（名连），曰徐辟，曰陈臻，曰充虞，曰陈代，曰彭更，曰咸邱蒙，曰桃应。并时学者相与上下议论者，曰告子（失其名，其人能先孟子不动心，言性又多合于孔子，盖儒家一大师也），曰宋轻（《荀·非十二子篇》以墨翟、宋钘并举，《庄子·天下篇》以宋钘、尹文并举，钘既轻也，盖当时墨学大师，孟子称以先生，亦甚敬之矣），曰淳于髡（髡，《史记》以入《滑稽传》。然《孟子荀卿传》亦载其名，盖齐稷下先生之有名者，其与孟子论名实，殆亦通名家言也），曰许行（许行不见他书，观本书述其言论，盖农家者流之祖，渊源出于墨学，亦当时一大家也），曰白圭（《史记·货殖列传》称白圭乐观时变，盖最大之生计学家，其与孟子言治水，亦一工学家矣）。其宗旨行谊为书中所称述者，曰墨翟，曰杨朱（杨朱为道家别派，除本书外，惟列子征引其学说特详），曰公明仪（公明仪，《祭义》郑注谓为曾子弟子，《檀弓》孔疏谓为子张弟子），曰公明高（公明高疑即公羊高），曰陈仲子（《荀子·非十二子篇》以陈仲、史鳅并举，盖亦自成一学派者），曰子莫（子莫不见他书，本书称其执杨墨之中，当是一大师），曰陈良（陈良不见他书，据本书知为南方一大儒）。其时杨朱墨翟之言盈天下，孟子辞而辟之，世人多疑为好辩，孟子自谓不得已也。孟子卒于周赧王中叶，年盖八十以上焉（万斯同引《孟氏世谱》谓孟子卒于赧王二十六年壬申，年八十四，虽他无确据，然孟子必甚老寿无疑。书中有齐楚伐宋语，事在赧王二十八年，则孟子之卒，或更在后也）。其书，《史记》作七篇，与今本正同。《汉书·艺文志》作十一篇，盖所传更有外书四篇云（赵岐《题辞》云：七篇二百六十一章，三万四千六百八十五字。又有外书四篇，其文不能宏深，似非孟子本真也）。汉孝文时与《论语》《孝经》《尔雅》同置博士，未几俱罢（见赵岐《题辞》）。而后汉程曾、郑玄、赵岐、高诱、刘熙皆为之章句。今岐书独传（程曾作《孟子章句》，见《后汉书·儒林传》。曾，章帝时人，盖注孟子之最先者。高诱《正孟子章句》，见诱所为《吕氏春秋》注序。郑玄刘熙注皆见《隋书》））。

二、孟子之教育主义

（一）性善论

性，孔子盖罕言焉。故子贡曰："夫子之言性与天道，不可得而闻也。"《论语》记孔子言性者惟一章，则曰："性相近也，习相远也。"仅言相近，于其善否不著辞焉（《易·象传》云："乾道变化，各正性命。"《易·系辞传》云："成性存存，道义之门。"皆孔子之言也，亦未尝言善否。《系辞传》又云："一阴一阳之谓道，继之者善也，成之者性也。"则以善与性对举，而性为后起）。盖谓道德在实践，不必多为玄远之谈也。而受其学者必欲进而研求道德之本质与其动机，此亦人类向上心所必至，而学者所当有事矣。于是子思作《中庸》，始以道之大原推本于天性，故曰："天命之谓性，率性之谓道，修道之谓教。"又曰："惟天下至诚，为能尽其性；能尽其性，则能尽人之性；能尽人之性，则能尽物之性。"虽未显言性善，而善意寓焉矣。孟子之学，出于子思，其特标性善为进德关键，则《中庸》

之教也。

> 孟之道性善，言必称尧舜。（《滕文公》上）

此孟子一生论学大宗旨，特于此揭明之。其言必称尧舜者，孟子谓"人皆可以为尧舜"（《告子》下），又言"尧舜与人同耳"（《离娄》下），盖以尧舜为最高人格之标准。必称尧舜，正所以申性善之义也。

> 君子所性，仁义礼智根于心。（《尽心》上）
>
> 人之所不学而能者，其良能也；所不虑而知者，其良知也。孩提之童，无不知爱其亲者；及其长也，无不知敬其兄也。亲亲，仁也；敬长，义也。（《尽心》上）
>
> 恻隐之心，人皆有之。羞恶之心，人皆有之。恭敬之心，人皆有之。是非之心，人皆有之。恻隐之心，仁也。羞恶之心，义也。恭敬之心，礼也。是非之心，智也。仁义礼智，非由外铄我也，我固有之也。（《告子》上）
>
> 恻隐之心，仁之端也；羞恶之心，义之端也；辞让之心，礼之端也；是非之心，智之端。人之有是四端也，犹其有是四体也。有是四端而自谓不能者，自贼者也。（《公孙丑》上）
>
> 所以谓之皆有不忍人之心者：今人乍见孺子将入于井，皆有怵惕恻隐之心；非所以内交于孺子之父母也，非所以要誉于乡党朋友也，非恶其声而然也。（《公孙丑》上）
>
> 盖上世尝有不葬其亲者；其亲死则举而委之于壑。他日过之，狐狸食之，蝇蚋姑嘬之；其颡有泚，睨而不视。其泚也，非为人泚，中心达于面目。盖归反蒉梩而掩之。掩之诚是也。（《滕文公》上）

读此可知孟子所谓善者，仁义礼智也。所谓性者，生而固有，非由外铄，所谓不虑而知之良知，不学而能之良能是也。乍见入井而怵惕，过视委壑而颡泚，此二节皆举常情之必然者以立证，非所以纳交云云，非为人泚云云，即非由外铄我固有之之注脚也，亦即不学而知不虑而能之注脚也。

《诗》曰："天生烝民，有物有则；民之秉彝，好是懿德。"孔子曰："为此诗者，其知道乎！"故有物必有则，民之秉夷也，故好是懿德。（《告子》上）

此引《诗》而证明人之善性，受之自天，即《中庸》"天命之谓性"之义也。故又云："此天之所以典我者"（《告子》下）。前文言我固有而非由外铄，其言尚似局于我之一身，此更推原人性共同之所自出以完其说也。

故凡同类者，举相似也。何独至于人而疑之？圣人与我同类者。（中略）故曰：口之于味也，有同耆焉。耳之于声也，有同听焉。目之于色也，有同美焉。至于心，独无所同然乎？心之所同然者，何也？谓理也，义也。圣人先得我心之所同然耳。（《告子》上）

此极力发明人类有共通性。性既非吾一人所独而为全人类之所共，则人类所具之德，吾固当具之；人类所能之事，吾固当能之。人类中既产圣贤，则人类之本质能产圣贤甚明。吾既为人类之一，则吾亦能为圣贤甚明。此立言之本意也。

万物皆备于我矣。反身而诚，乐莫大焉。（《尽心》上）

此性善之圆满义，亦即《孟子》全书最精到之语也。昔佛初起于菩提树下，穆然四顾曰："异哉，一切众生皆有佛性。"既而又曰："天上地下，唯我独尊。"此两语者，骤视若不相容，不知佛性即我也。一切众生，皆从佛性中流出，还归于佛性，所谓万物皆备于我也。惟其如是，故唯我独尊也，我即佛性，佛性即我之义。佛教经论中言之甚详，今不具引。至孟子"万物备我"之义，所谓"我"者，必非指此七尺之恒干甚明，此恒干至蠛陋至㤱㡿，何以能容万物，备我者亦备于我心而已。我心非他，即人类同然之心也，即天之所以与我之心也，亦即佛典所云众生心也。是故虽我也，而与物同体与天同体也。然则不云我备于万物，不云万物备于天，而必云"万物备于我"者何也？宇宙万有之现象，皆由我识想分别而得名，苟无我则天与万物且不成安立也。昔法人笛卡儿，以怀疑哲学闻，其言谓一切万有之存否皆不能无疑，惟必有我存，斯无可疑。何也？若疑我不存，则能疑之主体既先亡矣。万物则皆我心体中所函之象，而我之心体，则超乎此七尺恒干之上（此恒干亦万物之一也），与万物为一体，与天为一体，因其为我意识所体认，则名之曰"我"，故曰"万物皆备于我"也。我意识能体认真我，则万物立备矣，故曰："反身而诚，乐莫大焉。"《中庸》曰："惟天下至诚为能尽其性。能尽其性，则能尽人之性。"何以故？以吾性即人性故，所谓心之所同然也。又曰："能尽其性，则能尽物之性。"何以故？以人性外无物性故（一切众生皆有佛性即此义）。所谓"万物皆备于我"也，此实千圣真传同条共贯之第一义，孟子直揭以示人，群儒之所莫能及也。

公都子曰："告子曰：性无善无不善也。或曰：性可以为善，可以为不善。是故文武兴则民好善，幽厉兴则民好暴。或曰：有性善有性不善，是故以尧为君而有象，以瞽瞍为父而有舜……今曰性善，然则彼皆非与？"孟子曰："乃若其情，则可以为善矣；乃所谓善也。若夫为不善，非才之罪也。"（《告子》上）

今古论性，几成聚讼，综其要旨，可得五家。孟子言性善，其一也；荀子言性恶，其二也（《荀子·性恶篇》云："人之性恶也，其善者伪也。"杨注云："伪，人为也"）；告子言性无善无不善，其三也（公都子所举三说，其第二说，性可以为善，可以为不善，实与第一说告子之指同。盖性既无善无不善，自然可以为善可以为不善也）；世子等言性有善有不善，其四也（世子名硕，周人，盖与孟子相先后，其说见《论衡·本性篇》。彼文又言宓子贱漆雕开公孙尼子之徒，论性略与世子同也。又汉扬雄言性善恶混，即本世子说）；此文公都子所引或人言有性善有性不善，其五也（有性善有性不善，与性有善有不善异。彼言凡人之性，皆含有善不善两质。此言某甲之性善某乙之性不善也。王充《论衡》所主张及唐韩愈之性有三品，皆此第五说也）。此五说者若甚相反，以吾观之，皆是也（惟后两说稍涉粗浅）。欲明此义，仍不得不旁证诸佛典。《大乘起信论》云："摩诃衍者（译言大乘），有二种，一法、二义。法者，谓众生心，是心则摄一切世间、出世间法，依于此心，显示摩诃衍义。何以故，是心真如相，即示摩诃衍体故。是心生灭因缘相，能示摩诃衍自体相用故。"又云："依一心法有二种门，一者心真如门，二者心生灭门。是二种门皆各总摄一切法，此义云何，以是二门不相离故。"以彼义相印证，则告子所谓无善无不善者，盖指此众生心，即所谓一心法也。此一心法超绝对待，不能加以善不善之名。孔子所谓性即指此，故只能概括其辞，曰性相近也。然依此一心法能开二种门，故可以为善可以为不善也，孔子则言习相远也（《楞伽经》《大乘起信论》皆极言熏习义）。孟子言性善者，指真如相，即一心法下所开之心真如门也。荀子所谓性恶者，指生灭因缘相，即一心法下所开之心生灭门也（小注：《起信论》又云："以不违一法界故，心不相应，忽然念起，名为无明。"又云："世间一切境界，皆以众生无明妄心而得住持。"此无明为生灭相所依。荀子所谓性恶指此）。两俱得谓之性者，以是二门各总摄一切法，是二门不相离故。不宁惟是，生灭门所显示之体相用，千状万态，故谓性有善有不善可也，谓有性善有性不善亦可也（有性善有性不善之说，最粗浅不圆。信如所言，则此性不善之人与圣贤非同类矣。与孔子说相戾。此性不善之人必无佛性矣，与佛说相戾）。譬犹数人闭眸扪象，各道象形，谓所道（为）象全体固不可；谓所道为非象体亦不可。各明一义，俱有所当，所谓万物并育而不相害，道并行而不相悖也。若必欲品第其优劣，则告子所说，与孔子合，义最圆融（无善不善指性之体；可以为善不善，指性之用）。孟子指真如为性，所以劝向上，其义精。荀子指无明为性，所以警堕落，其义切。然而当有辨者，告子所云无善无不善，以释心体，诚甚当矣。然告子所下性字之定义，则曰"生之谓性"，又曰"食色，性也"。是其陈义已全落生灭门。既落生灭门，则有对待，而无善无不善之说不能成立矣。故为孟子所难而几无以自完也。然其言仁内义外，则固优于孟子。孟子以仁义礼智为善，以人性具此四端，故谓之性善。使孟子专言仁或专言仁智，则其说应颠扑不破（孔子专言仁，有时以仁智对举。其以仁义两者对举，又以仁义礼智四者并举，则自孟子也）。盖孟子所谓性，指真如相。真如浑然，物我同体，仁之德具焉；真如有本觉，智之德具焉。此二者诚无始以来即固有之，谓为天下之所以与我者可也。若义与礼，则是生灭因缘相中分别比较所立之名。若以之与仁智并列，而谓皆与有生俱来，则其说决不能自圆。孟子屡言恻隐羞恶辞让是非之心人皆有之，而其所举显证，惟恻隐一端耳。以下三端，皆未举证，恐欲举亦正不易也。以吾论之，恻隐之心，为人所固有，此无待言。次则是非之心亦然，一事物当前，吾人对之自有一番审量判断，或以为是，或以为非，此尽人所同也。然其所是非者为合于礼义抑不合于礼义，则甚难言。此非独因吾人之智识有高下也，盖礼义之本质，先自不定，常随时随地而有异同。例如妇人夫死改醮，在泰西为常事，中国则谓之不义矣。男子置妾，在中国为常事，泰西则谓之不义矣。东方之复仇，西方之决斗，在古代皆谓之义，今若有之，则触刑纲矣。此义之无定也。例如裼袭之衣，古为大礼盛服（今泰西犹然）。今若袒胸而赴宴会，必共诧为非礼矣。西人相见，抱腰接吻，行于广众中，我国有此，必大诧为非礼矣。野蛮部落之祭礼，有例须以其长子为牺牲者，自文明人观之，其残忍殆不可思议；然彼固以为不如此则非礼矣。此礼之无定也。夫其本质先自无定，乌从于人性中求之，且既指各人分形受气者以为性，则已是生灭门中之事，其不能有善而无恶，甚章章矣。此所以不免为后人所议也（司马温公《性辨》云："孟子以为仁义礼智皆出乎性，不知暴厉贪惑，亦出乎性也。"王荆公《原性》云："孟子以恻隐之心人皆有之，因谓人性无不仁，如其说也，必也怨毒忿戾之心人皆无之，然后可以言人之性无不善，而人果无之乎？"此皆驳孟说之最有力者）。荀子性恶说，自宋以后，大为世儒诟病，其"其善者伪"一语，尤所集矢。实则"伪"字以"人为"为本训，谓进善须用人力耳，即玉不琢不成器之义，曷尝悖理？众生心中之无明生灭相，本自无始以来即有之，指之为性，未尝不可。况（绎）［详］孟荀告诸子论性之言，皆就各人赋形受气后立论，则性恶之说，毋宁较近真。孟子固言"逸居而无教，则近于禽兽矣"（《滕文公》上），非谓其中有恶耶？惟荀子特标性恶为义，则一似性中绝无善质，此其偏而不圆，乃更甚于孟子。荀子言善由人为，苟本恶则何以加以人力即能为善耶？要之若言性之体，则无善无恶；略言性之相，则有善有恶；若为性之用，则可以为善可以为恶。此孔佛一致之说，孟荀则各明一义，不必相非也。宋儒必欲扬孟抑荀，而说有所不得圆，则谓有义理之性、有气质之性，义理之性纯善，气质之性善恶杂，其本旨虽在申孟，然终不能屈荀，且已全降服于告子之说矣。其实则全采佛典教义，特避其名耳。

中国名学不发达，最为学术进步之障。如孟子所谓性，荀子所谓性，告子所谓性，乃至宋儒所谓性，其实并非同物（或虽同物而其外延内苞之量不同）。若能各赋以一名，各人于其所研究之对象，下一定义而立一范围，则争辩或遂息，或所辩更深入而精到。今同用性之一名，而所指不同，故虽辩而未由折衷也。又如孟子既言性、又言情（"乃若其情则可以善矣"；又，"是岂人之情也哉"），又言才（"若夫为不善，非才之罪也"；又，"非天之降才尔殊也"），又言心（"至于心独无所同然乎"；又，"此之谓失其本心"），又言命（"性也，有命焉，君子不谓性也。命也，有性焉，君子不谓命也"），又言气（"平旦之气""浩然之气"）。所谓情才心命气等，其与性是一是二，界说殊不明暸，皆由不讲名学，故壁垒不精严。中国一切学术，皆受此病，所以远惭印度，而近不竞于泰西也。

孟荀言性，皆所以树教育主义之根抵。孟言性善，故其教法在发挥本能；荀言性恶，故其教法在变化气质。二者各有所长，而孟子尤能先立乎其大矣。

（二）修养论

孟子发挥本能之教。其次序亦有可寻者，第一立志，第二据存，第三长养，第四扩充也。

孟子既昌言性善，然世间恶人甚多，确为不可掩之事实，故学者疑焉。孟子则以为此恶者非性也，乃习也。"牛山"一章（《告子》上）最畅斯旨：濯濯未尝有才，非山之性，斧斤牛羊使然耳。违禽兽不远，非人之性，旦昼梏亡使然耳。斧斤牛羊，旦昼梏亡，皆后起者，外铄者，其非性明甚。然伐之旦旦，梏之反复，则所以习之者深矣，习深则几成第二之性，不察者即指此为性焉。然观雨露所润，非无萌叶，平旦夜气，好恶近人，则虽习于恶，而本性之善，终未尝息。孟子盖谓惟此为性，其习焉而几成第二性者，实非性也〔荀子言性恶，则以为善者非性也，乃习也。故其言曰："化师法积礼义者为君子，纵性情安恣睢者为小人。"（《性恶篇》）曰"纵"、曰"安"，是率其本性也；曰"化"、曰"积"，则习而成第二之性也〕。

环境影响于人生者至大。牛山何以濯濯，以其郊于大国，受环境之害也。孟子又曰："富岁子弟多赖（阮氏元云，赖犹懒也），凶岁子弟多暴，非天之降才尔殊也，其所以陷溺其心者然也。"（《告子》上）此就时间之环境言也。空间之环境则亦然，热带及腴壤之民多赖（《史记·货殖传》云，楚越之地，地势饶，食无饥馑之患，以故呰窳偷生无积聚而多贫。今世热带之国民，无一能富强者），寒带及瘠土之民多暴（生计太蹙，非为暴烈之竞争，则不能自存，故寒带及确薄之山谷，常有食人族；丧乱之世，围城之中，往往易子而食，折骸而爨，亦同此理），皆环境之影响使然也。孟子举此证，意谓前后本此一人，何以遇富岁则懒，遇凶岁则暴，以明懒暴生于环境，于本性无与也。然吾以为以此为性善之证，不如以此为性可以为善、可以为不善之证也。因环境而生习，因习复造环境，富岁凶岁，本一时偶起之现象，然既因富岁而产多懒之子弟，懒既成习，则岁不富而亦懒矣。既因凶岁而产多暴之子弟，暴已成习，则岁不凶而亦暴矣。懒者既多，则不懒者亦习而懒；暴者既多，则不暴者亦习而暴。于是懒暴由个人而及于社会，如病之有传染也。懒者之子孙恒懒，暴者之子孙恒暴，于是懒暴由今日而及于将来，如病之有遗传也。夫天下无完全之环境，甲种环境，能生甲种恶习；反之乙种环境复生乙种恶习。人人各有其恶习，恶习既成，则其与性相去几何，故荀子径指为性恶也。

性虽善而可以习于不善，如何而始能免于不善？曰惟修养。性虽恶而可以习于善，如何而能进于善？曰惟修养。故孟荀言性虽相反，而其归本于修养一也。《易传》曰"天下同归而殊途，一致而百虑"，《中庸》曰"万物并育而不相害，道并行而不相悖"，此之谓也。

孟荀之注重修养也同，其修养下手之方法则不同也。以比佛法，荀子则小乘法也，渐教也；孟子则大乘法也，顿教也。《孟子》全书教人修养者千言万语，可以两言蔽之，曰："先立乎其大者，则其小者不能夺也。"（《告子》上）故真能率孟子之教者，大彻大悟，一了百了。本无次第之可言，惟如何然后能立乎其大，则孟子提絜三义焉：曰立志，曰存养，曰扩充。

"王子垫问曰：'士何事'？孟子曰：'尚志'。"（《尽心》上）尚志者，谓高尚其志也。人类之能进步，以其有向上心，不以现状自满足，而常求加进，此其所以异于禽兽也。志一立则肌肤筋骸皆挺举，而神明发皇。而不然者，则奄奄若陈死人，更复者何事，直一齐放倒耳。故孟子首以此教学者也。

孟子曰："羿之教人射，必志于彀；学者亦必志于彀。"（《告子》上）彀之为用有二：一曰求中程，二曰求到达。学者立志亦然，当悬一鹄以为衡，而求其必至。然则其鹄维何，孟子之教，则志为圣人而已。其言曰"圣人与我同类者"（《告子》上），又曰"尧舜与人同耳"（《离娄》下），又曰"人皆可以为尧舜"（《告子》下），又引成覸谓齐景公曰"彼丈夫也，我丈夫也，吾何畏彼哉"，引颜渊曰"舜何人也，予何人也，有为者亦若是"，引公明仪曰"文王我师也，周公岂欺我哉"（《滕文公》上），又曰："舜，人也；我，亦人也。舜为法于天下，可传于后世，我犹未免为乡人也，是则可忧也。"（《离娄》下）人莫患乎甘伍于流俗，以多自证，以同自慰，如是必逐渐堕落，日沉埋于卑浊凡下而不能自拔。纵稍有寸获，亦必沾沾自喜，骄溢而不能复进矣，所谓器小易盈也。

孟子教学者刻刻以尧舜文王自比较，更无丝毫躲闪之余地，亦永无踌躇满足之一日，此师子[1]频呻、龙象蹴踏气象也。

立志之法，莫妙于悬一所崇拜之古人以为模范。如该撒常自比亚历山大，拿破仑常自比该撒[2]；扬雄常自比司马相如；苏轼常自比白居易。皆刻意模仿，而所成就亦略相等，或且过之。事功文章之末且有然，况于学道乎。孟子所自悬以为鹄者，则孔子也。故曰："乃所愿则学孔子也。"（《公孙丑》上）又曰："由孔子而来，至于今，百有余岁。去圣人之世，若此其未远也；近圣人之居，若此其甚也。"（《尽心》下）此孟子自言其志也。

语以向上，则谦让未遑，此之谓志行薄弱，而堕落之征兆也。孟子诃之曰："自暴者，不可与有言也。自弃者，不可与有为也。言非礼义，谓之自暴也；吾身不能居仁由义，谓之自弃也。"（《离娄》上）又曰："有是四端而自谓不能者，自贼者也。"（《公孙丑》上）又曰："是不为也，非不能也。"（《梁惠王》上）皆大声疾呼，唤起吾人之自觉心，使自知吾身力量之伟大，未有志焉而不能至者，要在学者毅然发心直下承当而已。

"闻伯夷之风者，顽夫廉，懦夫有立志；闻柳下惠之风者，鄙夫宽，薄夫敦。奋乎百世之上，百世之下，闻者莫不兴起也。"（《尽心》下）此孟子教人以模范古人之法。"待文王而后兴者，凡民也。若夫豪杰之士，虽无文王犹兴。"（《尽心》上）此孟子教人以不依傍古人之法，要之皆立志之照也。

荀子之教尊他力，故言假物（《劝学篇》云："假舆马者，非利足也，而致千里。假舟楫者，非能水也，而绝江河。君子生非异也，善假于物也。"），重得师（《修身篇》云："莫要得师。"又云："师云而云，则是知若师也。"又云："不是师法而好自用，譬之犹以盲辨色以聋辨声，舍乱妄无为也。"）。此与其性恶之旨相一贯。盖性既恶，则非藉他力不能以矫正也。孟子言性善，故尊自力，其言曰"万物皆备于我"（《尽心》下），曰"反

---

[1] 师子：即狮子。

[2] 该撒：现译为"恺撒"，史称恺撒大帝，罗马帝国的奠基者。

求诸己而已矣"（《公孙丑》上），曰"行有不得者，皆反求诸己"（《离娄》上）。孟子常教人学圣人，然又曰："圣人先得我心之所同然耳。"（《告子》上）是自师吾心，即所以师圣人也。故曰："夫道若大路然。岂难知哉？人病不求耳。子归而求之，有馀师。"（《告子》下）

孟子曰："君子深造之以道，欲其自得之也。自得之，则居之安；居之安，则资之深；资之深，则取诸左右逢其源。"（《离娄》下）自得者，纯恃自力之谓，圣贤师友，能示我以为学之法，不能代我为学。能引我志于道，不能代我入道。故曰："梓匠轮舆，能与人规矩，不能使人巧。"（《尽心》下）又曰："君子引而不发，跃如也。中道而立，能者从之。"（《尽心》上）此孟子教育之方法也。泰西旧教育主义近荀子，其新教育主义近孟子。

孔子曰："仁远乎哉？我欲仁，斯仁至矣！"（《论语》）子思曰："诚者自成也，而道自道也。"（《中庸》）此皆自力之教也。佛法亦言自修自证。而不然者，虽有多闻，犹闻说食，己不能饱也。学问者，父子兄弟不能以相代者也。人格者，父子兄弟不能以相易者也。

持自力之教者，必以凡人皆有自由意志为前提。有自由意志，然后善恶惟我自择，然后善恶之责任始有所归也（持定命之说者，则必谓人类无自由意志，然后可。盖一切皆有立乎人类之上者以宰制之，人类不过如一机器，受宰制者之指挥而动，不复能自由也。持极端性恶之论，其结果亦必至使人不能负善恶之责任，盖吾性既本恶，则为恶乃生理上心理上当然之事，谓之有罪，毋乃冤乎）。故孟子于人之不以自力求向上者，诃之曰自暴，曰自弃，曰自贼（俱见前）。又曰："人必自侮，然后人侮之。家必自毁，然后人毁之。国必自伐，然后人伐之。"又曰："天作孽，犹可违；自作孽，不可活。"（《离娄》上）又曰："祸福无不自己求之者。"（《公孙丑》上）盖谓本可以自由为善，而甘于为不善，故责任无可遁也，其发明自我本位之义，至深切矣。

曰立志，曰自力，皆导人以向学而已。学之所当有事者究何如，孟子教人以第一义，则曰"存养"，所谓存其心养其性是也（《尽心》上）。盖性本善，能常存其善性使勿失，常养其善性使日长，斯人格具矣。孟子曰："人之所以异于禽兽者几希，庶民去之，君子存之。"（《离娄》下）所以异于禽兽者何，即人格其物也。[《孟子》书中言禽兽凡五：本文，其一也；"逸居而无教则近于禽兽"（《滕文公》上），其二也；"如此，则与禽兽奚择哉？于禽兽又何难焉"（《离娄》下），其三也；"则其违禽兽不远矣。人见其禽兽也，而以为未尝有才焉"（《告子》上），其四也；"无父无君是禽兽也"（《滕文公》下），其五也。]孟子于《牛山》之章更详说之曰："人所以放其良心者，亦犹斧斤之于木也。旦旦而伐之，可以为善乎？其日夜之所息，平旦之气，其好恶与人相近也者几希。则其旦昼之所为，有梏亡之矣。梏之反复，则其夜气不足以存；夜气不足以存，则其违禽兽不远矣。"（《告子》上）此其义最精微亦最简易。言其精微，则平旦夜气，通于神明，学者可以此为修养之根焉；言其简易，则学者试思人之所以异于禽兽者为何为何，就此体认之而保存之，斯已足矣。孟子之教，则凡以唤起人类之自觉心而已（董仲舒言"人当自知贵于万物"，亦即此义）。

人类之生，合神明、躯干两部分而成。躯干者，人与禽兽所同有也。饥而思食，劳而思息，寒暑趋避，牝牡交感，凡生理冲动之作用，人无一焉能异于禽兽者也。乃至群处而嬉乐，失侣而惨愁，触逆而忿怒，遇害而恂惧，凡心理感受之作用，人亦无以大异于禽兽者也。人之所以异于禽兽者，惟此神明，能审量焉、别择焉，能比推焉、扩充焉，此禽兽所决不能也。然神明寓于躯干之中，常受躯干之牵缚，牵缚深而神明之作用殆息。此作用息，则几与禽兽无择矣。何也？禽兽惟有生理之冲动与心理之受感，全不能以自身意志为选择发动。如曰，吾当如是，吾当不如是；吾欲如是，吾欲不如是；吾必如是，吾必不如是。此皆非禽兽所能也，而人能之，故异于禽兽也。质言之，则人类有自由意志，而禽兽无之也。今为躯干所束缚而失其意志之自由，为其所不当为，欲其所不当欲（《尽心》上云"无为其所不为，无欲其所不欲，如此而已矣"），神明不复自主，而成为躯干之奴隶（孟子"梏亡"二字极精，谓受桎梏而亡也），则试问与禽兽果复何择者？故孟子曰"人见其禽兽也"，又曰"于禽兽又何难焉"。盖此人格一丧，则非惟近于禽兽，直是禽兽耳。此孟子一针见血之言也。

然此神明者，虽为躯干所牵缚，而究未尝泯灭也。故孟子字之曰"失"（"此之谓失其本心"；又，"舍则失之"），曰"丧"（"贤者能勿丧耳"），曰"放"（"其所以放其良心者"；又，"有放心而不知求"），曰"亡"（"有梏亡之矣"），皆一时迷失之谓。曰"害"（"无以小害大，无以贱害贵"；又，"以直养而无害"），曰"梏"（"有梏已之矣"，"梏之反复"），曰"陷溺"（"其所以陷溺其心者然也"），皆一时失其自由之谓。此如一家主人，或外出，或以故不能治事，则奴隶猖披焉，然主人资格自在，一旦赫然复守其舍，则躯干遂不得不戢戢听命矣。故孟子惟标举一"存"字："人之所以异于禽兽者，君子存之"；"君子所以异于人者，亦以其存心而已"（《离娄》下）。

《孟子》全书言"存"者如下："存其心，养其性，所以事天也"（《尽心》上）；"人之所以异于禽兽者几希，君子存之"（《离娄》下）；"君子所以异于人者，以其存心也。君子以仁存心，以礼存心"（《离娄》下）；"虽存乎人者，岂无仁义之心哉？""梏之反复，则其夜气不足以存"（《告子》上）；"'操则存，舍则亡。出入无时，无知其乡。'其心之谓与"（《告子》上）；"大人者，不失其赤子之心也"（《离娄》下）；"非独贤者有是心也，人皆有之，贤者能勿丧耳"（《告子》上）；"不失也，勿丧也，即存也。学问之道无他，求其放心而已"（《告子》上）；"求则得之，舍则失之，是求有益于得者也；求在我者也"（《尽心》上）。求也者，取已失已丧已放已亡者而复之也。

"能存则自得之矣，自得之则资之深，居之安。"（《离娄》下）"能存则有诸己矣，有诸己之谓信。"（《尽心》下）千言万语，归于自觉而已。宋儒者使人日在其侧而问者，曰："主人翁常惺惺否？"所以自觉也。明儒有问"求放心"者，答以"汝心现在"，亦促其自觉也。禅宗一棒一喝，皆使之反诸己而自觉也。此等法门，滥用之则流于玩弄光景，善用之则入道之坦途也。

孟子以"存""养"并举（《尽心》上）。盖存与养相属，不养则不能久存也。人一日不两食则饥饿，岂惟口腹有饥饿，智识亦有饥饿，道德亦有饥饿。一日废学问，而智识之饥饿立见矣；一日废修养，而道德之饥饿立见矣。孟子曰"苟得其养，无物不长；苟失其养，无物不消"（《告子》上），又曰："岂惟口腹有饥渴之害，人心亦皆有害。"（《尽心》上）

孟子曰："拱把之桐梓，人苟欲生之，皆知所以养之者；至于身（身指我之全体，非专指躯干也），而不知所以养之者，岂爱身不若桐梓哉？弗思甚也。"（《告子》上）夫养者，自养也，人亦孰不知自养。然要当视其所养者为何。孟子曰："所以考其善不善者，岂有他哉？于己取之而已矣。体有贵贱，有小大，无以小害大，无以贱害贵。养其小者为小人，养其大者为大人。（中略）养其一指，而失其肩背而不知也，则为狼疾人也。（中略）为其养小以失大也。"（《告子》上）所提小体大体之义至切明矣，以一指比肩背，则一指小而肩背大，以躯干比神明，则躯干小而神明大。夫躯干与神明，宜并养者也，然两者时有冲突焉。孟子并非贵人以勿养小体，而谓必以不养小失大为范围，故曰"以直养而无害"（《公孙丑》上）。无害云者，即无以小害大无以贱害贵也，遇神明与躯干利害相冲突时，必毋或徇躯干之欲而堕其神明，君子与庶民之异在此也，人与禽兽之异即亦在此也。

所谓神明与躯干利害之冲突何如？孟子曰："生，亦我所欲也；义，亦我所欲也。二者不可得兼，舍生而取义者也。生亦我所欲；所欲有甚于生者，故不为苟得也。死，亦我所恶；所恶有甚于死者，故患有所不避也。如使人之所欲，莫甚于生，则凡可以得生者，何不用也？使人之所恶，莫甚于死者，则凡可以避患者，何不为也？"（《告子》上）所谓二者不得兼，即神明与躯干利害相冲突之时也，其冲突之甚，乃至神明与躯干不能并存，此等境遇，本非人世间所常有，吾侪或终身不一遇焉，万一遇之，则势必须舍其一乃能取其一，孰取孰舍，即人禽所攸分也。禽兽所欲无更甚于生，所恶无更甚于死。人决不然，然舍彼而取此则为人，舍此而取彼，遂禽兽矣。孰舍孰取，视平日所养何如耳，此养大体养小体之义也。

神明与躯干不能并存，非事所恒有也。神明与躯干之苦乐，因冲突而互为消长，此则吾侪日日遇之，刻刻遇之，常人徇其躯干之乐而不恤其神明之苦者比比然也，"鱼我所欲"章下半（《告子》上），专明此义。行路乞人，宁死不屑受嘑蹴之食，此证明性善之旨，以见小体大体之辨本非甚难也。万钟受否，无关生死，取舍权衡，宜若甚易，而反不果者，乃在区区宫室之美、妻妾之奉、所识穷乏者得我而已，此以见躯干易为神明之累，以小害大，以贱害贵，盈天下之人，其日日所蹈者率皆如是，而不自知其已违禽兽不远也。孟子一则曰"于我何加焉"，再则曰"是亦不可以已乎"。此一喝，足使人三日耳聋矣。

大体小体之孰贵孰贱，本非难知，然人曷为皆贵其所贱而贱其所贵，学者当由何术以矫正之？孟子乃于公都子之问答畅明其义焉。"公都子问曰：'钧是人也，或为大人，或为小人。何也？'孟子曰：'从其大体为大人，从其小体为小人。'曰：'钧是人也，或从其大体，或从其小体。何也？'曰：'耳目之官不思而蔽于物；物交物，则引之而已矣。心之官则思：思则得之，不思则不得也。此天之所以与我者，先立乎其大者，则其小者不能夺也，此为大人而已矣。'"（《告子》上）此章特标物与我之辨，最足发人深省。"物交物云"云，上"物"字指耳目所接之物，佛说自六尘以至山河大地，常人所共指为物者此也；下"物"字即指耳目及躯干之全部，佛说自六根以至六识，常人则不指此为物而指为我，不知此确为物而非我也。就其至浅者言之，如人之发齿爪甲，当其丽于我身，共指为我也（杨朱为我，拔一毛而利天下不为，谓一毛为我之体也）。及其脱落，则么么一物而已，此躯干之全部，与发齿爪甲何异。今世生理学大明，稍涉其樊者，共知吾全身筋骨血肉，皆历若干时一蜕变，全非其故矣。然而犹执此为我而终不悟也，既认此物为我，则罄吾之智能以养之。凡人终日所营营者，舍养此耳目口体外更有何事，因养此耳目口体于是乎有宫室之美、妻妾之奉，寖假而宫室妻妾，且成为我之一部，如是认贼作子，展转相引以至无穷。孟子喝破之曰"是物交物而已"；曰"是于我何加焉"。明乎此义，然后知我前此所为营营齕齕者，皆为物役。自今以往，我当恢复我之自主权。我将对于一切物而宣告独立，不复为之奴隶。我但一作此念，而一切物已戢戢听命，无复能披猖矣。故曰"思则得之也"，故曰"先立乎其大者，则其小者不能夺也"。此孟子之霹雳手段也。

　　饱乎仁义，令闻广誉施于身，先立乎其大者也。不愿膏粱，不愿文绣，则其小者不能夺也（《告子》上"欲贵者"章）。在彼者皆我所不为，在我者皆古之道，先立乎其大者也。说大人则藐之，则其小者不能夺也（《尽心》下"说大人"章）。所欲有甚于生，所恶有甚于死，先立乎其大者也。故不为苟得，故患有所不避，则其小者不能夺也（《告子》上"鱼我所欲"章）。穷不失义，达不离道，先立乎其大者也。人知之亦嚣嚣，人不知亦嚣嚣，则其小者不能夺也（《尽心》上"谓宋句践"章）。居天下之广居，立天下之正位，行天道之大道，先立乎其大者也。富贵不能淫，贫贱不能移，威武不能屈，则其小者不能夺也（《滕文公》下"景春曰"章）。仁义礼智根于心，见于面，盎于背，施于四体，先立乎其大者也。虽大行不加焉，虽穷居不损焉，则其小者不能夺也（《尽心》上"广土众民"章）。伊尹以斯道觉斯民，自任以天下之重，先立乎其大者也。禄之以天下弗顾，系马千驷弗视，则其小者不能夺也（《万章》上"伊尹以割烹要汤"章）。柳下惠进不隐贤必以其道，先立乎其大者也。袒裼裸裎焉能浼我，则其小者不能夺也（《万章》下"伯夷目不视恶色"章）。孔子出于其类，拔乎其萃，由百世之后等百世之王莫之能违，先立乎其大者也。可以仕而仕，可以止而止，可以久而久，可以速而速，则其小者不能夺也（《公孙丑》上"不动心"章）。孟子善养浩然之气，先立乎其大者也。四十不动心，则其小者不能夺也（同上）。"孔子登东山而小鲁，登泰山而小天下。故观于海者难为水，游于圣人之门者难为言。"（《尽心》上）独立泰华之巅，岂屑与培塿竞高；扬帆渤澥之表，宁复与潢污较广。人虽饕餮，未有与小儿争饼者也；家拥金穴，则必不至为一钱而行劫矣。此宁待勉强，小大之量相悬，熟视且无睹也，睹且无焉，夺更何有？

　　"不能三年之丧，而缌小功之察；放饭流歠，而问无齿决，此之谓不知务。"（《尽心》上）此言不立乎其大，则虽兢兢于小，无益也。"好名之人，能让千乘之国；苟非其人，箪食豆羹见于色。"（《尽心》下）"以其小者信其大者奚可哉。"（《尽心》上）此言大不立则小者终不足持也。"原泉混混，不舍昼夜，盈科而复进，放乎四海，有本者如是，是之取耳。苟为无本，七八月之间雨集，沟浍皆盈，其涸也，可立而待也。"（《离娄》下）"本者何，立乎其大也。苟为无本，则小者能夺也。宁死不受呼蹴之食，为宫室妻妾所识穷乏而受万钟"（《告子》上"鱼我所欲"章），无本故也。

大既立则小不能夺，固也。然必无以小害大，夫然后大乃俄立，故孟子又曰："养心莫善于寡欲。其为人也寡欲，虽有不存焉者寡矣；其为人也多欲，虽有存焉者寡矣。"（《尽心》下）盖多欲之结果，非至以小害大养小失大焉不止也。故佛教归结于觉悟，而谨始于戒律也。然何以能寡欲，仍在务立其大。盖所欲有大者远者，则流俗人之所欲，已不复觉其可欲矣。荀子专主以礼乐节制人耳目口体之欲，其法甚秘密。由孟子观之，终不免头痛灸头、脚痛灸脚也。

孟子言寡欲不言无欲。无欲者出世间法也，寡欲者世间法也。孟子言世间法不言出世间法也，故曰"无为其所不为，无欲其所不欲，如此而已矣"（《尽心》上）。

孟子曰："我善养吾浩然之气。"此自道德力处也。公孙丑问何谓"浩然之气"，答曰"难言"，其体难言也。佛说真如体离言说相、离文字相也。又曰"其为气也，至大至刚；以直养而无害，则塞乎天地之间"，此言其相。又曰"其为气也，配义与道，无是馁也"，此言其用也。又曰"是集义所生者，非义袭而取之也。行有不慊于心，则馁矣"，又曰"必有事焉，而勿忘勿助长也"，此言养之之法也（《公孙丑》上"不动心"章）。此章在全书中号称难读，吾欲以《易·象传》"天行健，君子以自强不息"之义释之：浩气者，人性中阳刚发扬之法也。人类之所以能向上，恒恃此，缺焉则馁，馁则无复自信力，而堕落随之矣。此气本人性所同具，曷为或强或弱，或有或无，则以有害之者，害之奈何，为其所不为，欲其所不欲，日受良心之责备，则虽欲不馁焉不得也。气之为物，易衰而易竭者也，馁而再振，其难倍蓰焉。养之之法，惟在自强，自强则能制伏小体，不为物引（老子曰"自胜之为强"）。而不慊于心之行可免矣。"仰不愧于天，俯不怍于人"(《尽心》上)。"行一不义，杀一不辜，而得天下，皆不为也"(《公孙丑》上"不动心"章)。信如是则何慊之有，何馁之有。集义者，常以道义自律，所以增长其自强力也。而其所以能直养者尤在不息，必有事焉而勿忘，不息之义也。非常常提絜抖擞，则神明必有时而衰惰，衰惰则不强而馁矣(此自觉与自强之关系也)。然则曷为戒助长，其进锐者其退速(《尽心》上)。助长之结果，必至息也。

不动心之一境界，学者所以自卫也，然若事谈何容易。无所养于平日，则临境必失其自由，即强制于一时，然历久仍丧其所守。孟子养气，全是从本原处下功夫，以与前北宫黝、孟施舍、告子等所用之方法比较，彼等皆随事为临时抵抗者。孟子则无事时不断致力而临事之抵抗反无所用也。譬诸摄生治病，北宫黝、孟施舍以峻剂攻治，告子食不出户以防外邪之袭，孟子则中气充盈，病自不能侵也。所谓大立而小不能夺，其本领全在是。

"夫仁，亦在乎熟之而已矣"(《告子》上)。如何而能熟？惟勿忘能之，惟不息能之。

"一日暴之，十日寒之，未有能生者也。"此教人贞固有恒之法。不专心致志，则不得也，此教人精力集中之法(《告子》上)。精力集中，孔子所谓敬事也，必如此然后神明之作用乃生，无论为求学为治事，皆事半功倍，然要非贞之以恒焉不可耳。

深造自得，以至于左右逢源(《离娄》下)。理义之悦我心，犹刍豢之悦我口(《告子》上)。此学问兴味之说也。人能以学问为一种嗜欲，为一种兴味，则日进而不自知矣。故孔子曰"学而时习之，不亦说乎"，又曰"知之者不如好之者，好之者不如乐之者"。乃知宋贤之教，犹不免以学问为桎梏，非善教者也。

孟子之言存养，大略如是。存养者求自得而勿失也。然非此而已足也，其大作用则在扩充。孟子以恻隐、羞恶、辞让、是非之心，为仁义礼智之端。端也者，始基云尔，非谓即此已具其全体也，故曰："凡有四端于我者，知皆扩而充之矣；若火之始然，泉之始达。苟能充之，足以保四海。"此言四端力量之伟大也。其下即继之曰："苟不充之，不足以事父母。"此言仅有四端之不可恃也（《公孙丑》上"不忍人之心"章）。此就个人修养方面立论。又曰："人皆有不忍人之心。先王有不忍人之心，斯有不忍人之政矣。"（同上）又曰："古之人所以大过人者无他焉，善推其所为而已矣"，"故推恩足以保四海，不推恩无以保妻子"（《梁惠王》上"齐桓晋文"章）。此就政治方面立论，两者义同一贯，实孟子立教之眼目也。

孟子言良知良能，而其用在达于天下（《尽心》上"良能"章）。"达"之义云何？孟子释之曰："人皆有所不忍；达之于其所忍，仁也；人皆有所不为，达之于其所为，义也。"（《尽心》下）虽穷凶极恶之人，忍于族党，忍于朋友，忍于兄弟，而于父母妻子，终必有所不忍。能举其所不忍者而达之于其所忍之兄弟朋友族党焉，则仁矣。常人不忍于家之索而忍于天下之溺，能举其所不忍者而达于其所忍焉，则益仁矣。持世法者不忍于杀人而忍于肉食，若更举其所不忍者而达于其所忍焉，则益仁矣。以所不为达于所为，义亦同此。故曰："人能充无欲害人之心，而仁不可胜用也。人能充无穿窬之心，而义不可胜用也。人能充无受尔汝之实，无所往而不为义也。"（同上）此扩充之说也。

以扩充为教，此因势而利导之，善之善者也。吾名之曰发挥本能之教，亦曰尽性之教。所谓"充类至义之尽"是也（《万章》下"交际"章）。个人当孩提时，智识材力道德能有几，何以阅数十年遂能变为圣贤豪杰？社会当草昧时，文物制度能有几，何以阅数千年，乃遂光华灿烂与日月齐耀也？无他，扩而充之而已。故自修养者务发挥自己之本能，教人者务发挥人之本能，为国民教育者务发挥国民之本能，如斯而已矣。

孟子之教人也，其于门弟子之问答，引申触类，引而弥长，无待论矣。其对于未闻道者，如许行之徒陈相，因其知百工之事不可耕且为，遂进之使明并耕之非（《滕文公》上"有为神农之言"章）。墨者夷之，因彼葬其亲厚，遂进之以生物一本之义（《滕文公》上"墨者夷之"章）。以曹交之纨绔，因其知徐行后长者，则曰是即可以为尧舜矣（《告子》下"曹交"章）。以齐宣王之骄侈，因其不忍一牛之觳觫，则曰是即可以保民而王矣（《梁惠王》上"齐桓晋文"章）。乃至因鸿雁麋鹿而导之以与民皆乐（《梁惠王》

上"立于治上"章），因钟鼓羽旄而导之以与百姓同乐（《梁惠王》下"庄暴"章）。好色则曰与百姓同之，好货则曰与百姓同之（《梁惠王》下"明堂"章）。好勇则曰王请大之，一怒而安天下之民（《梁惠王》下"交邻国"章）。无他，扩充而已矣。

山径蹊间，介然成路，扩充也（《尽心》下"谓高子"章）。源泉混混，不舍昼夜，扩充也（《离娄》下"水哉水哉"章）。掘井九仞，而务及泉，扩充也（《尽心》上"有为者"章）。城门之轨，非两马之力，扩充也（《尽心》下"禹之声"章）。登东山而小鲁，登泰山而小天下，扩充也（《尽心》上"登东山"章）。养气由于集义，扩充也（《公孙丑》上"不动心"章）。知天由于尽心，扩充也（《尽心》上"尽心"章）。反约由于博学详说，扩充也（《离娄》下"博学"章）。大任由于增益不能，扩充也（《告子》下"舜发畎亩"章）。以友天下之善士为未足，又尚论古之人，扩充也（《万章》下"一乡善士"章）。扩充之时义大矣哉！

"可欲之谓善，有诸己之谓信，充实之谓美。"可欲者，悦心之义理也；有诸己者，深造而自得之也；充实者，扩而充之也。能扩充而学问之能事毕矣。更进焉，则"充实而有光辉之谓大，大而化之之谓圣，圣也不可知之之谓神"，皆重扩充以扩充而已（《尽心》下"浩生不害"章）。

乡愿自以为是而不可以入道，曰惟不扩充故（《尽心》下"孔子在陈"章）。旦昼梏亡则夜气不足以存，曰惟不扩充故（《告子》上"牛山"章）。不扩充则必并其所固有者而失之，所谓苟失其养无物不消也。仁者以其所受及其所爱，扩充也。不仁者以其所不爱及其所爱，扩充之反也（《尽心》下"梁惠王"章）。扩充之反，则与禽兽无择矣。孟子曰："于不可已而已者，无所不已；于所厚者薄，无所不薄也。"（《尽心》上）又曰："为机变之巧者，无所用耻焉，不耻不若人，何若人有？"（《尽心》上）

立志、存养、扩充三者，学之所以成始而成终也。然因各人气质不齐，故入道之途亦异。而孟子所最奖励者，则狂也，狷也。孟子于全书之卒章，述道统之渊源，而其前一章论狂狷与乡原之异，盖谓能任道者必狂狷其人也。孟子何取乎狂狷？孟子述孔子之言曰："孔子不得中道而与之，必也狂狷乎。狂者进取，狷者有所不为也。"后释之曰："孔子岂不欲中道哉？不可必得，故思其次也。"其释狂之义，则曰："其志嘐嘐然，曰'古之人古之人'，夷考其行，而不掩焉也。"其释狷之义，则曰"不屑不洁"。其与狂狷最相反者曰乡原。孟子述孔子言曰："过我门而不入我室，我不憾焉者，其惟乡原乎？乡原，德之贼也。"孟子进而释乡原之义曰："非之无举也，刺之无刺也，同乎流俗，合乎污世，居之似忠信，行之似廉洁，众皆悦之，自以为是，而不可与入尧舜之道。"又述乡原诋狂者之言曰："何以是嘐嘐也，言不顾行，行不顾言，则曰：古之人，古之人"，其诋狷者之言曰"行何为踽踽凉凉？生斯世也，为斯世也，善斯可矣"。孟子总评乡原之性质，曰"阉然媚于世"，而断之曰"德之贼"（《尽心》下"孔子在陈"章）。读此而狂狷之价值可识矣。必狂然后能向上，进取也，古之人古之人也，皆所以向上也。必狷然后能自卫，不屑不洁也，有所不为也，皆所以自卫也。狂狷各得中行之一体（中道，《论语》作中行），合之即成中行。不狂不狷而欲自托于中行，则为乡愿而已。凡《孟子》书中教人以发扬志气坚信自力者，皆狂者之言也；凡《孟子》书中教人以砥厉廉隅峻守名节者，皆狷者之言也。故学孟子之学，从狂狷入焉可耳。

孟子于孔子之外，最尊伯夷、伊尹。孔子中行也，伯夷近于狷者也，伊尹近于狂者也。伯夷目不视恶色，耳不听恶声，非其君不事，非其友不友，治则进，乱则退，横政之所出，横民之所止，不忍居也。不立于恶人之朝，不与恶人言，思与乡人处，如以朝衣朝冠坐于涂炭。其冠不正，望望然去之，若将浼焉（《公孙丑》上"伯夷"章、《万章》下"伯夷"章），是不屑不洁之极则也，是矍然有所不为也，是踽踽凉凉也。然治则进，乱则退，其进取之气则不盛焉，故曰狷之流也。伊尹曰："何事非君？何使非民？"治亦进，乱亦进。思天下之民有匹夫匹妇不被其泽者，若己推而纳诸沟中。进取之极则也。汤使人以币聘之，嚣嚣然曰："吾何以汤之聘币为哉？我岂若处畎亩之中，犹是以乐尧、舜之道哉？"既而幡然改曰："吾岂若使是君为尧舜之君哉？吾岂若使是民为尧舜之民哉？"所谓其志嘐嘐然则曰古之人古之人也。曰："天之生此民也，使先知觉后知，使先觉觉后觉也，予天民之先觉者也，予将以斯道觉斯民也，非予觉之而谁也。"其嘐嘐之气象如见也。然而五就汤五就桀，其于不屑不洁，盖不立严格焉（《万章》上"伊尹割烹"章，《万章》下"伯夷"章）。故曰狂之流也，由狂入圣，可以为圣之任；由狷入圣，可以为圣之清。孟子之尊伯夷、伊尹，即孟子之奖狂狷也。

狂者进取，由狂入圣，圣之任。孟子最进取者也，孟子最能任者也，故孟子亦狂者也。前所述立志诸条，其语气皆所谓嘐嘐然古之人古之人也，管仲、晏子，则以为"不足为"（《公孙丑》上"当路于齐"章），游、夏、颜、闵，则曰"姑舍是"，伯夷、伊尹，则曰"不同道"，而必以愿学孔子自程（《公孙丑》上"加齐卿相"章）。正人心息邪说，则曰"以承三圣"（《滕文公》下"好辨"章）；三宿出昼，则曰"王如用予，则岂徒齐民安，天下之民举安"（《公孙丑》下"尹士"章）；论兴王名世，则曰"如欲平治天下，当今之世舍我其谁"（《公孙丑》下"充虞"章）。皆一种嘐嘐进取气象也。

狂者之弊，在自信力太过，故往往夷考其行，而不掩焉，所以非中道也。然人若无自信力，则无复进取，而世运之进化，或几乎息矣，虽太过犹愈于已，故孔子思之。

狷者不屑不洁，由狷入圣，圣之清。孟子最不屑不洁者也，孟子最能清者也，故孟子亦狷者也，故不肯枉尺而直寻也（《滕文公》下"陈代"章），不肯以道而殉人也（《尽心》上"天下有道"章），不肯辱己以正天下，而曰"归洁其身"也（《万章》上"伊尹割烹"章）。以顺为正，则斥之曰"妾妇之道"（《滕文公》下"景春"章）；自鬻以成，则断之曰"乡党"，自好者不为（《万章》上"百里奚"章）；求富贵利达，则比之"墦间乞食"（《离娄》下"齐人有一妻一妾"章）；大人巍巍，则藐之为"我所不为"（《尽心》下"说大人"章）；色厉内荏，以言餂人，则拟诸"穿窬之盗"（《尽心》下"人皆有所不忍"章）；不由其道而仕，则等诸"钻穴隙之道"（《滕文公》下"周霄"章）。凡此皆不屑不洁也。皆有所不为也。故其结果每至于踽踽凉凉也，此狷者气象也。

孟子曰："无为其所不为"（《尽心》上），又曰："人有不为也，然后可以有为。"（《离娄》下）人而无所不为，则凶人也，恶人也，与禽兽无择也。然则欲全人格以异于禽兽，其必自有所不为始矣。孔子曰："君子之道，譬则坊欤。"（《礼记·坊记》）宋儒曰："名节者，道之藩篱。"（偶忘何人语）坊也，藩篱也，皆所以自卫也。故《孟子》一书，言砥厉名节者最多（《公孙丑》上"孟子将朝王"章、"致为臣而归"章，《滕文公》下"陈代"章、"景春"章、"周霄"章、"不见诸侯何义"章，《离娄》上"男女授受"章、"孟子谓乐正子"章，《离娄》下"齐人有一妻一妾"章，《万章》上"伊尹割烹"章、"孔子于卫"章、"百里奚"章，《万章》下"敢问不见诸侯何义"章，《告子》上"鱼我所欲"章、"有天爵者"章、"欲贵者"章，《尽心》上"人不可以无耻"章、"耻之于人大矣"章、"古之贤王"章、"谓宋句践"章、"以道殉身"章，《尽心》下"人皆有所不忍"章、"说大人"章），皆以严格自律，无一毫可以宽假，狷之至也。

人不可以不进取，而进取必须以有所不为为界，孟子是也。孟子苟非进取，则何必仆仆于梁齐滕宋之郊，日与时主俗士为缘。孟子盖热血磅礴人也，诵"去齐"诸章（《公孙丑》下"尹士"章、"充虞"章）所言而可知也。然而终不肯小有所枉以求合焉，所谓无为其所不为也。为目的而不择手段，孟子所决不许也。《易·文言传》曰"乐则行之，忧则违之，确乎其不可拔"，孟子有焉。

伊尹自任以天下之重，可谓其志嘐嘐矣。然而非其道也，禄之以天下弗顾也，系马千驷弗视也。非其道也，一介不以与人，一介不以取诸人（见前）。其不屑不洁为如何也。孟子言当今之世舍我其谁（见前），又言非其道则一箪食不可受于人（《滕文公》下"彭更"章），故孟子一伊尹也。

柳下惠之和，孟子屡道之。然又曰"柳下惠不以三公易其介"（《尽心》上）。然则柳下惠亦狷者也，不然，则由由然与之偕，援而止之而止（《公孙丑》上"伯夷"章），柳何以异于乡愿乎！

闻伯夷之风者，顽夫廉，懦夫有立志。闻柳下惠之风者，鄙夫宽，薄夫敦（《万章》下"伯夷"章、《尽心》下"圣人百世之师"章）。此语孟子再三反复道之。盖天下风气之坏，则顽懦鄙薄四者尽之矣。惟廉立宽敦可以救之，故曰圣人百世之师也。

乡愿何以谓之贼？以其阉然媚于世而已，以其同乎流俗合乎污世而已。或疑孔孟此言为过，则胡广、冯道果何人者？故《中庸》曰："小人之中庸也，小人而无忌惮也。"学者若不从狂狷两路立脚，则虽学问日多，阅历日深，其结果必至众皆悦之自以为是，然却已陷于贼而不自知也。

其在学派，则狂者偏于理想，狷者偏于实践。其在政派，则狂者偏于改进，狷者偏于保守。二者如车之有两轮，鸟之有双翼焉，缺一不可也。狂然后有元气，狷然后有正气。无元气则不能发扬，无正气则不能强立。

孟子教人修养之途径，大略具是矣。读此则知后儒专提主敬、主静等法门者，或专以穷理格物为事者，或专务礼容节文之末者，皆不免偏至。孟子惟先立乎其大者，不骛枝叶。孟子言必有事焉，不贪寂静也。

（三）教育论

孟子极言教育为人生之一种责任。其言曰："中也养不中，才也养不才；故人乐有贤父兄也。如中也弃不中，才也弃不才，则贤不肖之相去，其间不能以寸。"（《离娄》下）又两引伊尹之言曰："天之生斯民也，使先知觉后知，使先觉觉后觉也。予，天民之先觉者也；予将以此道觉此民也。非予觉之而谁也！"（《万章》上"伊尹割烹"章、《万章》下"伯夷"章）教育之要旨，曰养曰觉。养属道德方面，觉属知识方面（觉者觉也，学也，学也者效也）。先辈有养人觉人之义务。社会文明所以能联属不断，缉熙光明者，全恃此也。故曰："得天下英才而教育之，三乐也。"（《尽心》上）

"大舜有大焉，善与人同，舍己从人，乐取于人以为善，取诸人以为善，是与人为善者也。故君子莫大乎与人为善。"（《公孙丑》上"子路"章）与人为善，教育者之事也；取人为善，受教育者之事也。常能取人为善，则受教育岂有止境，而亦何常师之有。故曰："夫苟好善，则四海之内，皆将轻千里而来，告之以善。"（《告子》下"乐正子"章）此自力教育之妙用也。

取人为善，莫如尚友。故曰："一乡之善士，斯友一乡之善士；一国之善士，斯友一国之善士；天下之善士，斯友天下之善士。以友天下之善士为未足，又尚论古之人，颂其诗，读其书，不知其人，可乎？是以论其世也，是尚友也。"（《万章》下）盖人类之能进化，全由其富于相熏习性。故一人所发明之新道德新智识，不转瞬而可以成为公众所共有。然能否均沾此共有物，则在乎人之自取自爱而已。其能受之量弥大，则其所受之量亦弥大。故以友自广，自一乡一国而远及于天下古人也。

《孟子》一书，言智识教育，较为简略。盖书中推论事理，广涉各方面，是即所以增长人智识，不必显以智育为揭橥者也。然孟子教学者，并不以积蓄智识为入道之法门，此则诚其宗旨之一端。孟子曰："所恶于智者，为其凿也。如智者若禹之行水也，则无恶于智矣。禹之行水也，行其所无事也；如智者亦行其所无事，则智亦大矣！"（《离娄》下）如何始能行所无事而得智，孟子未尝明言，至其恶穿凿，则固为骛智识者一良药耳。何也，穿凿者必横一成见以附会之，实智识之障也。

孟子又曰："天之高也，星辰之远也，苟求其故，千岁之日至，可坐而致也。"（《离娄》下）此孟子教人以求智识之方法。盖所用者为纯粹演绎法，谓当据一原理原则以推诸各事物，故曰"则故而已矣"（同上）。然若何乃能求得其故？吾所认为故者是否正确，如何而始能得正确？此当求诸归纳法。而孟子未言之，盖归纳研究法之不发达，实我国古今学者通病，匪独孟子矣。

孟子曰："人之有德慧术知者，恒存乎疢疾。独孤臣孽子，其操心也危，其虑患也深，故达。"（《尽心》上）此言智慧纯从阅历磨练得来。此又孟子智育之一大法门也。

"舜发畎亩"一章，最能发扬人之志气，此大医王之海潮音也。其言曰："故天将降大任于是人也，必先苦其心志，劳其筋骨，饿其体肤，空乏其身，行拂乱其所为；所以动心忍性，曾益其所不能。人恒过，然后能改；困于心，衡于虑，而后作。征于色，发于声，而后喻。入则无法家拂士，出则无敌国外患者，国恒亡。然后知生于忧患，而死于安乐也。"（《告子》下）

呜乎！普天下之人，处困境遭患难坎坷不得志颠沛无所告诉者，与夫忧国忧天下悲观绝望者，读此其可以尽人而兴矣。将受大任者，苦心志，劳筋骨，饿体肤，空乏其身，则既甚矣，犹以为未足，加之以行拂乱其所为。拂乱所为云者，凡行为之结果，无一焉不与所希望相反。人生到此，真乃心摧气尽，盖神明之苦痛，无量无极矣。殊不知非至于此极，则曷由动心忍性，增益其所不能，多一分之坎坷颠沛，则动忍增益加一分之量。坎坷颠沛至乎其极，则动忍增益至乎其极者也。故孟子复申言之曰，能过然后能改；困于心衡于虑，然后发。凡以证明前此所云云，并非聊相慰藉之言。盖大人物之成就，其第一要素在意志坚强；其第二要素在思虑周密。然此种境界，非此心经几许操练，决不能至也。困心衡虑，即操练此心之学校也。此种学校，可遇而不可求。人终身不能得入学之机会者，比比然矣，今而遇之，则是天之所以厚我者至矣，谓宜欢喜感激，利用此极难得之境遇以自玉于成。信能如此，则虽缘执业之异趋与夫才器之异量，而成就有不同，要其必有所成则一也。而不然者，一遇挫折，则颓然自放，譬诸行路然，崎岖当前，望崖而返，前途虽有万里坦途，末由涉矣。此所谓志行薄弱，而暴殄天赐也。

非惟个人为然也，即国家亦有然。孟子曰："天下之生久矣，一治一乱。"（《滕文公》下"好辩"章）吾向者尝疑此言为过，谓天下竟可有一治而永不乱之国。由今观之，宁有是耶！世运之进化，非为直线而常为螺旋形。当其在进化途中，波折固所不免。当此波折之时，能有一种新空气新力量，蜕变前此之腐气惰力而与之代兴，此国家所以能与天地长久也。岂惟国家，即人类社会之全体亦莫不然。全世界形势最混杂时代，全世界思想最浑沌最烦闷时代，是即新思想将发生新制度将建设之时代也。故曰生于忧患也。人亦于忧患中求生而已。而不然者，富岁子弟多赖，世禄之家鲜克由礼，个人之死于安乐也。"天之方蹶，无然泄泄"（《离娄》上"离娄"章），"安其危而利其灾，乐其所以亡者"（《离娄》上"不仁者"章），国家之死于安乐也。

"降大任"章，教人以处逆境之方法，至深切矣。此种关于人生一段落之遭际，惟自强其意力可以处之。至于一时一事偶然之拂逆，孟子教人处之之法，尤甚简便。其言曰："爱人不亲，反其仁，治人不治，反其智，礼人不答，反其敬。行有不得，皆反求诸己。"（《离娄》上）又曰："仁者如射：射者正己而后发；发而不中，不怨胜己者，反求诸己而已矣。"（《公孙丑》上）又曰："有人于此，其待我以横逆，则君子必自反也：我必不仁也，必无礼也；此物奚宜至哉？"（《离娄》下）此实自平其心最妙之法，狠怒怨毒，人类相处之大害也。然此大抵皆触发于一时，刹那顷，当此一刹那顷而能节制之，则遂不发矣。孟子教人以自反，即将此一刹那顷按下也，故曰："强恕而行，求仁莫近焉。"（《尽心》上）

孟子所标举，有一义焉。若与其根本宗旨相冲突者，则言命是已。孟子曰："莫非命也，顺受其正。"又曰："求之有道，得之有命。"（俱《尽心》上）又曰："莫之为而为者，天也。莫之致而至者，命也。"（《万章》上）又曰："君子行法以俟命而已。"（《尽心》下）又曰："行或使之；止或尼之；行止非人所能也。吾之不遇鲁侯，天也。"（《梁惠王》下）又曰："夫天未欲平治天下也。"（《公孙丑》下）书中言类此者尚甚多。凡此皆（未）［谓］我身以外，尚有一物焉为最高之主宰，而我之境遇，恒受其支配。即此所谓宿命说也。中国古代宿命说有两派：其一，谓宿命由天帝所定。天帝者，一种之人格神，而其威权无上，非人所能抗，孟子所谓"天未欲平治天下"云云是也。商周间之宗教思想，纯属此派，而儒家继承之。其二，谓宿命由自然之运所演成，其为物虽非必有意识，然人类之意识，迄不能胜之，孟子所谓"莫之为而为莫之致而至"云云是也。道家之哲学思想，纯属此派，而儒家亦兼采之。此两派思想，盖弥漫于我数千年之思想界，占莫大势力，其昌言与之反抗者，惟墨子一人而已。然墨子"非命"而复言"天志"，则已自相冲突也（参观《墨子·非命篇》《天志篇》）。在欧洲哲学，则宿命说与自由意志说最不相容。盖既信有宿命，则所谓万物备我、所谓自力万能者，其说将皆不能成立。人若过信宿命，必且委心任运，处顺境将耽安不复进取；处逆境将颓丧而不能自振。如是则世运之进化，不几息耶。故就表面上观之，孟子学说中之此一点，实与其全体学说相矛盾，且不啻取其全体学说而毁弃之，此无容为讳者也。然进而求之，则并行不悖之理，又可得言焉。吾以为命也者，佛教业力之说也。佛教不言宿命而言宿业；业也者，非别有一人格神焉能造之，亦非自然之运能造之，实众生所自造也。然众生既造此业，则必受其报，业与报紧相连属，丝毫不容假借者也。若此者，名之曰因果律。因必有果，丝毫不容假借者也。于是乎人类之境遇，乃至其行为其意志，自有一部分不能不受业报之束缚。若此者，吾中国思想家，谓之曰命。业有自业，有共业。自业演为众生之个体，众生各自食其报。共业演为国土，演为宇宙（佛说通谓之器世间），全国土全宇宙之众生同食其报。吾国思想家，名前者为个人之运命，名后者为国家之运命（国运），世界之运命（世运）。此种运命，就目前观之，确为一种不可抗力，如人寿充其量不过百年，终必有死，欲以吾力逃之，所不能也。如世界恒一治而一乱，有光明之一面，随即有黑暗之一面，欲以吾力抹煞之，所不能也。不深探其本，则或以为有一人格神焉为之主持，或以为自然之运，莫之为而为，莫之致而至。孟子曰命，其果曾深探其本与否，吾不敢言，然而其言曰："夭寿不贰，修身以俟之，所以立命也。"又曰："尽其道而死者，正命也；桎梏死者，非正命也"，"是故知命者，不立乎岩墙之下"（俱《尽心》上）。又曰："命也，有性焉，君子不谓命也。"（《尽心》下）曰正命，曰立命，曰不谓命，则孟子非认命为绝对不可抗明矣。依佛教所说，业也者，自力所造也；自力所造，惟还以自力能转移之。过去之自业未尽，则吾一身食其业报，宜也。今宜如何？则更求所以造善良之自业而已，此世间法也，出世间法则惟有不复造业。过去之共业未尽，则吾所处之国土之世界食其业报，宜也。今宜如何？则更求所以造善良之共业且已。孟子所立命者，是否作如此解说，吾不敢言，然孟子必有见于此，则吾敢言也。故其言曰："天作孽，犹可违；自作孽，不可活。"又曰："祸福无不自己求之者。"（《公孙丑》上）

　　宿命之说，有时固可以懈人进取之志，然亦可以息人营求奔竞之心。孟子曰："孔子进以礼，退以义；得之不得，曰有命。"（《万章》下）又曰："求之有道，得之有命，是求无益于得者也，求在外者也。"此皆为举世营营逐逐之徒下顶门一针者。孔孟言命，其作用大半在是。

尽其道而死者正命也。真知命者必不为苟得，真知命者必患有所不避，故曰："志士不忘在沟壑，勇士不忘丧其元。"（《滕文公》下）

孟子最尊改过。故曰："人恒过而后能改。"（《告子》下）又曰："过也，如日月之食焉，人皆见之；及其更也，人皆仰之。"（《公孙丑》下）又曰："虽有恶人，斋戒沐浴，则可以祀上帝。"（《离娄》下）此亦与其性善之旨相一贯，虽有陷溺，虽有梏正，一旦觉悟，则善体固在。故有过非所患，改之而已。此亦孟子善诱学者之一端也。

论女学 [1]

孟子曰："逸居而无教，则近于禽兽。"[2] 痛哉斯言乎！执一人而目之曰禽兽，未有不色然怒者，然信如子舆氏 [3] 之言也，则今日之近于禽兽者，何其多也？海内之大，员其首、方其足之种，盖四万万，其名之为农、为工、为商、为兵，终身未尝读书者，殆一万九千万有奇。其名之为官、为士，号称读书，而实未尝读书者，殆数百万。其员其首而纤其足，不官、不士、不农、不工、不商、不兵，而自古迄今，未尝一读书者，凡二万万。不宁惟是，彼之官焉、士焉、农焉、工焉、商焉而近于禽兽者，犹或以禽兽为

---

[1] 此文为梁启超1896年《变法通议》之一部分。其中《论女学》，主要从妇女职业、妇女求学、母教、胎教四个方面论述妇女教育的重要性，认为这是中国强国之根本。其中母教和胎教主要是家庭教育、儿童成才的问题。

[2] 此言出自《孟子·滕文公上》，原文作："饱食、煖衣、逸居而无教，则近于禽兽。"逸居，住得安逸。

[3] 子舆氏：即孟子，孟子名轲，字子舆。

耻也。此之不官、不士、不农、不工、不商、不兵，而近于禽兽者，岂直不耻，乃群天下之人以为是固宜然耳。呜呼！岂不痛哉！岂不痛哉！梁启超曰：居今日之中国，而与人言妇学，闻者必曰："天下之事其更急于是者，不知凡几，百举未兴，而汲汲论此，非知本之言也。"然吾推极天下积弱之本，则必自妇人不学始，请备陈其义，以告天下：

一义曰：公理家之言曰：凡一国之人，必当使之人人各有职业，各能自养，则国大治。其不能如是者，则以无业之民之多寡，为强弱比例差。何以故？无业之人，必待养于有业之人，不养之则无业者殂，养之则有业者殂。斯义也，西人译者谓之生利分利，即吾《大学》"生之者众，食之者寡"之义（□□□□曰：食训蚀，谓耗蚀也）。管子曰："一夫不耕，或受之饥；一女不织，或受之寒。"此非空言也，盖合一国之人民物产，而以决疑数术，盈虚消息之，其所得之率，实如此也。中国即以男子而论，分利之人将及生利之半，自公理家视之，已不可为国矣。况女子二万万，全属分利，而无一生利者，惟其不能自养，而待养于他人也。故男子以犬马奴隶畜之，于是妇人极苦。惟妇人待养，而男子不能不养之也，故终岁勤动之所入，不足以赡其妻孥，于是男子亦极苦。以予所见，上而官，中而士，下而农工商兵，无论为何等人，则无时不皇然愀然，若重忧贫者。其受冻饿，转死沟壑者，更不知凡几也。其实以比例浅理论之，苟人人以一身所作之业，为一身衣食计，必无可以贫之理。今中国之无人不忧贫也，则以一人须养数人也，所以酿成此一人养数人之世界者，其根原非一端，而妇人无业，实为最初之起点。虽然，等是人也，何以或有业或无业？盖凡天下任取一业，则必有此业中所以然之理，及其所当行之事，非经学问不能达也。故即以男子而论，大率明达事理之人，谋业甚易，反是者谋业较难。然则学也者，业之母也，妇人之无业也，非天理宜然也。其始据乱之世，专尚力争，彼男子之所欲有事者，固非妇人之所能也。于是以妇人为不足轻重，而不复教之；既不教矣，其无从执业，有固然也。积之既久，渐忘其本来，则以为是固当生而不事事，而嗷然待哺于人者也。是以男子贵而妇人贱，妇人逸而男子劳。逸而贱，非人情所乐也；贵而劳，亦非人情所乐也。则何如均其贵贱，亦均其劳逸之为得也。论公理则如此，考事势则如彼。故曰国何以强？民富斯国强矣。民何以富？使人人足以自养，而不必以一人养数人，斯民富矣。夫使一国之内，而执业之人，骤增一倍，则其国所出土产作物，亦必骤增一倍。凡所增之数，皆昔日弃地之货也，取弃地之货而藏之民间，其事甚顺，而其益甚宏。若此者，舍学末由也。

　　二义曰：人有恒言曰："妇人无才即是德。"此覒[1]言也，世之瞀儒执此言也，务欲令天下女子不识一字，不读一书，然后为贤淑之正宗。此实祸天下之道也。古之号称才女者，则批风抹月，拈花弄草，能为伤春惜别之语，成诗词集数卷，斯为至矣。若此等事，本不能目之为学，其为男子，苟无他所学，而专欲以此鸣者，则亦可指为浮浪之子，靡论妇人也。吾之所谓学者，内之以拓其心胸，外之以助其生计，一举而获数善，未见其于妇德之能为害也。如曰"无才即是德"云尔，则夫乡僻妇姬，不识一字者，不啻千百亿万，未尝闻坐此之故，而贤淑有加，而惟闻取帚之誶[2]，反唇之稽，视宦学家之妇人，殆益甚焉，则又何也？凡人之鄙吝也，忿争也，必其所见极小，目光心力尽日营营于此极小之圈限中，以生此蔽也。使其人而知有万古，有五洲，与夫生人所以相处之道，万国所以强弱之理，则其心也，方忧天下悯众生之不暇，而必无余力以计较于家人妇子事也。今夫妇人之所以多蔽于彼者，则以其于天地间之事物一无所闻，而竭其终身之精神，以争强弱、讲交涉于筐箧之间。故其丑习，不学而皆能，不约而尽同也。是以海内之大，为人数万万，为户数千万，求其家庭内外相处熙睦，形迹言语终身无间然者，至谓妇人为尽可杀。夫妇人岂性恶耶？群块然未经教化之躯壳若干具，而键之于一室，欲其能相处焉，不可得也。彼妇人之累男子也，其不能自养，而仰人之给其求也，是犹累其形骸也。若夫家庭之间，终日不安，入室则愀，静居斯叹。此其损人灵魂，短人志气，有非可以常率推者。故虽有豪杰倜傥之士，苟终日引而置之床第筐箧之侧，

---

[1]　覒：音 wèi，欺诈。

[2]　取帚之誶：指妇女之间的谩骂。誶，音 suì。

更历数岁，则必志量局琐，才气消磨。若是乎，妇人之果为鸩而不可近也？夫与其饮鸩而甘之，则盍于疗鸩之术少留意矣。

三义曰：西人分教学童之事为百课，而由母教者居七十焉。孩提之童，母亲于父，其性情嗜好，惟妇人能因势而利导之。以故母教善者，其子之成立也易；不善者，其子之成立也难。《颜氏家训》曰："教儿婴孩，就傅以前，性质志量皆已略定，少成若性，长则因之。此实言教育学一切之始基也。苟为人母者，通于学本，达于教法，则孩童十岁以前，于一切学问之浅理，与夫立志立身之道，皆可以粗有所知矣。今中国小学未兴，出就外傅以后，其所以为教者，亦既猥陋灭裂，无所取材。若其髫龄嬉戏之时，习安房闼之中，不离阿保之手，耳目之间，所日与为缘者，舍床第箓篸至猥极琐之事，概乎无所闻见。其上焉者，歆之以得科第，保禄利，诲之以嗣产业，长子孙，斯为至矣。故其长也，心中目中以为天下之事，更无有大于此者。万方亿室，同病相怜，冥冥之中，遂以酿成今日营私趋利、苟且无耻、固陋蛮野之天下，而莫知所自始。岂惟莫知所自始而已，且恬然不以为怪。故试取西人幼塾乳臭之子，与吾此间庞壮硕老之士大夫相挈，其志趣学识，必有非吾此间此辈之所能望者。岂其种之特异哉？无亦少而习焉者之不得其道也。故治天下之大本二：曰正人心，广人才。而二者之本，必自蒙养始；蒙养之本，必自母教始；母教之本，必自妇学始。故妇学实天下存亡强弱之大原也。"

四义曰：胎教之道，《大戴礼》《论衡》详哉言之。后世此义不讲盖久，今之西人则断断留意焉。西国公理家考物种、人种递嬗递进之理，以为凡有官之物（人禽虫介草木为有官之物，金石水土为无官之物），一体之中，有其死者焉，有其不死者焉。如一草木，根荄、支干、果实、花叶，其死者也；而常有不死者，离母而附于其子，绵绵延延，相续不断，是曰传种。惟人亦然，虽然，两种化合之间，有浸淫而变者，可以使其种日进于善，由猩猴而进为人也，由野番贱族而进为文明贵种也，其作始甚微，而将毕至巨也。故西人言种族之学者，以胎教为第一义。其思所以自进其种者，不一而足。而各国之以强兵为意者，亦令国中妇人一律习体操，以为必如是，然后所生之子肤革充盈，筋力强壮也。此亦女学堂中一大义也。今之前识之士，忧天下者则有三大事，曰保国，曰保种，曰保教。国乌乎保？必使其国强而后能保也。种乌乎保？必使其种进而后能保也。进诈而为忠，进私而为公，进涣而为群，进愚而为智，进野而为文，此其道也。教男子居其半，教妇人居其半，而男子之半，其导原亦出于妇人。故妇学为保种之权舆也。今与人言此义，鲜不谓以耕救饥，掘井消渴，迂远而无当也，而汲汲焉以为要图者也。（"胎教篇"[1]曰："《易》曰：'正其本，万事理，失之豪厘，差以千里。'故君子慎始。谨为子孙昏妻嫁女，必择世世有行义者，如是则其子孙慈孝，不敢淫暴，党无不善，三族辅之。故凤凰生而有仁义之意，虎狼生而有贪戾之心，两者不等，各以其母。"其言极深切著明。又曰："胎教之道，书之玉版，藏之金匮，置之宗庙，以为后世戒。"盖古人之重之如此，必非无故也。侯官严君又陵[2]译《天演论》云："无官者不死，以其未尝有生也。而有官者一体之中，有其死者焉，有其不死者焉，而不死者又非精灵魂魄之谓也。可死者甲，不死者乙，判然两物。如草木之根荄、支干等，甲之事也，而乙则离母附子，代可微变，而不可以死，或可分其少分以死，而不可以尽死。此动植所莫不然者也。是故一人之身，常有物焉，乃祖父之所有，而托生于其身。盖自得生受形以来，递嬗迤降，以至于今。"此胎教所以然之公理。严君与余书，又云："生学公例言，一人之生，其心思材力、形体气习，前则本数十百代，祖父母之形神，阅历积委而成；后则依乎见闻，师友与所遭之时与地而化。"其论极精，欲言保种者，非措意于此二义不可。欲措意于前一义，则胎教为之根原；欲措意于后一义，则胎教尤为根原之根原。此学数十年后，必大明于天下，今日则鲜不以为迂远无用矣。

西人格致家之言曰：言算学格致等虚理，妇人恒不如男子；由此等虚理而施诸实事，以成为医学、制造等专门之业，则男子恒不如妇人。然则

---

[1]　胎教篇：即汉代贾谊《新书》之卷十《胎教》。

[2]　严君又陵：即严复（1854—1921），又陵为其字。

男女之于学，各有所长，非有轩轾。论者或疑数千年来，男子之成绝学、立大功者，方策不绝，而妇人无闻焉。若是乎虽兴妇学，其所成亦仅矣。抑吾又闻生学家之言公理矣，凡含生负气之物，倒生者最愚，横生者次愚，若夫躯体峙立、首函清阳者，其聪明必不甚相远。所以生差别者，在智慧之开与不开耳。昔乾嘉间，汉学彬彬于江浙，而吾粤靡一人焉。咸同以后，口马、郑，手《说文》者如鲫矣。非粤民愚于乾嘉，而智于咸同也。日本明治以前，民智僿塞，工艺窳劣，翻然维新，遂有今日。非日人拙于曩，而巧于今也。其脑筋伏而未动，其灵髓塞而未通，从而导之，机捩一拨，万线俱动矣。彼妇人之数千年莫或以学名也，未有以导之也，妇人苟从事于学，有过于男子者二事，一曰少酬应之繁，二曰免考试之难。其居静，其心细，故往往有男子所不能穷之理，而妇人穷之，男子所不能创之法，而妇人创之。西史所载，若摩哈默德之母、以伯南之女、侯失勒约翰之姑，其学业成就视男子未或让。而吾中国之女子游学异国，成学而归者，若吾向者所闻康爱德[1]氏、石美玉[2]氏，虽西域耆宿，犹歆誉之。然则妇人岂生而不能学耶？夫以二万万戴天履地、首函清阳之人类，而必夷而弃之，谓与倒生横生之物相等，欲不谓为不仁，不可得也。

　　善夫诸教之言平等也（南海先生有《孔教平等义》），不平等恶乎起？起于尚力。平等恶乎起？起于尚仁。等是人也，命之曰民，则为君者从而臣妾之；命之曰女，则为男者从而奴隶之。臣妾、奴隶之不已，而又必封其耳目，缚其手足，冻其脑筋，塞其学问之涂，绝其治生之路，使之不能不俯首帖耳于此强有力者之手。久而久之，安于臣妾，安于奴隶，习为固然而不自知于其中有人焉；稍稍自疑于为臣妾为奴隶之不当者，反群起而哗之。以故数千年来之男子无或以妇学为治天下所当有事，而数千年之妇人益无有奋然自张其军，以提倡其同类者也，非不才也，压力使然也。

　　今语人曰："欲强国，必由学校。"人多信之。语人曰："欲强国，

---

[1] 康爱德：江西九江人，中国第一个留美女学生，医学家。

[2] 石美玉：湖北黄梅人，中国早期留美女学生之一，医学家，宗教家。

必由女学。"人多疑之。其受蔽之原，尚有在焉。今日之攘臂奋舌以谈强国，震惊于西人而思效其长者，则惟是船舰之雄也，枪炮之利也，铁路之速也，矿务之盛也。若此者，皆非妇人所能有事也。故谋国者曰："教妇人非所急也。"而不知西人之强在此，其所以强者不在此。农业也，工作也，医学也，商理也，格致也，律例也，教授也，男子所共能，抑妇人所共能也。其学焉而可以成为有用之材，一也。今夫言治国，而必推本于学校，岂不以人才者，国之所与立哉！岂不以中国自有之才，必待教而始成哉！夫必谓彼二万万为人才，而谓此二万万为非人才，此何说也？

西方全盛之国，莫美若；东方新兴之国，莫日本若。男女平权之论大倡于美，而渐行于日本。日本之女学约分十三科，一修身，二教育（言教授及蒙养之法），三国语（谓日本文），四汉文，五历史（兼外国史），六地理，七数学，八理科（谓格致），九家事，十习字，十一图画，十二音乐，十三体操。其与男学相出入者，不过数事而已。此数事者，大率与兵政相关，亦尚力之世所当有事者也。彼西人之立国，犹未能至太平世也。太平之世，天下远近、大小若一，无国界，无种界，故无兵事，无兵器，无兵制。国中所宜讲者，惟农、商、医、律、格致、制造等事，国人无男无女，皆可各执一业以自养，而无或能或不能之别。故女学与男学必相合，今之美国，殆将近之矣。是故女学最盛者，其国最强，不战而屈人之兵，美是也。女学次盛者，其国次强，英、法、德、日本是也。女学衰，母教失，无业众，智民少，国之所存者幸矣，印度、波斯、土耳其是也。若是夫中国之宜兴妇学，如此其急也。虽然，今日之中国，乌足以言妇学？学也者，匪直晨夕伏案，对卷伊吾而已，师友讲习，以开其智，中外游历，以增其才，数者相辅，然后学乃成。今中国之妇女，深居闺阁，足不出户，终身未尝见一通人，履一都会，独学无友，孤陋寡闻，以此从事于批风抹月、拈花弄草之学，犹未见其可；况于讲求实学，以期致用。虽有异质，吾犹知其难矣。不宁惟是，彼方毁人肢体，溃人血肉，一以人为废疾，一以人为刑僇，以快其一己耳目之玩好，而安知有学？而安能使人从事于学？是故缠足一日不变，则女学一日不立。嗟夫！国家定鼎之始，下令剃发，率土底定。

顺治末叶，悬禁缠足，而奉行未久，积习依然。一王之力，不改群盲之心；强男之头，不如弱女之足。遂留此谬种，孳乳流衍，历数百年，日盛一日，内违圣明之制，外遗异族之笑，显罹楚毒之苦，阴贻种族之伤。呜呼！岂苍苍者天，故厄我四万万生灵，而留此孽业以为之祟欤？抑亦治天下者未或厝意于是也。